Serafim Ponte Grande
e as Dificuldades da Crítica Literária

Estudos Literários 9

Pascoal Farinaccio

Serafim Ponte Grande e as Dificuldades da Crítica Literária

Ateliê Editorial

FAPESP

Copyright © 2001   Pascoal Farinaccio

Direitos reservados e protegidos pela Lei 9.610
de 19 de fevereiro de 1998. É proibida a reprodução total ou parcial
sem a autorização, por escrito, da editora.

Dados Internacionais de Catalogação na Publicação (CIP)
(Câmara Brasileira do Livro, SP, Brasil)

Farinaccio, Pascoal
   Serafim Ponte Grande e as dificuldades da
crítica literária / Pascoal Farinaccio. -- São
Paulo : Ateliê Editorial : FAPESP, 2001.

Bibliografia.
ISBN 85-7480-036-8

   1. Andrade, Oswald de, 1880-1954. Serafim Ponte
Grande – Crítica e interpretação   2. Crítica literária   I. Título.

01-2106   CDD-869.9309

Índices para catálogo sistemático:

1. Romances : Literatura brasileira : História
   e crítica   869.9309

Direitos reservados à
ATELIÊ EDITORIAL
Rua Manoel Pereira Leite, 15
06709-280 – Granja Viana – Cotia – SP
Telefax: (11) 4612-9666
www.atelie.com.br
2001

Printed in Brazil
Foi feito depósito legal

À Francesca Colini Farinaccio,
que por amor multiplicou suas letras em mim.

À professora Maria Eugenia Boaventura, que orientou a dissertação e me apoiou em todos os momentos.

À professora Orna Messer Levin e aos professores Ivan Teixeira e Benedito Nunes agradeço a leitura crítica e as sugestões oportunas.

Ao Nicola, que confiou em mim, com o devido bom humor.

À minha mãe e à minha irmã, e à Simone, companheiras nesta travessia.

À Fapesp, cujo auxílio financeiro tornou possível a realização deste trabalho.

Sumário

I. ASPECTOS DA RECEPÇÃO   *13*

1. Observações Preliminares   *17*

2. O Critério Nacionalista na Crítica Literária   *25*

3. Os Estudos de Antonio Candido e Haroldo de Campos
   sobre o *Serafim Ponte Grande*   *47*

II. *SERAFIM NO FRONT*: O SENTIDO REVOLUCIONÁRIO   *65*

1. Revolução e Malandragem   *67*

2. Revolução e Antropofagia   *105*

III. A INVENÇÃO NO ROMANCE   *145*

1. Não-livro?   *147*

2. A Assunção Radical da Ficcionalidade   *175*

IV. CONSIDERAÇÕES FINAIS   *201*

Da Invenção no Romance à Invenção do Brasil   *203*

BIBLIOGRAFIA   *227*

I

Aspectos da Recepção

*O que desconcertava meus adversários
é que minha literatura fugia ao padrão cretino então dominante. E chamavam a isso
de "piada"...*

OSWALD DE ANDRADE

Acho que o Marco Zero *vai acabar com
o meu afastamento do público que lê... Porque procuro dar conta, em ordem direta, dos
episódios que todos nós vivemos, neste grande decênio que começa em 1932 e vem até
1942. É a ordem direta...*

OSWALD DE ANDRADE

1

Observações Preliminares

Por volta de 1950, Antonio Candido aconselhava a Oswald de Andrade a reedição das *Memórias Sentimentais de João Miramar* e *Serafim Ponte Grande*, àquela época, "livros quase clandestinos, de tiragem limitada e distribuição nula..."[1]. Para o crítico, o desconhecimento público daqueles escritos, a seu ver os de melhor realização no conjunto da obra oswaldiana, estaria na raiz da visão deformada que então se tinha sobre ela.

Conselho e razão pertinentes, como sabe o leitor de hoje, que aprendeu justamente a valorizar a linha experimental da prosa modernista. Motivo de sobra para que se lamente, portanto, o fato de a republicação sugerida não ter sido levada a cabo naquele momento. A segunda edição do *Miramar* só sairia em 1964, publicada em São Paulo pela Difusão Européia do Livro (passados pois quarenta anos sobre a primeira edição!); a segunda edição do *Serafim Ponte Grande* seria publicada em 1971, num volume contendo ainda a terceira edição do *Miramar*, já dentro do projeto de publicação das obras completas de Oswald de Andrade, pela Editora Civilização Brasileira.

A cortina de silêncio que, por tantos anos, vedou sistematicamente o contato público com a produção literária oswaldiana tem

---

1. Antonio Candido, "Digressão Sentimental sobre Oswald de Andrade", in *Vários Escritos*, 3. ed. rev. e ampl., São Paulo, Duas Cidades, 1995, p. 85.

SERAFIM PONTE GRANDE E AS DIFICULDADES DA CRÍTICA LITERÁRIA

seu lugar garantido nas reflexões críticas em torno do Modernismo brasileiro. A sua existência é confirmada, e explicada, num primeiro enquadramento, a partir da citação de referências diretas à exclusão do escritor do panorama literário nacional: recusa de editoras à publicação de uma obra considerada não vendável, omissão da crítica especializada em relação às inovações agenciadas por essa obra, supressão da obra em antologias dedicadas ao movimento modernista etc. Puxando um pouco para o lado anedótico, some-se ao rol outro fator também bastante comentado: a dificuldade, quase impossibilidade, confessada por alguns, de levar a sério a produção de um escritor supostamente pouco dado ao estudo e inveterado contador de piadas.

Esse nível explicativo, constituído por informações esparsas, as mais diversas e pouco articuladas entre si, evidentemente não dá conta da complexidade subjacente à questão. Ao que nos parece, para uma aproximação mais consistente seria necessário antes um esforço duplo e combinado: de um lado, a análise da obra selecionada em sua especificidade, observada sua posição face à tradição literária pertinente; de outro, a consideração meticulosa do pólo receptor, o que deve implicar, por seu turno, a abordagem histórica das condições econômicas de base e do trânsito cultural dentro do sistema intelectual brasileiro. Nesse sentido, o processo de recepção da literatura oswaldiana (pensamos particularmente na recepção das *Memórias Sentimentais de João Miramar* e do *Serafim Ponte Grande*, e somente no âmbito nacional) deverá ser rastreado a partir de sua fortuna crítica, devidamente contextualizada. Trata-se, em suma, de substituir a coleção de informações recolhidas mais ou menos ao acaso por uma reflexão respaldada em dados objetivos, que possa assegurar uma visada crítica sobre a interação da obra com um público leitor sempre muito particularizado, posto que inserido numa sociedade de classes altamente segregadora. E isso tanto de uma perspectiva sincrônica (que permitirá esclarecer a recepção num recorte histórico sociocultural delimitado) quanto de uma perspectiva diacrônica, para a qual a pesquisa necessariamente deverá se encaminhar (e aí se privilegiará a evolução das categorias analíticas surpreendida no desenvolvimento da teoria e crítica literárias processadas entre nós).

Não se pretende, aqui, detalhar a trajetória da obra de Oswald, ou de parte dela, junto a seus leitores, posto que tal empreendimento fugiria ao objetivo principal deste trabalho, qual seja, a análise do estatuto ficcional do romance-invenção *Serafim Ponte Grande*, com destaque para as relações contraídas entre a estrutura romanesca de vanguarda e os pressupostos ideológicos de seu discurso, constitutivamente polêmico[2]. Não obstante, justamente por se tratar desse livro, e não de outro, parece se tornar mesmo imperiosa a necessidade de considerar a história de sua recepção. Observe-se que se trata, no caso, de um fenômeno singular: *Serafim Ponte Grande*, salvo raras exceções, foi ignorado durante quase quatro décadas pela nossa crítica, para em seguida (isto é, a partir do final dos anos 1960) acabar reconhecido, sob novas circunstâncias, como uma das melhores produções literárias legadas pela primeira geração modernista.

Como se explicaria tamanha reviravolta? Mais do que isso, e adiantando um pouco a discussão: o que permitiu a valorização do livro, apoiada no realce de elementos da composição do texto, que antes eram citados precisamente como "prova" de seu malogro?

Isso posto, vale a pena notar que já o *Serafim Ponte Grande* traz um registro que problematiza, desde logo, a sua apropriação pelos futuros leitores. Referimo-nos ao famoso (anti?) *copyright*: "direito de ser traduzido, reproduzido e deformado em todas as

---

2. Para um exame, ainda que sumário, da recepção crítica das *Memórias Sentimentais de João Miramar* e *Serafim Ponte Grande*, considerada a redefinição do gênero romance aí praticada em relação a mudanças estruturais no meio literário, na indústria editorial e no público leitor do país, cf. Fábio de Souza Andrade, "De Jangadas e Transatlânticos: Com Quantos Paus se Reforma o Romance", *Revista de Letras*, vol. 30, São Paulo, Editora Unesp, 1990, pp. 25-31. Especificamente sobre *Serafim Ponte Grande*, cf. Kenneth David Jackson, "50 Anos de *Serafim*: A Recepção Crítica do Romance", *Remate de Males*, n. 6, Revista do Departamento de Teoria Literária, Campinas, Unicamp, junho 1986, pp. 27-35.

línguas"[3]. À primeira vista, mais uma "piada", o *copyright* oswaldiano, em verdade, é muito sério. Conforme formulado, pode-se nele discernir pelo menos três níveis de reflexão crítica acerca da produção artística: a) coloca a nu a questão da mercantilização da arte no mundo capitalista; b) dessacraliza o objeto artístico, referindo-o ao contexto de sua reprodutibilidade técnica; c) propõe a intervenção prática do leitor, aceita inclusive uma de tipo desestruturante.

O *copyright*, por assim dizer, lança o livro à própria sorte. Revela uma consciência aguda, por parte do autor, das condições precárias que circunscrevem o objeto artístico, submetido a um sistema que tende a neutralizá-lo ou, ao cabo, eliminá-lo. Também o apelo dirigido ao leitor não parece, por si, assegurar a viabilidade da obra, já que a concessão de liberdade irrestrita – "direito de ser deformado..." – pressupõe, por conseguinte, a possibilidade de condenação ao silêncio (esse o risco que corre a "obra aberta", para usar a expressão consagrada por Umberto Eco, porquanto seja impossível deduzir, *a priori*, se a participação efetiva do leitor será bem-sucedida no que se refere ao preenchimento dos vazios semânticos produzidos pelo texto).

No limite, o procedimento de Oswald aproxima-se da atitude dadaísta, que coloca em crise o conceito de arte vigente na sociedade burguesa, ao relativizar as fronteiras estabelecidas entre arte e não-arte. A exemplo dessa, a contextualização promovida pelo *copyright* faz explodir a moldura que assegurava à arte sua isenção das impurezas encontráveis no mundo externo:

> A força revolucionária do dadaísmo estava em sua capacidade de submeter a arte à prova da autenticidade. Os autores compunham naturezas mortas com o auxílio de bilhetes, carretéis, pontas de cigarro, aos quais se associavam elementos pictóricos. O conjunto era posto numa moldura. O objeto era então mostrado ao público: vejam, a moldura faz explodir o tem-

---

3. Oswald de Andrade, *Serafim Ponte Grande*, São Paulo, Globo, 1992, p. 36. Todas as citações serão extraídas dessa edição. Doravante citada como *SPG*.

ASPECTOS DA RECEPÇÃO

po, *o menor fragmento autêntico da vida diária diz mais que a pintura*. Do mesmo modo, a impressão digital ensangüentada de um assassino, na página de um livro, diz mais que o texto[4].

Para acompanhar Oswald de Andrade, digamos que o *Serafim Ponte Grande* se atira à "felicidade guerreira" da vida, arriscando-se aos perigos conseqüentes. O maior deles, sem dúvida, o desprezo público. Escrito contra o "padrão cretino então dominante"[5], a obra procura fugir ao Museu. Alcança seu objetivo ao ganhar o rótulo de "piada"; faz assim carreira breve, logo caindo no ostracismo – ao menos, até ser (re)descoberta.

O reconhecimento do posicionamento crítico frente ao mercado, tão patente no *Serafim*, não nos deve levar a incorrer, entretanto, na postulação ingênua de uma possível superação do caráter mercadológico do produto artístico (daí termos colocado um ponto de interrogação precedendo a menção "anti-*copyright*"). Como já mostrou Edoardo Sanguineti, em estudo hoje clássico sobre as vanguardas, a crítica à instância do mercado não elimina a necessidade de nele integrar-se[6]. Nesse sentido, Sanguineti alerta para o que denomina "o duplo movimento interno da vanguarda", isto é, a ação simultânea e bifurcada exercida por ela: de um lado, colocando-se deliberadamente numa posição ostensiva com relação ao jogo imediato da oferta e da procura; de outro, o seu gesto audaz, contrário porém conjugado ao primeiro, que alça à circulação do consumo artístico uma mercadoria que se pretende avançada, capaz de sobrepujar a concorrência enfraquecida e estagnada de produtores menos audaciosos.

4. Walter Benjamin, "O Autor como Produtor", *Magia e Técnica, Arte e Política*, trad. Sérgio Paulo Rouanet, São Paulo, Brasiliense, 1994, p. 128 (grifo nosso).
5. A expressão, que também nos serve de epígrafe, é do próprio escritor. Encontra-se registrada em Oswald de Andrade, "A Última Entrevista", *Os Dentes do Dragão*, São Paulo, Globo, 1990, p. 249.
6. Cf. Edoardo Sanguineti, "Sobre a Vanguarda", *Ideologia e Linguagem*, trad. António Rosa e Carmen Gonzales, Porto, Portucalense Editora, 1972, p. 57.

Não se lembra a contribuição teórica de Sanguineti sobre as contradições da vanguarda com o intuito de desvalorizar o esforço de Oswald, e ainda de outros de sua geração, para pensarem o problema da mercantilização da arte. Muito pelo contrário, compreende-se como uma conquista de peso a crítica que empreenderam à estrutura socioeconômica à qual suas produções fatalmente haveriam de pagar um preço (o que significa promover uma autocrítica) e, de par, lamenta-se que a literatura posterior não tenha sabido seguir-lhe o exemplo e aprofundar o tema, a partir do que já se havia conquistado em termos de reflexão. Ao invés, cita-se Sanguineti para demonstrar quão complexa é a situação da arte no mundo administrado, à qual a vanguarda histórica procurou responder ativamente, ainda que com limitações. De fato, a racionalização capitalista, responsável por uma valorização extrema do tempo e exigência de funcionalidade de ações, de que nossos modernistas assistiram um momento privilegiado mas apenas incipiente, não tem propiciado senão o esvaziamento da função social do produto literário como paradigma cultural, para reduzi-lo a uma sorte de "perfumaria", entre diversas outras, no mercado acirrado dos meios de comunicação de massa.

Porém, voltemos à recepção de *Serafim Ponte Grande*. Os percalços observáveis na trajetória da obra, cujo reconhecimento, como dissemos, passou por altos e baixos praticamente antitéticos, prendem-se, a nosso ver, a dois fatores basilares: ao nacionalismo erigido enquanto critério de avaliação judicativa da produção artística e à questão do fragmentarismo do texto oswaldiano, relacionada à variação histórica da percepção estética e das apreciações correspondentes.

Assim, embora abdiquemos de uma reconstituição exaustiva das leituras anteriormente feitas do livro em diferentes contextos, tarefa necessária embora inviável no nosso caso, parece-nos ainda assim relevante a consideração dos dois aspectos atrás mencionados. Em última instância, eles estão intimamente ligados ao objetivo central deste trabalho, posto que tanto a crítica de vertente nacionalista, como as apreciações já realizadas da utilização literária do

ASPECTOS DA RECEPÇÃO

fragmento, consideradas seletiva e diacronicamente, prestam-se à discussão dos pressupostos ideológicos *em relação à* estrutura literária específica do texto que nos interessa.

Abordar esses aspectos, tendo como horizonte último uma obra como *Serafim Ponte Grande*, que põe em crise, para dizer o mínimo, o conceito mesmo de obra literária, poderá ademais nos esclarecer alguma coisa, salvo pretensão descabida nossa, sobre o esforço intelectual brasileiro para definir o estatuto próprio do discurso ficcional literário.

2

O Critério Nacionalista na Crítica Literária

Em ensaio recente, Annateresa Fabris destaca, com respeito ao contexto inicial do movimento modernista, a discrepância existente entre uma produção artística moderna e uma crítica coeva pouco atualizada:

> Seria impossível se pensar na existência de uma expressão moderna dissociada da presença de uma crítica moderna e, no entanto, num primeiro momento, isso ocorre no Brasil, como comprova o episódio Anita Malfatti / Monteiro Lobato. Por outro lado, quando se analisam as peças críticas dos modernistas no começo dos anos 20, é impossível deixar de notar sua informação não raro confusa, eivada de erros conceituais, quando não permeada de categorias acadêmicas[1].

A referência a Anita Malfatti é deveras exemplar. Pois essa pintora seria protagonista, por conta justamente de dominar, pioneiramente entre nós, um código formal de vanguarda, deduzido de

---

1. Annateresa Fabris, "Modernidade e Vanguarda: O Caso Brasileiro", em Annateresa Fabris (org.), *Modernidade e Modernismo no Brasil*, Campinas, Mercado de Letras, 1994, pp. 20-21. O descompasso aqui assinalado é também objeto de comentário de Luiz Costa Lima, "Pelo Menos Uma Lição Tem que Ser Tirada: Não Repetir os Erros", *Visão*, 40 (4), São Paulo, 28 de fevereiro de 1972, p. 130: "[...] aprender a não repetir a falha que na Semana [de Arte Moderna] se verificou, isto é, a existência de um pensamento criador, muitas vezes forte, mas desacompanhado do pensamento crítico correspondente".

seu contato com o expressionismo germânico, daquele que talvez tenha sido o maior choque entre concepções divergentes, no quadro do Modernismo dito heróico. A sua exposição de 1917, considerado o meio cultural em que se inscrevia, era de tal forma inovadora, que poucos seriam, de fato, os seus efetivos interlocutores. Basta lembrar que Tarsila do Amaral, a "caipirinha" que seis anos depois produziria *A Negra*, mas à época aluna de Pedro Alexandrino, visitou a exposição e a considerou desagradável....[2]

No entanto, a palavra final, e aqui no sentido forte da expressão, seria dada por Monteiro Lobato, já então escritor prestigiado. O seu conhecido artigo, "A Propósito da Exposição Malfatti", publicado originariamente no jornal *O Estado de S. Paulo* em 20 de dezembro de 1917 (referido por Oswald em sua autobiografia como um "coice monumental"), mobiliza categorias analíticas de extração realista/naturalista que circunscrevem a obra de Anita dentro de parâmetros próprios às aberrações patológicas[3]. Para o crítico, as telas apresentadas ao público oscilariam entre a *paranóia*, isto é, seriam frutos de um cérebro em "panne", transtornado por estranhas psicoses (note-se, de passagem, que Lobato aproxima a arte moderna, sem maiores mediações, com as produções gráficas de alienados mentais, atualizando *avant la lettre* um procedimento depois caro a certos regimes totalitários) e a pura *mistificação*, nesse sentido configurando-se os trabalhos expostos como embuste deliberado da artista, com vistas a ludibriar o espectador.

O episódio de 1917 constitui, como se nota, um momento-limite de tensão, ocorrido já no primeiro passo mais ousado de divulgação da arte moderna em São Paulo. Dificilmente se pode citar um caso mais ilustrativo de incompreensão com respeito às novas propostas estéticas. Daí Anita ser alçada ao posto de "protomártir

---

2. Cf. Aracy Amaral, *Tarsila: Sua Obra e seu Tempo*, São Paulo, Perspectiva, 1975, vol. 1, p. 27.

3. Há transcrição do artigo de Lobato em Marta Rosseti Batista *et al.*, *Brasil: 1ª Tempo Modernista – 1917/29*, São Paulo, Instituto de Estudos Brasileiros, 1972, pp. 45-48.

do Modernismo" pelo grupo de escritores rebeldes que então, ainda timidamente, somavam forças contra os mestres do passado.

É preciso destacar também que o episódio, haja vista a virulência do ataque lobatiano, a par de se colocar como prenúncio de toda a oposição conservadora que se preparava, evidencia, digamos assim, contradições estruturais do processo de atualização artística posto em pauta pelos modernistas. Observemos, em princípio, que ele revela um encontro traumático com a expressão moderna, ou antes, a ausência generalizada entre nós, naquela primeira hora, de recursos intelectuais para incorporar organicamente a expressão moderna à tradição nacional.

Nessa linha, vejamos outro exemplo de descompasso entre produção de vanguarda e recepção crítica, agora no plano da literatura. Lembra-se aqui um episódio puramente ficcional: o fragmento 163 do livro de Oswald, *Memórias Sentimentais de João Miramar*, intitulado "Entrevista Entrevista"[4]. Composto em chave satírica, o fragmento acusa de forma penetrante o despreparo da *intelligentsia* local para decodificar com pertinência a experimentação modernista em prosa.

Em "Entrevista Entrevista" temos a personagem principal do romance, João Miramar, entretido com um jornalista, cuja preocupação, por sua vez, é saber do primeiro o porquê da interrupção da escritura de suas "interessantíssimas memórias". Miramar explica-lhe que, em consideração à advertência de um amigo e dada sua condição recente de viúvo, resolveu guardar um certo recato, quando não porque já teria trinta e cinco anos completos. Tendo escutado isso, o jornalista faz notar a Miramar que tanto a crítica quanto a posteridade, sentindo-se nesse caso culturalmente desfalcadas, hão de cobrá-lo por tal desistência. Ao que o atrevido memorialista responde já contar com o "penhor da crítica", posto ter exibido o seu livro ao Dr. Pilatos, particularmente, e dele recebido total aprovação.

---

4. Cf. Oswald de Andrade, *Memórias Sentimentais de João Miramar*, São Paulo, Globo, 1991, pp. 106-107.

Ora, para o Dr. Pilatos (de "ohs e ahs"), acadêmico do Instituto Histórico e Geográfico, as memórias redigidas de Miramar lembram... Virgílio (!!), apenas um Virgílio um pouco mais nervoso no estilo. A comparação, por inusitada, pode parecer à primeira vista inexplicável: a prosa miramarina, síntese expressiva de um "cubofuturismo-plástico-estilístico"[5], burilada a ponto de atender à exigência pau-brasil de um "acabamento de carrosserie", é apreendida a partir de uma perspectiva que a remete a padrões estilísticos do período clássico da literatura, em termos de quase equivalência. Essa consideração crítica, chocante, encontra sua razão de ser logo seja contextualizada historicamente: revela aí um universo cultural provinciano, do qual fazem parte letrados incapazes de renovarem suas concepções estéticas, em sintonia com as revoluções artísticas do tempo. Incapazes de se atualizarem, lêem o novo através de uma tradição secularizada, produzindo uma crítica anacrônica.

Considerado o empenho geral dos modernistas para a nossa atualização artística, como podemos justificar os disparates das apreciações de Monteiro Lobato e do Dr. Pôncio Pilatos da Glória? Em primeiro lugar, não se pode perder de vista que a irrupção do novo em arte, por si mesma, ocasiona um distúrbio no horizonte de expectativas vigente, obrigando a um redimensionamento dos critérios de avaliação, nem sempre de fácil equacionamento. Sob esse aspecto, Umberto Eco tem uma observação precisa, na qual, seguindo de perto o pensamento de Edoardo Sanguineti sobre as vanguardas e ideologia, refere a relação existente entre códigos retóricos e complexos ideológicos:

Mas toda verdadeira subversão das expectativas ideológicas é efetiva na medida em que *se traduz em mensagens que também subverteram os sistemas de expectativas retóricas. E toda subversão profunda das expectativas*

5. Haroldo de Campos, "Miramar na Mira", Introdução às *Memórias Sentimentais de João Miramar*, São Paulo, Globo, 1991, pp. 5-33. Sobre a prosa do *Miramar*, cf. também de Haroldo de Campos, "Estilística Miramarina", *Metalinguagem & Outras Metas*, São Paulo, Perspectiva, 1990, pp. 97-107.

ASPECTOS DA RECEPÇÃO

retóricas é também um redimensionamento das expectativas ideológicas. Nesse princípio se baseia a arte de vanguarda, mesmo nos seus momentos definidos como "formalistas", quando, usando o código de maneira altamente informativa, não só o põe em crise, mas obriga a repensar, através da crise do código, a crise das ideologias com as quais ele se identificava[6].

Note-se, pois, que não se trata de cobrar dos agentes históricos contemporâneos ao momento inaugural da arte moderna (momento esse de tensão máxima entre as novas propostas estético-ideológicas e o legado da tradição) uma postura crítica que esposamos hoje, passadas oito décadas sobre aquelas obras que desconcertaram seus primeiros receptores. O que se busca averiguar é antes algumas das *possíveis causas*, no que diz respeito ao âmbito brasileiro, que possibilitaram uma resistência, também ela peculiar, aos valores originais trazidos pelos movimentos de vanguarda de início do século.

Certamente não nos devemos esquecer de que a implementação da arte moderna, no contexto europeu, não se deu sem inúmeros confrontos. No Brasil, todavia, alguns entraves específicos dificultaram seu desenvolvimento, sobretudo quanto às possibilidades de livre expansão de recursos formais e temáticos. Queremos nos referir, aqui, ao problema do nacionalismo, entendido *stricto sensu* como critério de aferição do valor artístico das obras. De fato, o empenho crítico em localizar na produção artística a expressão – acrescente-se: bem caracterizada – do elemento local constituiu como que um núcleo basilar de nosso Modernismo. As suas ressonâncias, como se sabe, alcançam a prática crítica atual, o que dá a medida de seu enraizamento histórico, que transcende em muito o momento modernista.

No campo das artes plásticas a cobrança nacionalista é bastante notória. Vejam-se as restrições de Manuel Bandeira à fase antropofágica de Tarsila do Amaral, a seu ver, muito inferior à chamada pau-brasil. O poeta lamenta nas telas antropofágicas a falta

6. Umberto Eco, *A Estrutura Ausente*, trad. Pérola de Carvalho, São Paulo, Perspectiva, 1976, p. 87 (grifo nosso).

de um "sensualismo" pictórico, particularmente brasileiro, já antes experimentado com sucesso pela pintora, "com o azul e cor-de-rosa dos bauzinhos e das flores de papel que são as cores católicas e comoventes da caipirada"[7]. A maior liberdade formal, com a maior deformação das linhas e intensificação do elemento surreal-mágico, assim como a utilização de cores mais escuras, características da fase antropofágica, desagradam a Bandeira porque, segundo avalia, embora não o explicite de modo muito claro, *comprometem uma representação mais afeita ao detalhe nacional.*

As implicações do critério nacionalista aplicado à crítica da pintura produzida a partir do Modernismo são grandes. Entre elas conta-se a hipertrofia posterior da figura de Portinari, cuja atuação foi firmemente apoiada por Mário de Andrade, que nele viu um exemplo de "pintor social". O prestígio de Portinari, tornado pintor-oficial no pós-30, alcançou tamanha amplitude que acabou por sufocar a divulgação de outras soluções estéticas, empreendidas, entre outros, por um Guignard e um Goeldi, aí fora dos princípios estreitos preconizados pela compreensão nacionalista do moderno[8].

Pode-se concluir, portanto, que a ação modernista, conquanto renovadora em muitos aspectos, mostrou-se tímida frente aos pressupostos mais radicais da vanguarda européia, à qual procurava acompanhar, dela selecionando o que fosse adaptável à nossa conjuntura. Para fins de comparação, tomemos o exemplo do cubismo. Ao romper com a representação do espaço renascentista, o cubismo coloca em xeque, violentamente, o conceito tradicional de *mímesis*, postulando como ponto fundamental da pintura a especificidade da linguagem, em detrimento de suas relações com a realidade previamente dada à obra. Ora, pelas peças críticas que já considera-

---

7. Manuel Bandeira, "Tarsila Antropófaga", *Crônicas da Província do Brasil*, Rio de Janeiro, Civilização Brasileira, 1937. Citado por Aracy Amaral, *op. cit.*, pp. 449-450.
8. Sobre o nacionalismo na pintura e a obra de Portinari, cf. Tadeu Chiarelli, "Entre Almeida Jr. e Picasso", e Carlos Zilio, "A Questão Política no Modernismo", ambos em Annateresa Fabris (org.), *op. cit.*, respectivamente pp. 57-65 e pp. 111-118.

ASPECTOS DA RECEPÇÃO

mos, vimos que a apreciação da pintura moderna entre nós se realizava muitas vezes segundo categorias analíticas aplicadas à aferição judicativa da coincidência ou não da obra com a paisagem a ela externa (a *nossa* paisagem).

A distância é grande: enquanto os cubistas propunham uma estética de caráter universalizante, não constrangida por determinações localistas, a modernidade artística brasileira, tributária de uma ideologia da brasilidade, colocava no centro do panorama artístico a afirmação da especificidade da matéria nacional.

Em certa medida, isso pode ser explicado pelo contexto socioeconômico brasileiro, o qual em muito diferia daquele que assistiu ao surgimento do cubismo e da arte moderna[9]. Numa Europa transformada radicalmente pelo avanço contínuo da técnica, a arte moderna procura operar à altura da produção industrial, por essa via dessacralizando a arte enquanto instituição. Redefinem-se idealmente os papéis do agente e do produto: já não se concebe o artista como gênio, ser de exceção, à moda romântica, mas, sim, como um operário que domina com maior ou menor eficácia uma técnica produtiva. A obra, por sua vez, é pensada criticamente em suas relações com o sistema que a possibilitou e fez dela uma mercadoria entre outras.

Trata-se, como se vê, de uma arte sintonizada com um espaço-tempo tecnológico, cujas implicações na vida cotidiana não raro confinam com a brutalidade. Observação de Nicolau Sevcenko sobre o cubismo refere essa relação problematizante com o contexto:

9. "Os tímidos progressos das novas concepções científicas e tecnológicas, das linhas de montagem e técnicas gerenciais modernas, não eram de monta a conferir um substrato econômico decisivo para o predomínio da nova mentalidade. O equilíbrio político dominante era conservador, com limitada flexibilidade e mesmo tolerância, para se revestir do novo prestígio das tinturas modernas. Em suma, as latências do 'novo homem' e da 'idéia nova' se avolumaram num contágio crescente e irreversível, mas sem raízes fundas, se propagando rápido no imediato pós-guerra, porém com um horizonte de difusão limitado e sob compressão" (Nicolau Sevcenko, *Orfeu Extático na Metrópole: São Paulo, Sociedade e Cultura nos Frementes Anos 20*, São Paulo, Companhia das Letras, 1992, p. 34).

[...] sua inovação [de Picasso] com o cubismo não foi assim uma transição para uma linguagem mais elitizada de impenetrável sofisticação formal. Ao contrário, por mais incrível que nos pareça atualmente, o cubismo significou um esforço de Picasso para traduzir em novos códigos formais as transformações radicais pelas quais passava o cotidiano dos trabalhadores dos subúrbios[10].

Não se verifica, entre os modernistas brasileiros, um semelhante olho crítico voltado para as vicissitudes de nosso incipiente progresso tecnológico e científico. Pelo contrário, superdimensiona-se tal progresso (em verdade: extremamente *conservador* de modos arcaicos de produção e heranças coloniais), tornando-o mais excelente do que de fato, e, de par, menos opressor (não se faz nenhuma referência à exploração do trabalho infantil e feminino nas indústrias paulistas, à violência física de patrões contra empregados, à repressão policial aos bairros operários etc.). Lendo-se os artigos jornalísticos reunidos por Mário da Silva Brito[11], percebe-se o esforço constante dos nossos escritores em correlacionar a emergência da arte nova, da qual fazem a propaganda, à modernização acelerada de São Paulo, numa relação óbvia de causa-e-efeito. Ora, sabemos que a modernização paulista, comparada à européia – referência mental de muitos daqueles intelectuais ciosos de seu cosmopolitismo – deixava muito a desejar... Pode-se compreender pois a euforia modernista, concretizada simbolicamente numa exaltação acrítica ao bandeirismo industrial, antes de tudo como a expressão de um *desejo de ser*, haja vista a realidade empírica não coincidir exatamente com o otimismo propalado. Daí a afirmação nacionalista, informando a produção cultural, girar em falso, com seu respaldo obscurecido ideologicamente, voltada para a fixação de uma identidade brasileira algo abstrata[12], com prejuízo de uma

10. Nicolau Sevcenko, *Arte Moderna: Os Desencontros de Dois Continentes*, São Paulo, Fundação Memorial da América Latina, 1995, p. 8.
11. Cf. Mário da Silva Brito, *História do Modernismo Brasileiro: Antecedentes da Semana de Arte Moderna*, Rio de Janeiro, Civilização Brasileira, 1974.
12. Cf. Alfredo Bosi, "Moderno e Modernista na Literatura Brasileira", *Céu Inferno*, São Paulo, Ática, 1988.

ASPECTOS DA RECEPÇÃO

atenção maior para com as particularidades do sistema e seus movimentos de exclusão social.

Isso posto, vejamos outro exemplo de atualização do critério nacionalista na crítica literária: a análise das *Memórias Sentimentais de João Miramar* feita por Mário de Andrade[13]. Justifica-se a escolha: um romance como o *Miramar*, que se propõe a captar "o quadro vivo de nossa máquina social" (como dele afirma o prefaciador-personagem Machado Penumbra), presta-se à maravilha ao rastreamento das contradições intrínsecas ao processo de modernização brasileira, seja pela temática abordada, seja pela perspectiva de classe que filtra os dados segundo um interesse específico. No entanto, a crítica de Mário lê a obra a partir de um ponto de vista estreitamente nacionalista, ainda aqui abstrato, o qual passa por cima das contradições ali afloradas. Esse critério, pouco sensível à polissemia da prosa miramarina, serve tanto para negá-la, num aspecto determinado, como para positivá-la em bloco, sem maiores nuanças.

Em seus estudos, o futuro autor do *Macunaíma* destaca dois aspectos do *João Miramar*, os quais lhe são merecedores de muita atenção: um deles diz respeito à língua particular utilizada por Oswald e suas implicações para a formação de uma "língua brasileira"; o segundo refere-se ao avanço literário obtido para a fixação de uma psicologia nacional.

Definindo o livro como a "mais alegre das destruições", "quase dada", Mário reconhece em Oswald uma assombrosa "capacidade de fotografar a estupidez", que se revela na comicidade e exatidão com que o romancista esboça retratos de tipos mais ou menos empolados, e sempre medíocres, expostos a olho de luneta pela densidade da fatura ficcional. A língua utilizada nessa operação desmistificadora, contudo, parece ao crítico carecer de certos atributos indispensáveis à formação de uma língua brasileira, por ser

---

13. Cf. dois textos críticos de Mário de Andrade, "Oswald de Andrade (1924)" e "Oswald de Andrade: Pau-Brasil, Sans Pareil, Paris, 1925", em Marta Rosseti Batista *et al.*, *op. cit.*, pp. 219-232.

essencialmente destruidora, sustentar neologismos impraticáveis e não fornecer elementos marcadamente nacionais: "Porque não apresentou elementos com que contamos para uma diferenciação entre o falar brasileiro e o lusitano, nem descobriu os meios por onde essa diversidade poderia se acentuar, tornar-se básica". Segundo Mário, a "volta ao material" preconizada pelo autor do *Miramar* descurou daquilo que lhe seria o principal objetivo: a atenção para com a língua e suas leis formativas, dependentes de fenômenos psicológicos determinados e quase sempre inalteráveis, resvalando em sentido oposto para uma "dicção eminentemente artística e personalíssima"[14].

Outro ponto discutido por Mário concerne à problemática da consciência nacional. A exemplo da língua brasileira, ainda por ser formada, a consciência brasileira estaria por ser fixada. Mário de Andrade não usa de meios-termos para colocar sua posição, denunciando com veemência a falta de uma consciência brasileira, embora reconheça a existência de consciências parciais, isto é, que se formaram em períodos históricos determinados, com força de representação apenas regional: uma consciência paulista durante

14. Tendo em conta a importância da experiência cubista para a definição da prosa do *Miramar*, vale lembrar que já em 1923 Mário de Andrade declarava sua aversão àquela, considerando-a uma disciplina racional, excessivamente estetizante e caracterizada por um formalismo individualista. Uma apreciação, como se vê, em perfeita consonância com a leitura que faz da "língua oswaldiana" (cf. Gilda de Mello e Souza, "Vanguarda e Nacionalismo na Década de Vinte", in *Exercícios de Leitura*. São Paulo, Duas Cidades, 1980). As diferentes posições de Mário e Oswald com respeito à prática lingüística foram bem discernidas por tropicalistas e outros ao final dos anos 1960: "Tal tomada de posição deve ser interpretada, em primeiro lugar, como um total descaso pela problemática da *língua* (brasileira ou qualquer outra) e um interesse marcado pela pesquisa na *linguagem*. Assim sendo, tanto o projeto de Caetano, de Gil, quanto o de Gramiro ou de Waly, se situam teoricamente mais próximos do arrojo cubo-futurista de Oswald de Andrade, e bem distantes estão das discussões mario-andradinas em torno de uma possível gramatiquinha do falar brasileiro" (Silviano Santiago, "Os Abutres", *Uma Literatura nos Trópicos*, São Paulo, Perspectiva, 1978, p. 131).

ASPECTOS DA RECEPÇÃO

o bandeirismo, uma quase consciência baiana no segundo século...
Porém:

Consciência verdadeiramente brasileira ainda não se caracterizou nem mesmo nos trabalhos de independência, nem mesmo na guerra do Paraguai. O fato de em tais períodos existir um grupo de homens orgulhosos da sua nacionalidade e cuidadosos dos destinos do país não implica e infelizmente nem gera uma consciência nacional que tem de ser íntima, popular e unânime.

No *João Miramar*, Mário de Andrade detecta, afinal, alguns "elementos de construção brasileira". O mais importante, a seu ver, é a consideração dos caracteres não sinteticamente, como o fazem Manzoni, Balzac, Eça ou Taunay, mas analiticamente, sem fixar os personagens numa especialização de defeito ou virtude, vale dizer, não projetando-os como figuras estáticas, antes focando-os em contínua evolução. O recurso ao personagem-em-evolução, já experimentado por Papini, Proust e Joyce e, entre nós, por Machado de Assis, revelar-se-ia pois o meio mais adequado para discriminar as tendências psicológicas brasileiras, com possibilidade de fixar "em sínteses possivelmente gerais e mais ou menos eternas a psicologia nacional". Contrariamente à concepção de tipos específicos, que apenas servem a sínteses individuais, a concepção de tipos analíticos se prestaria a sínteses nacionais.

As restrições de Mário de Andrade ao cubo-futurismo lingüístico oswaldiano, assim como seu elogio ao que denomina personagem-em-evolução, sem caráter predeterminado e fixo (de que seu herói Macunaíma seria uma concretização máxima), claramente refletem aquela "dialética do localismo e do cosmopolitismo", já identificada uma vez por Antonio Candido como uma linha mestra da vida espiritual brasileira – dialética que ganha relevância conflitiva na esfera do nacionalismo em sua versão modernista.

Esta dialética é nítida na obra de Mário de Andrade, o pensador do Modernismo, que lutou pelo nacionalismo em todas as dimensões, desde a língua (que ele desejava marcadamente diversa da de Portugal, não apenas na fala, mas em todos os níveis da escrita), até as concepções estéticas mais abstratas. Homem de requintada cultura européia, e ao mesmo tempo conhecedor profundo das nossas tradições populares; erudito e polígrafo –, não trepidou em adotar certo exagero nativista deformador, que comprometeria parte do que escreveu, mas que ele assumiu conscientemente, como arma de choque e ao mesmo tempo rigorosa instauração

– observa Candido em ensaio seu sobre a flutuação semântica da palavra "nacionalismo", verificada na história política e cultural do país[15]. Assim, é compreensível que a prosa miramarina (que se quer de ponteiros acertados com a produção de vanguarda européia) não tenha de todo agradado a Mário de Andrade, preocupado que estava com a consolidação de uma literatura brasileira eminentemente diferencial, ademais escrita em língua brasileira.

Cabe aqui lembrar que o próprio Oswald de Andrade nunca descurou, também ele, da pretendida representação da matéria nacional (com relação ao campo das artes plásticas, poder-se-ia falar, em mesmo sentido, da "figuração" do Brasil almejada por alguns pintores). Veja-se trecho de carta do escritor a Monteiro

15. Antonio Candido, "Uma Palavra Instável", *op. cit.*, p. 298. De fato, parece ter sido Mário de Andrade o escritor modernista mais dilacerado, propriamente, pela dialética do localismo e do cosmopolitismo, o que se pode confirmar pela posição cautelosa que sempre manteve com relação aos contatos brasileiros com as vanguardas européias. Nesse sentido, é ilustrativa sua preocupação com uma suposta (e temida) "parisianização" de Tarsila do Amaral, por conta da temporada de estudos da pintora na capital francesa, no ano de 1923. A indispensabilidade do aprendizado com as vanguardas perturba as convicções do escritor, como bem observa Vinicius Dantas: "Mário é um provinciano advertido e não é bobo, sabe perfeitamente que o Cubismo, mesmo que não sirva de lição para brasileiro, é referência incontornável para toda pintura que se queira moderna. Tal admissão, ainda que tácita, pressupõe o primado da atualização: as modas européias não devem ser ignoradas, mesmo que desencaminhem o artista brasileiro [...] de qualquer forma, para Mário permanece sempre viva a seguinte dúvida: '*a especificidade da experiência brasileira ficaria escamoteada caso fossem adotados os meios expressivos da vanguarda?*'" (cf. Vinicius Dantas, "Entre 'A Negra' e a Mata Virgem", *Novos Estudos Cebrap*, n. 45, São Paulo, Cebrap, jul. 1996, pp. 104-105; grifo do autor).

ASPECTOS DA RECEPÇÃO

Lobato, por ocasião dos vinte e cinco anos completados do *Urupês*:

> E não percebia você que nós [os participantes da Semana de Arte Moderna] também trazíamos nas nossas canções, por debaixo do futurismo, a dolência e a revolta da terra brasileira. Que as camadas mais profundas, as estratificações mais perdidas de nossa gente iam ser revolvidas por essa "poesia de exportação" que eu proclamava no *Pau-Brasil*[16].

A referência a *Pau-Brasil* vale a pena ser desdobrada. Em artigo no qual procura responder à ofensiva de Tristão de Athayde contra a poesia pau-brasil, Oswald de Andrade observa, em favor do projeto construtivo corporificado pela sua "poesia de exportação":

> *Pau-Brasil* diferente da minha própria poesia desarticulada das *Memórias Sentimentais* – fase de desagregamento técnico. Necessária. Como no esporte os movimentos preparatórios decompõem as performances. *Pau-Brasil*, sobretudo, clareza, nitidez, simplicidade e estilo. A ordem direta dos nossos rios[17].

A colocação não poderia, de fato, ser mais incisiva. Oswald repudia o "desagregamento técnico" da prosa do *Miramar*, já agora considerada uma fase destrutiva do programa estético modernista, cuja necessidade dá-se por superada, para afirmar o projeto construtivo da poética pau-brasil. Observe-se que, por essa via, Oswald aproxima-se de modo considerável do ideal mario-andradino, na medida em que sua poesia tem em mira, decerto não por acaso, "a ordem direta dos nossos rios", isto é, busca uma adequação entre a linguagem poética e as características particularizantes do país (a categoria "ordem direta" será posteriormente retomada por

---

16. Oswald de Andrade, "Carta a Monteiro Lobato", *Ponta de Lança*, São Paulo, Globo, 1991, p. 34.
17. Oswald de Andrade, "A Poesia Pau-Brasil", *Os Dentes do Dragão*, São Paulo, Globo, 1990, p. 33. O artigo de Oswald foi publicado originariamente em *O Jornal*, do Rio de Janeiro, em 18 de setembro de 1925, como resposta ao texto de Tristão de Athayde, "Literatura Suicida", saído também n'*O Jornal*, nos dias 28 de junho e 5 de julho de 1925.

SERAFIM PONTE GRANDE E AS DIFICULDADES DA CRÍTICA LITERÁRIA

Oswald para justificar sua obra *Marco Zero*, já aí com nítida preocupação, como veremos logo adiante, relativa ao acesso do leitor à mensagem do seu texto, à sua inteligibilidade em detrimento de sofisticações ao nível formal).

Pois bem, considerada a reflexão estética atualizada pelos modernistas, cabe retomar a observação de Annateresa Fabris, já por nós citada, acerca da discrepância, verificável nos anos 20, entre uma produção artística moderna e uma informação crítica pouco consistente. Sabe-se que o artista de vanguarda, além de artista, é teórico, empenhado em precisar o sistema cultural mais amplo em que sua obra se inscreve e atua. Daí os "ismos" na Europa de início do século, anunciados nos mais diversos manifestos. Nossos escritores, nesse sentido, não estariam desatentos, também eles autores de manifestos, prefácios interessantíssimos, falações, destinados em geral a promoverem uma primeira aproximação crítica às obras produzidas. No caso brasileiro é preciso que se destaque, ademais, o fato de que a inexistência de uma produção crítica efetiva entre nós *praticamente obrigava* os artistas do momento a exercerem o papel de comentadores de si mesmos, sem o que as novas propostas estéticas estariam comprometidas pela rarefação mesma do confronto de idéias no meio intelectual.

O pensamento crítico dos modernistas, muito carregado de nacionalismo, revelou-se sobretudo como exigência de expressão artística do elemento local. Tal exigência, como não poderia deixar de ser, funcionou como entrave ao livre desenvolvimento de recursos formais e temáticos. Isso não impediu, contudo, que grandes obras fossem produzidas no período à revelia de cobranças impostas pelos autores a si próprios! De qualquer maneira, o nacionalismo modernista foi realmente, do ponto de vista artístico, uma espécie de obstáculo, que nem todos souberam bem superar...

Claro está que a necessidade premente de auto-afirmação não é uma "invenção" modernista. Antes, a sua lógica é histórica e passa pelos interstícios do período colonial e da situação periférica do país. No plano literário, o critério nacionalista investe o discurso dos românticos, prolonga-se no século XIX sob a forma de uma

ASPECTOS DA RECEPÇÃO

"teoria da imitação" na crítica de um Sílvio Romero, um José Veríssimo, um Araripe Jr. (vide nesse século especialmente as recriminações a Machado de Assis, muitas vezes acusado de escritor pouco dado às coisas nacionais) e permanece enfim no Modernismo como herança insuperada, malgrado a ambição cosmopolita do movimento[18].

Lançado um olhar panorâmico sobre os anos 20, parece-nos plausível surpreender naquela dialética do localismo e do cosmopolitismo a saturação de um processo cultural que terminou por acentuar o primeiro termo da equação em detrimento do segundo. O ponto culminante – e final – do processo é dado no plano literário pela emergência do romance nordestino no imediato pós-30, quando então as questões sociais brasileiras alcançam o primeiro plano. Passa-se a valorizar uma produção literária voltada para a *denúncia* da miséria econômica de parcela substancial da população. Por outro lado, a prosa experimental dos modernistas é então compreendida, em última instância, como um esteticismo formal e individualista, totalmente desvinculado das necessidades reais das massas. Dada essa reviravolta de perspectivas, não é de estranhar

18. Para uma abordagem do nacionalismo literário romântico e sua influência na constituição de nossa reflexão teórica, cf. Antonio Candido, *Formação da Literatura Brasileira: Momentos Decisivos*, Belo Horizonte, Itatiaia, 1975, vol. 1, p. 73: "Com semelhantes conceitos, inspirados no gosto pela expressão local, e mais ainda pelo sentimento do exótico, pode-se dizer que surgiu a teoria da literatura brasileira, cujo principal critério tem sido, até hoje, a análise do *brasileirismo* na expressão como elemento diferenciador" (grifo do autor). Sobre a "teoria da imitação" na crítica literária brasileira do século passado, cf. Luiz Costa Lima, "A Crítica Literária na Cultura Brasileira do Século XIX", in *Dispersa Demanda*. Rio de Janeiro, Francisco Alves, 1981, especialmente pp.53-54: "...o critério nacionalista, aplicado como plataforma crítica, explicável enquanto serve de meio de resistência à tendência à mimetização das nações colonizadas frente às metropolitanas, torna-se, entretanto, inviável, em termos absolutos. Por ele, o intérprete implicitamente passa a adotar uma teoria da imitação – a literatura valorizável reproduz ou remete para aspectos da vida e da paisagem nacionais – e a exigir que a literatura seja animada como deveria ser a vida. A literatura deveria ser como achamos que somos".

SERAFIM PONTE GRANDE E AS DIFICULDADES DA CRÍTICA LITERÁRIA

que escritores como Mário de Andrade, mais efetivamente (cf. a conferência "O Movimento Modernista", de 1942), e Oswald de Andrade, mais episodicamente (cf. o segundo prefácio do *Serafim Ponte Grande*, datado de 1933), fiquem com remorsos dos "abusos" passados e cheguem a condenar suas obras mais sofisticadas em termos de composição, realizadas na década de vinte.

E a crítica dos escritores modernistas à própria produção é ainda, em larga escala, a crítica que se encontra em estudos literários mais recentes publicados entre nós. Vale dizer, o critério nacionalista continua a funcionar como filtro privilegiado para a avaliação das obras "heróicas" do Modernismo. Fato que, em verdade, não surpreende, se pensarmos que a reflexão crítica sobre o período se pauta basicamente pela reflexão legada pelos próprios agentes históricos do movimento. Acrescem ao problema as limitações da teoria literária no país, disciplina com veiculação e desenvolvimento mínimos em nosso meio intelectual, o que deve explicar uma reflexão literária ainda muita colada à idéia de reflexo e, por conseguinte, a incrível vitalidade do critério nacionalista. Daí, também, a proliferação de análises que não raro reduzem as obras modernistas a "retratos do Brasil".

Valorizam-se ou desqualificam-se as obras conforme a maior ou menor fidelidade com que retrataram aquilo que se supõe a "realidade" brasileira. Nessa perspectiva, vejamos duas peças críticas, uma dedicada à apreciação de *Macunaíma* e outra sobre o *Serafim Ponte Grande*, esses dois livros de composição inovadora e, também por isso, de certa forma "irmãos", como registrou Haroldo de Campos em seu *Morfologia do Macunaíma* (de nossa parte, e considerada a fortuna crítica dos dois livros, achamos mais adequado classificar o *Serafim* como um primo pobre do *Macunaíma*).

Para Darcy Ribeiro, o *Macunaíma* constitui precisamente um "retrato oblíquo, transverso, do Brasil"[19]. Nada a ver, porém, com

---

19. Darcy Ribeiro, "Liminar Macunaíma", *Macunaíma: O Herói Sem Nenhum Caráter*, ed. crítica – Telê Porto Ancona Lopez (coordenadora), Paris, Unesco / Brasília, CNPq, 1988, pp. XVII-XXII.

ASPECTOS DA RECEPÇÃO

um retrato à Rui Barbosa ou Paulo Prado: "...Mário nos mostra, matreiro, o caminho não ruibarbósico nem pauloprádico, de nos exercermos como intelectuais de nosso povo mestiçado na carne e na alma..." Ora, já aqui é preciso colocar a pergunta: se *Macunaíma* é, como se sugere, um retrato, ainda que oblíquo, do Brasil, a partir de que perspectiva ou enfoque foi batida essa chapa? Darcy não deixaria de dar uma resposta: "Mário expressa os brasileiros tal como ele, e só ele então, os via, nos via". Não obstante essa particularização necessária (o retrato é do fotógrafo Mário de Andrade), o ensaísta logo acrescenta, superdimensionando o acerto da realização, já que na fala macunaímica "todo brasileiro se identifica instantâneo, exclamando, alegre – é nossa fala. É nosso jeito! É nossa gente!"

A análise de Darcy claramente opera com uma idéia de texto ficcional como reflexo ou expressão de uma realidade previamente dada à obra, como bem o demonstra a utilização da metáfora fotográfica. No limite, o texto se reduz, aqui, à realidade extratexto, à matéria nacional logo reconhecida pelo leitor, *a despeito da obliqüidade do tratamento ficcional*, como seu próprio "modo de ser": "é nosso jeito! é nossa gente!" Darcy parece esquecer que o sistema de referência extratextual da obra, no caso, a "realidade brasileira", ela mesma não é um dado puramente natural, mas também um constructo ideológico, conforme apropriada por uma linha de pensamento particular. Note-se, portanto, que a postulação do "retrato" é problemática: de um lado, supõe uma estrutura prévia à obra, a que essa última (re)apresentaria, em sua configuração original, vale dizer, como *já estava* antes de ser apropriada ficcionalmente (trata-se de uma visão essencialista, que não questiona a legitimidade da "realidade" a que o texto ficcional supostamente "reflete"); de outro, descomplexifica o discurso ficcional literário, entendido aí como *determinado* por um sistema de referência principal, com o que se obscurecem as relações do texto com outros textos da tradição e sua possibilidade de caracterizar originalmente, *transgredindo*, os sistemas contextuais socioculturais com os quais dialoga, selecionando-os e combinando-os dentro de sua sintaxe única e irrepetível.

Com efeito, o mundo representado no texto, resultado ficcional dos atos de seleção e combinação, não é idêntico ao mundo prévio à obra. Através da seleção, estabelecida pelo autor, dos sistemas contextuais preexistentes, sejam eles de natureza sociocultural (elementos e normas extratextuais) ou mesmo literária (a tradição acumulada), a realidade empírica é transformada em signo. Nesse processo, dá-se a transgressão de seus limites originais, pois os elementos do real escolhidos e apropriados pelo texto perdem suas articulações semânticas precedentes em favor de uma nova articulação, o que significa dizer: esses elementos ganham um *valor diferente*.

Do ponto de vista intratextual, essa articulação depende da combinação dos elementos textuais, efetuada tanto ao nível do significado verbal, quanto das referências extratextuais incorporadas e dos esquemas de organização dos personagens e suas ações. Note-se que essa atividade combinatória opera com uma ampla margem de realização, isto é, pode promover a aproximação de elementos tirados de sistemas contextuais afastados no espaço e/ou no tempo, também aqui concretizando relações de transgressão.

Vale a pena salientar que a seleção dos sistemas socioculturais preexistentes, os quais terminam re-contextualizados ficcionalmente, coloca em evidência as fronteiras originais desses sistemas, a partir justamente de sua desestabilização. Em outras palavras, as formas de organização do mundo sociocultural e suas funções reguladoras, em geral percebidas como a "própria realidade", são, nessa perspectiva, desidentificadas e delimitadas pelo ato de seleção, e assim convertidas em *objeto de percepção*.

Assim, ao invés de pensar-se num "retrato do Brasil", uma síntese imagética da realidade nacional (hipótese, diga-se de passagem, que parece refutada pela idéia mesma de um herói da nossa gente sem nenhum caráter!), não seria muito mais conseqüente, do ponto de vista interpretativo, compreender o *Macunaíma* como a produção, e não reflexo, de um Brasil original, não existente antes da existência do texto em questão? O *Macunaíma* não seria responsável, portanto, pela produção de uma ótica original, através da qual

ASPECTOS DA RECEPÇÃO

podemos lançar um novo olhar e colher uma visão renovada dos elementos da realidade empírica?[20]

Destaquemos um ponto fundamental da análise de Darcy Ribeiro, importante para o enquadramento que temos tentado do critério nacionalista e suas conseqüências na crítica literária: o "retrato oblíquo, transverso, do Brasil" que é o *Macunaíma* é um retrato *positivo* do país. E isso, em nítida contraposição ao retrato do Brasil "revelado" por Paulo Prado: *Retrato do Brasil: Ensaio Sobre a Tristeza Brasileira*. Nesse ponto, Darcy é categórico: "Confesso que, para mim, a qualidade maior de *Macunaíma* é dar expressão à alegria brasileira". *Macunaíma*, portanto, segundo esse raciocínio, é uma obra de valor, visto ser um retrato alegre, saudável do povo brasileiro.

Ao contrário de *Macunaíma*, *Serafim Ponte Grande* já foi considerado pela crítica um retrato do Brasil muito próximo daquele de Paulo Prado, um retrato portanto *negativo*. A respeito de *Serafim Ponte Grande*, escreve Alfredo Bosi:

> Pena é que, na esteira do "primitivo", o escritor [Oswald] haja reiterado tantos estereótipos do caráter nacional (os mesmos de Paulo Prado no *Retrato do Brasil*): a "luxúria", a "avidez" e a "preguiça" com que nos viram os colonizadores do século XVI e as teorias colonialistas do século XIX, e que estarão presentes em *Serafim Ponte Grande*, retrato do antropófago civilizado que atuou como mito exemplar no pensamento de Oswald até suas últimas produções[21].

A posição crítica de Bosi, ao que nos parece, pode ser tomada como um paradigma privilegiado da recepção de *Serafim Ponte Gran-*

---

20. As questões teóricas levantadas são amplamente discutidas por Wolfgang Iser em *O Fictício e o Imaginário: Perspectivas de uma Antropologia Literária*, trad. Johannes Kretschmer, Rio de Janeiro, Ed. da UERJ, 1996. Cf. particularmente o cap. I, "Atos de Fingir", pp. 13-37, no qual nos apoiamos para a caracterização do mundo apresentado no texto como resultado ficcional dos atos de seleção e combinação.

21. Alfredo Bosi, *História Concisa da Literatura Brasileira*, São Paulo, Cultrix, 1987, p. 407.

de: Oswald, ao contrário de Mário, teria produzido um retrato preconceituoso do país, salientado uma visão estereotipada do caráter nacional, sem lograr a superação de um complexo ideológico que opera pelo realce de atributos irracionais da sociedade brasileira e postula sua inadequação inata a uma ordem liberal-democrática e mais igualitária. Nesse sentido, o livro poderia ser compreendido, de fato, como uma "piada", uma exacerbação grotesca ou amplificação de preconceitos que não fariam senão atualizar, em versão ficcional, velhos ditados-dilemas desde sempre correntes: "o Brasil não é um país sério", "país de samba, cachaça e mulher", "o país do carnaval", "o Brasil é o país do jeitinho"...

Não concebemos, todavia, ser essa a dimensão de *Serafim Ponte Grande*. O que não significa, obviamente, que Oswald estivesse livre de preconceitos ou não endossasse, por vezes, uma visão simplificada e ingênua da configuração sociocultural brasileira. Não obstante, a leitura realizada por Bosi, no caso, padece de um superficialismo que, a par de promover uma compreensão substancialmente denotativa do texto oswaldiano, não cogita a sua dimensão transgressora com relação aos seus sistemas de referência principais. Note-se que o próprio Oswald, por assim dizer, explicita em praça pública os traços estereotipados de seu personagem Serafim, logo no prefácio ao livro:

> O brasileiro à toa na maré alta da última etapa do capitalismo. Fanchono. Oportunista e revoltoso. Conservador e sexual. Casado na polícia. Passando de pequeno-burguês e funcionário climático a dançarino e turista. Como solução, o nudismo transatlântico...[22].

Alardeados assim, os traços são problematizados semanticamente.

Em artigo publicado originariamente n'*O Jornal* do Rio em 6 de janeiro de 1929, Oswald de Andrade tece algumas críticas ao *Retrato do Brasil*, de Paulo Prado. Notadamente sobre as duas primeiras

---

22. *SPG*, pp. 38-39.

partes do ensaio, nas quais o historiador paulista discute a "luxúria" e a "cobiça", Oswald observa:

> Note que o *Retrato do Brasil* é a repetição de todas as monstruosidades de julgamento do mundo ocidental sobre a América descoberta. O pensamento missionário inteiramente invalidado pela crítica contemporânea – é o que preside a essas conclusões.

E logo adiante:

> Há uma expressão que Paulo, com sua felicidade estilística coloca numa de suas páginas e que define perfeitamente o verdadeiro mal do Brasil. É quando ele diz "veio-nos em seguida o português da governança e da fradaria". E é infelizmente a visão desse português da "governança e da fradaria" a que Paulo Prado adota no começo de seu livro[23].

Como se vê, Oswald tinha consciência dos estereótipos do caráter nacional mobilizados teoricamente por Paulo Prado: não hesita em denunciar o travo ideológico desses postulados, associando-os sem mais à mentalidade colonizadora. Assim sendo, fica difícil supor que Oswald tenha podido repetir, como propõe Bosi, os mesmos preconceitos de Paulo Prado em seu *Serafim Ponte Grande*, que recentemente dera por concluído (segundo o próprio escritor, embora publicado em 1933, o texto do *Serafim* fora terminado em 1928). Portanto, ao invés de repetição, parece-nos que Oswald tenha *citado parodicamente*, o que também vale dizer, subvertido, os estereótipos que aparecem em *Retrato do Brasil*, os quais, aliás, longe de serem propriedade privada de Paulo Prado, são antes lugares-comuns do pensamento sociológico (se assim podemos denominá-lo) da época. Acrescente-se que a citação paródica é, de fato, o recurso básico de construção do texto oswaldiano, texto canibal de textos outros.

23. Oswald de Andrade, "Um Livro Pré-Freudiano", *Estética e Política*, São Paulo, Globo, 1992, pp. 39-40.

De qualquer forma, não resta dúvida de que o *Serafim Ponte Grande* se alinha a certa tradição temática, forte na literatura e também na música popular brasileira, relativa à famigerada malandragem nacional, o que decerto é diferente de reiterar estereótipos do caráter nacional de modo acrítico e pelo viés do olhar colonizador. No romance-invenção temos mesmo instaurada uma sorte de "revolução malandra" (a "solução" já anunciada no prefácio de 1933: o "nudismo transatlântico" e a "fortuna mal adquirida"), cuja marca ideológica, em flagrante contradição com alguns pressupostos da Antropofagia libertária, precisa ser estudada com muito cuidado.

O critério nacionalista aplicado à crítica literária – de resto, como tentamos mostrar, atrelado à redução do discurso ficcional a uma modalidade do reflexo – mostrou-se ineficaz para a compreensão de *Serafim Ponte Grande*, posto não ter oferecido subsídios analíticos face à polissemia vigorosa do texto, hoje reconhecida como particularidade sua. O processo de revisão e valorização da obra oswaldiana, desencadeado a partir dos anos 1960 e devido sobretudo aos estudos realizados pelo grupo concretista de São Paulo, de certa maneira alcançou superar o enfoque nacionalista, na medida em que privilegiou, sistematicamente, a análise do experimentalismo estético, desvinculando-o da problemática do caráter nacional brasileiro. O grande mérito dessa crítica, nessa perspectiva, foi o de ter discutido, sob novos parâmetros teóricos, a especificidade da estrutura literária, passo decisivo para a releitura de *Serafim Ponte Grande*, o qual já fora reiteradamente rechaçado por conta justamente de sua composição *sui generis*. Passemos, pois, à análise da recepção do romance no que se refere à sua estrutura, realizada aqui pela comparação de dois ensaios fundamentais que abordaram a questão.

3

Os Estudos de Antonio Candido e Haroldo de Campos sobre o *Serafim Ponte Grande*

De "Fragmento de Grande Livro" a "Grande Não-Livro de Fragmentos de Livro"

A noção de "caos organizado" perpassa a fortuna crítica de *Serafim Ponte Grande*. Outras expressões pertencentes ao mesmo campo semântico são também empregadas: "desordem ordenada", "disciplina de carnaval", "junção de uma realidade geométrica à natureza selvagem", "processo de atrapalhação" etc.[1] Todas elas pressupõem a coexistência e interação de dois pólos antitéticos, não excludentes: existiria, em princípio, uma matéria-prima desorganizada, caótica talvez, penetrada por um princípio organizador, que transforma aquela matéria em objeto cognoscível, sem, entretanto, desfazer a impressão primeira de desordem. Em se tratando do *Serafim Ponte Grande*, pode-se dizer que o pólo da desordem é de reconhecimento comum a todos os seus leitores, ao passo que o pólo da ordem ou organização sofre, por parte desses leitores, valorizações diversificadas. Em outras palavras, o livro pode parecer um caos mais organizado ou menos organizado, mais bem construído ou menos bem construído...

"Estouro e Libertação", de Antonio Candido, não é um ensaio exclusivo sobre *Serafim Ponte Grande*[2]. Publicado em 1945, no livro *Brigada Ligeira*, constitui versão ampliada de artigos saídos em 1943

---

1. Para uma "coletânea" dessas expressões, cf. Kenneth David Jackson, "50 Anos de *Serafim*: A Recepção Crítica do Romance", *op. cit.*, pp. 27-35.
2. Antonio Candido, "Estouro e Libertação", *op. cit.*, pp. 41-60.

no rodapé semanal de crítica da *Folha da Manhã*. A sua ambição é pioneira, entre nós, uma tentativa de análise do conjunto da ficção romanesca de Oswald de Andrade. Àquela altura, o escritor recémpublicara o primeiro volume de *Marco Zero: A Revolução Melancólica*, também objeto de considerações de Antonio Candido.

Aqui, obviamente, destacaremos sua análise de *Serafim Ponte Grande*. Observe-se, desde logo, que o estudo de Candido representa um avanço considerável em relação ao que já se havia escrito sobre o *Serafim*. A crítica dos anos 1930, como bem observa Kenneth Jackson no artigo citado, sobre ser reduzida, caracterizou-se enquanto abordagem impressionista, às voltas com o problema de definir a invenção oswaldiana dentro dos cânones do gênero[3]. O próprio Candido, por sua vez, refere-se a uma crítica incapaz de separar a obra de seu autor, instaurando a confusão entre os dois domínios, contaminada pela personalidade polêmica do sujeito com fama de piadista e escrevinhador de coisas obscenas.

Para Antonio Candido, *Serafim* alinha-se ao lado das *Memórias Sentimentais de João Miramar*, com elas formando um "par" representativo da melhor produção literária do romancista. Entre as duas obras, porém, o crítico declara sua preferência pelo *João Miramar*. Residiria aí, a seu ver, o ponto de equilíbrio da ficção oswaldiana, dividida entre "a afirmação tradicionalista d'*Os Condenados* e d'*A Estrela de Absinto* e o rompante anárquico de *Serafim*. A primeira, literária de mais; o segundo, literário de menos*" (voltaremos a esse ponto)[4]. Ainda na mesma passagem, Candido observa que o "amor pela construção", notório em Oswald, revelar-se-ia "síncopa" no *Serafim* e "mau gosto" em *A Revolução Melancólica*.

---

3. Andrade Muricy, "Oswald de Andrade", *A Nova Literatura Brasileira*, Porto Alegre, Globo, 1936, pp. 372-377; Manuel Bandeira, "Serafim Ponte Grande", *Literatura*, Rio de Janeiro, 5 de agosto de 1933; Saul Borges Carneiro, "Serafim Ponte Grande", *Boletim de Ariel* (RJ), 2.12 (set. 1933): 312; Aderbal Jurema, "Subindo a Escada Vermelha", *Boletim de Ariel* (RJ), 4 (fev. 1935): 141; Aníbal Machado, "Utilização Social da Irreverência", *A Manhã*, Rio de Janeiro, 22 de setembro de 1935.

4. Antonio Candido, "Estouro e Libertação", *op. cit.*, p. 53 (grifo nosso).

ASPECTOS DA RECEPÇÃO

O que haveria de melhor realizado no *Serafim* seria a utilização, por parte do autor, das armas chamadas sátira e pilhéria: "sem o equilíbrio conseguido nas *Memórias Sentimentais de João Miramar*", anota o observador literário, Oswald teria produzido um "estouro rabelaisiano", uma sátira implacável da sociedade capitalista em decadência, também uma "sorte de *Macunaíma* urbano", dado ter aproveitado esteticamente uma coleção de temas e tiques nacionais.

As restrições de Candido são dirigidas especialmente à composição fragmentária do livro. Ouçamo-lo:

> Extremamente significativo como documento intelectual, *Serafim Ponte Grande* é um livro falho e talvez algo fácil sob muitos aspectos, cuja técnica nos leva a pensar em comodismo estético. Parece às vezes que Oswald de Andrade refugia no estilo telegráfico e na síncopa uma certa preguiça de aprofundar os problemas da composição[5].

Nessa perspectiva, *Serafim Ponte Grande* parecerá a Antonio Candido um "fragmento de grande livro"[6], isto é, um grande livro virtual, a que faltou, digamos, um desenvolvimento narrativo mais consistente para sê-lo de modo concreto.

Isso posto, podemos retomar a categoria "literário de menos", no caso aplicada pelo ensaísta como critério de valor. O que significa, afinal, considerar *Serafim* um livro "literário de menos"? Note-se que a avaliação é feita em contraponto à crítica de *Os Condenados* (*Alma*) e de *A Estrela de Absinto,* julgadas obras "literárias de mais". E "de mais", porque, em palavras do próprio Candido, seriam exemplos de uma "ficção dramatizada, enfática", empenhados em "embelezar a vida" através de um estilo marcado por certo "delírio imagístico, quase grotesco", muito próximo de "um patético verboso e fácil"; ou seja, as duas obras estariam comprometidas pela retórica parnaso-simbolista, o "beletrismo" ornamental da literatura acadêmica. Então, o "literário de menos"?... O oposto simétrico do "literário de mais"? Para Antonio Candido, sem

5. *Idem,* p. 54.
6. *Idem,* p. 44.

49

dúvida, *Serafim* apresenta um estilo oposto daquele empregado nas obras anteriores. Em última instância, constitui uma paródia daquele estilo, como tão bem o demonstra, citando frases do *Serafim*, escritas propositadamente por Oswald em estilo "beletrístico" (hoje poderíamos dizer *Kitsch*), as quais teriam sido, no tempo de *Os Condenados*, redigidas a sério.

Não é, entretanto, o estilo que faz *Serafim* "literário de menos". Como vimos, as restrições ao livro recaem sobre os problemas da composição. *Assim, é propriamente a composição, e não o estilo, que parece a Antonio Candido "literária de menos" no Serafim Ponte Grande.* Ora, a idéia de uma composição "literária de menos" pressupõe a de uma composição ideal ou padrão, da qual o romance oswaldiano teria se afastado excessivamente, por negação. Cabe perguntar por essa referência implícita: qual seria a composição ótima? Para responder à pergunta será necessário confrontar "Estouro e Libertação" com outro ensaio, saído posteriormente e assinado por outro crítico.

Referimo-nos a "Serafim: Um Grande Não-Livro", de Haroldo de Campos[7]. Esse ensaio saiu publicado, numa versão apenas preliminar mas já com o mesmo título, no Suplemento Literário de *O Estado de S. Paulo* de 14 de dezembro de 1968. Ampliando esse primeiro estudo com uma abordagem mais detalhada das grandes unidades sintagmáticas do *Serafim Ponte Grande*, Haroldo publica "Serafim: Análise Sintagmática", também no Suplemento Literário de *O Estado de S. Paulo*, em 8 de março de 1969. Finalmente, em 1971, "Serafim: Um Grande Não-Livro" aparece em sua forma definitiva, na 2ª edição do *Serafim Ponte Grande*, pela Editora Civilização Brasileira.

Para Haroldo de Campos, o *Serafim* de Oswald, como o *Tristam* de Sterne, é um livro que põe em discussão a sua estrutura. Essa é sua característica maior. Conforme estruturado, *Serafim* pode realizar a crítica do gênero romance, da escrita considerada "artística", da prosa em geral, posto estar investido de uma função

---

7. Haroldo de Campos, "Serafim: Um Grande Não-Livro", *SPG*, pp. 5-28.

ASPECTOS DA RECEPÇÃO

metalingüística. Trata-se de um livro que realiza a própria crítica, a partir da citação, sempre em chave paródica, de diversos tipos catalogados de prosa (a carta, o diário, o livro de viagem, a memória, o ensaio etc.), sem que, por outro lado, chegue a eleger algumas dessas formas como esquema narrativo principal. Dá-se, antes, o contrário: *Serafim* simplesmente "acena num processo alusivo e elusivo – como um modo literário *que poderia ser e não é*"[8]. Agenciando o que Haroldo denomina "operação metonímica", Oswald constrói um livro a partir da colagem (ou *bricolage*, para usar o termo de Lévi-Strauss citado por Haroldo) de pedaços de livros já inventariados no acervo literário padrão.

O estilo cubista ou metonímico já fora empregado pelo escritor no *Miramar*, ao nível da elaboração das frases. No *Serafim Ponte Grande*, a técnica ocorre ao nível da arquitetura geral da obra, na sua macroestrutura: os pedaços ou amostras de diversos livros possíveis são combinados de maneira sempre inusual, contra os nexos mais previsíveis da lógica romanesca. Outra diferença fundamental entre as duas obras: Haroldo observa que no *Miramar*, embora a técnica nele empregada produza um efeito desagregador sobre a "norma da leitura linear", não deixa de existir um "rarefeito fio condutor cronológico", que orienta a recepção do romance segundo uma seqüência temporal lógico-linear dada pelas etapas vividas pelo herói: a infância, a adolescência, a viagem de formação, o casamento, o desquite etc. No *Serafim* está ausente qualquer linha diretriz uniforme, estando dispostos os acontecimentos deliberadamente fora da seqüência temporal e, à primeira vista, em contradição ou sem vínculos com a matéria já narrada, ou mesmo sem razão justificável.

Assim, a primeira grande unidade sintagmática do livro, "Recitativo"[9], apresenta uma informação, a presença transforma-

---

8.   *Idem*, p. 8 (grifo nosso).
9.   Haroldo de Campos emprega a expressão "grande unidade sintagmática" para referir o que convencionalmente se chamaria "capítulo", termo a seu ver inadequado para designar as partes mais ou menos autônomas

dora dos militares na vida do herói, que só pode ser compreendida, em seu sentido mesmo literal, *a posteriori*, isto é, quando relacionada ao narrado na unidade "Testamento de um Legalista de Fraque", cerca de trinta e poucas páginas adiante. Por isso, Haroldo denomina "Recitativo" um "slide projetado fora da seqüência". Do mesmo modo, em "O Largo da Sé", temos a seguinte reflexão: "Quando um estrangeiro saudoso regressa à pátria e procura o Largo da Sé, encontra no lugar a Praça da Sé"[10]. Trata-se de uma verificação perspectivada por uma ótica de pós-viagem; no entanto, a essa altura da narrativa, Serafim ainda não empreendera nenhuma viagem! "Cômputo", por sua vez, está tematicamente ligado a "Fim de Serafim" – entre as duas unidades, um hiato de sessenta e oito páginas, preenchidas por episódios não diretamente relacionados às unidades em questão. O vínculo entre "Cômputo" e "Fim de Serafim" só pode ser estabelecido pelo leitor que, tendo finalizada a leitura do livro, disponha-se a "montar", seguindo a orientação básica imposta obrigatoriamente pela estruturação do texto, as unidades numa configuração significativa, de certa maneira ele próprio resolvendo a equação forma/conteúdo.

(Chegados a esse ponto, cabe abrir um parênteses para observar que a importância decisiva do papel do leitor no que se refere à organização do material estético fornecido por Oswald foi pioneiramente destacada por Sérgio Buarque de Holanda e Prudente de Moraes Neto, em artigo sobre as *Memórias Sentimentais de João Miramar*. Ainda em 1925, nas páginas da revista *Estética* (RJ), os dois autores, demonstrando admirável discernimento para com as particularidades do fenômeno literário, antecipavam-se àquela que viria a ser a preocupação central das atuais estéticas da recepção e do efeito: "Uma das características mais notórias deste romance do sr. Oswald de Andrade [*Memórias Sentimentais de João Miramar*] de-

---

que compõem o *Serafim Ponte Grande*. Atente-se que a obra, portanto, *obriga* o analista a rever, modificando, o vocabulário especializado de que dispõe.

10. *SPG*, p. 80.

ASPECTOS DA RECEPÇÃO

riva possivelmente de certa feição de antologia que ele lhe imprimiu [...] Isso não importa em dizer que o livro não tem unidade, não tem ação e não é construído [...] *A construção faz-se no espírito do leitor*. Oswald fornece as peças soltas. Só podem se combinar de certa maneira. É só juntar e pronto"[11].)

Apoiando-se em Roland Barthes ("Introdução à Análise Estrutural da Narrativa"), Haroldo de Campos refere-se a um "tempo semiológico", possibilitado pela estruturação particular do *Serafim*, que reduz o tempo real a uma "ilusão referencial". Haroldo detecta no romance-invenção um "jogo de elementos progressivo-regressivos, de antecipações e recuos [...] como alçapões abertos onde se despenha a convenção da continuidade cronológica da ação e mesmo a lei da probabilidade ficcional"[12]. Esse jogo é ainda responsável pelo investimento no herói de uma dimensão de perpetuidade temporal e de ubiqüidade, que lhe propicia, entre outras venturas, a faculdade de "governar os vivos" após seu relampejante falecimento[13].

A análise meticulosa das unidades sintagmáticas do *Serafim* permite a Haroldo rever a leitura realizada antes por Antonio Candido e refutar a qualificação da obra como "fragmento de grande livro". Nesse sentido, argumenta:

11. Cf. Sérgio Buarque de Holanda, "Oswald de Andrade: *Memórias Sentimentais de João Miramar*", em Antonio Arnoni Prado (org.), *O Espírito e a Letra: Estudos de Crítica Literária*, São Paulo, Companhia das Letras, 1996, vol. 1, pp. 210-211.
12. Haroldo de Campos, "*Serafim*: Um Grande Não-Livro", *op. cit.*, p. 23.
13. A "perpetuidade temporal" e a "ubiqüidade" constituem, de fato, uma dimensão tão marcante do herói que não raro encontramos observações a respeito da participação de Serafim na viagem transatlântica narrada ao final do romance. Entretanto, Serafim *não participa* da aventura marítima junto aos passageiros da nave *El Durasno*. O que não impede, por exemplo, que Maria de Lourdes Eleutério escreva: "Essa permanente procura toma proporções significativas na obra *Serafim Ponte Grande*, de 1933, quando o personagem homônimo termina a bordo de um navio, realizando uma infindável viagem" (cf. Maria de Lourdes Eleutério, *Oswald: Itinerário de um Homem sem Profissão*, Campinas, Editora da Unicamp, 1989, p. 18).

SERAFIM PONTE GRANDE E AS DIFICULDADES DA CRÍTICA LITERÁRIA

Hoje, com a perspectiva adquirida nestes últimos vinte anos, a questão poderá talvez ser reformulada: justamente através da síncope técnica e do inacabamento dela resultante é que a construção ficava manifesta, é que a carpintaria do romance tradicional, como *prióm*, como procedimento, era posta a descoberto. Retomando a definição de Antonio Candido, gostaríamos de repropô-la assim: o *Serafim* é um grande não-livro de fragmentos de livro[14].

Temos, então, que *Serafim* passa de "fragmento de grande livro" a "grande não-livro de fragmentos de livro".

O redimensionamento interpretativo de *Serafim Ponte Grande* é propiciado, como nos informa Haroldo de Campos, pela "perspectiva adquirida nestes últimos vinte anos". De fato, no período de tempo referido, muita coisa mudou em termos dos métodos de abordagem do texto literário, sobretudo a partir da década de 1970, com a consolidação de vários programas de pós-graduação em Letras e o conseqüente esforço de atualização do referencial crítico-teórico em pauta. As posturas metodológicas até então predominantes nas Faculdades de Letras, a postura estilística de inspiração germânica e espanhola, a sociológica de inspiração marxista e a estética de inspiração anglo-saxônica, pouco rentáveis no que diz respeito à abordagem da prosa experimental modernista, são logo problematizadas por novas orientações metodológicas. Assim, o interesse pelo discurso mítico ganha força insuspeitada (a antropologia estrutural e estudos interdisciplinares, com destaque para a contribuição de Lévi-Strauss), ao que se somam o interesse pelo discurso dos contos maravilhosos, estudados pelo formalismo russo, sobressaindo-se V. Propp (Propp, diga-se de passagem, é referência basilar de Haroldo em "Serafim: Um Grande Não-Livro", haja vista o "esquema funcional" proposto para o encadeamento das unidades sintagmáticas individuadas no romance-invenção) e, afinal, a valorização dos jogos intertextuais, na esteira das teses de Bakhtin sobre o "texto carnavalizado" e dos estudos dos pós-estruturalistas franceses, entre os quais Jacques Derrida e Julia Kristeva.

14. Haroldo de Campos, "*Serafim*: Um Grande Não-Livro", *op. cit.*, p.10.

ASPECTOS DA RECEPÇÃO

A renovação do referencial crítico-teórico possibilita uma reavaliação do legado modernista[15]. Arguto observador do período, Antonio Candido, em meio à efervescência e controvérsias deduzidas dos choques de posições, sintetizaria de forma lapidar a vertente crítica aos poucos consolidada: "... vejo com a maior curiosidade que neste decênio de 70 está-se desenvolvendo cada vez mais um movimento aliás previsível: a redefinição dos elementos *externos* ao texto, por meio do conhecimento cada vez mais refinado dos seus elementos *internos*"[16].

Desnecessário dizer que o processo de atualização colocado em prática não viria a significar uma superação imediata de velhas fórmulas de avaliação literária. Assim, Heitor Martins, em artigo publicado no Suplemento Literário de *O Estado de S. Paulo* de 26 de abril de 1969 (portanto, depois da publicação dos dois primeiros estudos de Haroldo de Campos, que seriam sintetizados em "*Serafim*: Um Grande Não-Livro"), insiste na desarticulação estrutural de *Serafim Ponte Grande* (hoje sabemos: complexamente articulada) como sendo o seu ponto falho. Aí, define o empreendimento oswaldiano como "projeto (*embora não bem-sucedido, por falta de princípio unificador*) de produzir um livro segundo uma técnica de montagem"[17].

Aliás, o próprio Oswald de Andrade nunca nutriu grandes ilusões com respeito à recepção de suas obras esteticamente mais arrojadas. Daí às vezes pretender corrigir malabarismos formais

15. Cf. Silviano Santiago, "A Trajetória de um Livro", *Macunaíma: O Herói Sem Nenhum Caráter*, ed. crítica, Telê Porto Ancona Lopes (coordenadora). Paris, Unesco / Brasília, CNPq, 1988, p.190.
16. Antonio Candido, "Sobre o Trabalho Teórico", entrevista à *Trans/form/ação*, n. 1, Revista de Filosofia da Faculdade de Filosofia, Ciências e Letras de Assis, São Paulo, 1974, p. 17.
17. Heitor Martins, "A Pista Inexistente de *Serafim Ponte Grande*", Suplemento Literário de *O Estado de S. Paulo*, São Paulo, 26 de abril de 1969. Pode-se ler uma versão ampliada desse artigo em Heitor Martins, "Serafim Ponte Grande", *Oswald de Andrade e Outros*, São Paulo, Conselho Estadual de Cultura, 1973 (o autor mantém, aqui, o juízo sobre a ausência de "princípio unificador " do romance, e trata de situá-lo na tradição ocidental da sátira menipéia) (grifo nosso).

através da sobreposição de uma "ordem direta" à composição. A propósito, leia-se observação sua sobre o projeto literário da obra cíclica *Marco Zero*: "Acho que o *Marco Zero* vai acabar com o meu afastamento do público que lê... Porque procuro dar conta, em ordem direta, dos episódios que todos nós vivemos, neste grande decênio que começa em 1932 e vem até 1942. É a ordem direta..."[18]. Como vimos anteriormente, a expressão "ordem direta" fora utilizada por Oswald para defender o projeto construtivo corporificado pela poética pau-brasil, *contra* a fase de "desagregamento técnico" das *Memórias Sentimentais de João Miramar*. Aqui, porém, o dilema parece ser outro. Não se trata mais simplesmente de colocar a linguagem em sintonia com a "ordem direta" dos "nossos rios". Antes, a idéia dos anos 1940 é, sem dúvida, mais pragmática: superar o afastamento dos leitores. A "ordem direta" respondendo pois a uma necessidade de *diminuir* o obscurecimento da forma, para *aumentar* quantitativamente o público leitor potencial.

Retomemos agora os estudos de Antonio Candido e Haroldo de Campos. Já nos referimos ao processo de atualização metodológica que favoreceu a reavaliação crítica de *Serafim Ponte Grande*. Aproximados os dois estudos, é possível ainda surpreender, a partir da oposição básica estabelecida "fragmento de grande livro"/ "grande não-livro de fragmentos de livro", uma mobilização teórica diferenciada de categorias analíticas similares, que se prende diretamente à problemática do emprego da noção de "estrutura" nas ciências humanas e na crítica literária em particular (embora Antonio Candido, no ensaio de 1945, não utilize o termo "estrutura", mas sim "composição", parece-nos lícito sugerir a sua instrumentalização daquele conceito, para fins de nossa análise, posto ser essencial em seu exame do *Serafim* o conceito implícito de "conjunto estruturado", isto é, composto de partes organizadas segundo uma

---

18. Oswald de Andrade, *Gazeta Magazine*, 21 de setembro de 1941. Citado por Maria Eugenia Boaventura, *O Salão e a Selva: Uma Biografia Ilustrada de Oswald de Andrade*, Campinas, Editora da Unicamp; São Paulo, Editora Ex Libris, 1995, p. 208.

necessidade interna e *imperativa* do ponto de vista da coerência a ser deduzida da inter-relação entre as partes constituintes).

O termo "estrutura" (derivado da matriz latina *structura*, da forma verbal *struere*, "construir") tem largo uso nas ciências humanas contemporâneas. A sua forte presença justifica-se, ao que parece, pela necessidade de relacionar, segundo um padrão comum, informações diversas estocadas pelas ciências modernas em escala gigantesca. Desse modo, fala-se sempre em "estrutura", tendo-se porém em vista objetos de conhecimento os mais diversificados, sempre apreendidos como unidades distintas: átomos, genes, elementos da linguagem, fonemas e morfemas, mitos, unidades narrativas, e assim por diante. A aplicação do termo e a noção de estrutura, no entanto, apresentam problemas ainda não resolvidos pelos saberes afins.

O caso da antropologia estrutural pode nos interessar de perto. A crítica especializada tem apontado incessantemente para o impasse levantado, mas não solucionado, pela obra de Claude Lévi-Strauss, qual seja, esclarecer se a estrutura é apenas um esquema de descrição ou parte integral do objeto descrito. Aceita a idéia de que a estrutura não passa de um postulado lógico, um modelo operacional (e essa parece ser a posição predominante), restaria saber até que ponto a decodificação estrutural do discurso selvagem não estaria traindo o sistema de signos original sobre o qual interfere, traduzindo-o segundo suas próprias premissas, obviamente estranhas àquele sistema. Nesse sentido, a escrita estrutural se revelaria, em certa medida, um código de traição do pensamento diferencial, a que o antropólogo denomina *pensée sauvage*.

Em sua produção teórica, Claude Lévi-Strauss, tendo-se empenhado em desmistificar a pretensa objetividade do fato histórico, entendido como *dado puro,* mostrando em verdade como também ele é perspectivado pelo ponto de vista de um analista, cujo olhar "seletivo" e "classificatório" se lança ao passado, paradoxalmente acaba por postular outro centro conceitual, que se quer inquestionável: a estrutura. Destarte, o conceito de estrutura tem suas determinações ontológicas obstruídas, não sendo visto também como uma "verdade de situação", e também sujeito à ótica particular do observador. No entanto, o que se tem verificado, comparados os trabalhos de diferentes autores ligados ao estruturalismo, parece desmentir semelhante tese, posto o conceito de estrutura surgir instrumentalizado de maneiras sempre diversas, conforme o enfoque privilegiado.

Na própria obra de Lévi-Strauss, considerada em conjunto, o conceito de estrutura não parece estar submetido a um tratamento nocional unívoco, sendo perceptível uma variação semântica em seu emprego. Assim, a despeito do reconhecido rigor expositivo do autor, parece existir uma diferença entre o conceito de estrutura, tal como definido em artigos teóricos destinados justamente a precisar sua operacionalidade dentro da chamada antropologia social, e o conceito conforme mobilizado na análise do mito, na série *Mythologiques*[19].

A esse propósito, Dirceu Lindoso observa que o termo "estrutura" é responsável pela geração de um campo semântico, de onde se pode extrair, por conotação, uma série de termos de equivalência, articulados numa série sinonímica caracterizada por uma coesão sêmica máxima: ordenamento, totalidade, forma, solidariedade, equilíbrio, organização, constituição, disposição etc. A contigüidade subjacente à série conotativa, por sua vez, possibilita que traços significativos pertinentes a um termo específico transitem para outro. Dá-se que tal transitividade, aparentemente analógica, acaba simultaneamente produzindo uma diferença entre os termos que compõem a série conotativa, uma distância, o que vale dizer que a equivalência entre os termos acaba virtualmente perturbada ou comprometida.

Os microdistanciamentos e os macrodistanciamentos gerados dificultam enfim a clarificação da noção de "estrutura". Conforme Dirceu Lindoso, na passagem do nível da *res extensa* para o nível da teoria científica, os termos da série conotativa ficam sujeitos à ação

---

19. Cf. Dirceu Lindoso, "A Estrutura Canibal", *A Diferença Selvagem*, Rio de Janeiro, Civilização Brasileira; Brasília, INL, 1983, p. 183.

de agentes perturbadores do ordenamento semântico, o que torna ambígua a sintaxe científica. A noção de "estrutura", do ponto de vista epistemológico, se torna opaca: a fixação de uma noção de "estrutura" se faz problemática num mesmo autor[20].

Em acréscimo às restrições de Lindoso, não deixemos de notar que, de fato, o conceito de estrutura está vinculado a uma referência complexa:

> [...] fala-se, então, num termo que define ao mesmo tempo um conjunto, as partes desse conjunto e as relações dessas partes entre si, em "entidade autônoma de dependências internas", num todo formado de elementos solidários, de tal modo que cada um dependa dos demais e não possa ser o que é senão em virtude de sua relação com eles...[21]

O campo semântico assim postulado, sobre ser amplo, ao que tudo indica, é dotado de certa permeabilidade, que favorece a incorporação de novos traços significativos; ou seja, a permeabilidade funciona como uma "abertura" através da qual o conceito de estrutura é constantemente realimentado de traços de equivalência sujeitos a interferências várias, por ocasião de sua aplicação em discursos particulares.

Especificamente sobre o caso da crítica literária interessa-nos, aqui, frisar que a individuação da estrutura num texto literário está, sem dúvida, sujeita à perspectiva particular do leitor. Em outras palavras, existe uma (inter)relação entre estrutura literária e leitor, que se resolve no efeito que a primeira provoca sobre o segundo. A estrutura literária, portanto, não se sustém enquanto pura textualidade, mas depende, para se concretizar, da operação mental objetivante de uma consciência individual que a constitui e pode lhe imprimir um valor específico. Claro está que essa operação não se resolve arbitrariamente (insistamos na *interação* texto/leitor), pois depende de uma orientação básica dada pela estruturação do tex-

20. *Idem*, pp. 182-183.
21. Umberto Eco, *op. cit.*, p. 252.

SERAFIM PONTE GRANDE E AS DIFICULDADES DA CRÍTICA LITERÁRIA

to, a partir da qual o leitor deverá *suplementar*, segundo a perspectiva por ele adotada, a informação textualmente produzida[22].

Para concretizar o exposto, aproximemo-nos novamente de *Serafim Ponte Grande*. Considerada sua estrutura literária particular, enquanto resolução textual e comum a todos os seus leitores, resta precisar os contornos e mesmo a valoração a ela atribuída quando submetida a recepções individualizadas. Através desse procedimento, constataremos que, a partir de certas *indicações estruturais contidas no texto*, a configuração final da obra será resolvida de maneiras diferentes por seus leitores. Certamente isso implica a atualização nocional diferenciada de categorias analíticas.

Em "Estouro e Libertação", Antonio Candido referiu-se ao *Serafim* como "fragmento de grande livro". No caso, a qualificação tem valor negativo, conotando a incompletitude e falta de consistência da obra. Ela pressupõe uma referência implícita, a de uma composição consistente, da qual *Serafim* afastou-se, e que nos cumpre inquirir. No "Prefácio à Terceira Edição" de *Literatura e Sociedade*, Candido apresenta uma definição do termo "estrutura" que nos pode esclarecer sobre a questão, conquanto tenha sido formulada em contexto posterior: "...a acepção aqui utilizada foi desenvolvida com certa influência da Antropologia Social inglesa (tão atacada nesse aspecto por Lévi-Strauss) e se aproximaria antes da noção de 'forma orgânica', relativa a cada obra e constituída pela inter-relação dinâmica dos seus elementos, exprimindo-se pela 'coerência'"[23]. Organicidade, funcionalidade e, sobretudo, "coerência" – não seriam esses os pressupostos básicos de uma composição ideal, perscrutados mas não encontrados na obra oswaldiana pelo ensaísta de 1945?

22. Para uma avaliação do emprego do conceito de "estrutura" na crítica literária, cf., entre outros, Luiz Costa Lima, "Estruturalismo e Crítica Literária", e Wolfgang Iser, "Problemas da Teoria da Literatura Atual: O Imaginário e os Conceitos-Chaves da Época", ambos em Luiz Costa Lima (org.), *Teoria da Literatura em suas Fontes*, Rio de Janeiro, Francisco Alves, 1983, vol. II, respectivamente pp. 217-254 e 384-416.
23. Antonio Candido, "Prefácio à 3ª. Edição", *Literatura e Sociedade*, São Paulo, Editora Nacional, 1980, p. XII.

Através da análise das grandes unidades sintagmáticas do *Serafim* (correspondentes *grosso modo* a tipos-padrão de escritura romanesca irreverentemente parodiados), Haroldo de Campos chega à idéia de um "não-livro", um "antilivro". Aí estaria, a seu ver, a vocação realmente mais profunda dessa obra de Oswald, a que o escritor teria feito jus pelo emprego hábil de uma "técnica de citações" estrutural. Como se nota, estamos no campo oposto ao de Candido: o inacabamento do *Serafim*, visto por esse como dado negativo, passa na análise de Haroldo a ser concebido como a característica mais relevante do romance. A inversão interpretativa poderia ser explicada do seguinte modo: *o primado da coerência no conceito de estrutura de Candido cede espaço ao primado da relação na análise estrutural efetuada por Haroldo.* Para falar com Dirceu Lindoso, digamos que na atualização do conceito de "estrutura" no discurso crítico os termos pertencentes à série conotativa subjacente recebem acentos desiguais, num caso sendo privilegiadas, aproximadamente, as noções de "totalidade", "equilíbrio", "coesão", "coerência", e, no outro, as de "disposição", "constituição", "inter-relação entre as partes integrantes do conjunto".

Note-se, pois, que não se trata de propor uma hipótese redutora, por definição ilógica: Candido preocupa-se com a "coerência" de *Serafim* e se esquece da virtualidade dos jogos relacionais, Haroldo simplesmente inverte os seus pressupostos. Antes, o que ocorre são pequenos (porém decisivos) deslizamentos de enfoque operando sobre um mesmo conceito-chave, cujos atributos sêmicos, projetados no discurso, acabam diversamente ressaltados. Os resultados analíticos, no entanto, são totalmente contrastantes, porquanto investidos de juízos de valores: o primado da coerência leva Candido a postular, negativamente, a composição fragmentária de *Serafim* ("livro literário de menos"); ao passo que Haroldo, atento à ruptura oswaldiana com a composição romanesca tradicional, de começo, meio e fim linearmente articulados, apreende tal "literário de menos" em nova chave: "literário de menos" = "não-livro", sim; mas *grande* não-livro".

Em ensaio de 1970, "Digressão Sentimental sobre Oswald de Andrade", Antonio Candido iria rever a posição crítica defendida em "Estouro e Libertação". Aceitando o "reparo de Haroldo de Campos", Candido reconsidera o seu juízo anterior, refuta a concepção do *Serafim Ponte Grande* como um "fragmento de grande livro" para agora entendê-lo como: "...um grande livro em toda a sua força, mais radical do que *Miramar*, levando ao máximo as qualidades de escrita e visão do real que fazem de Oswald um supremo renovador"[24]. A reconsideração aponta o débito para com a leitura realizada por Haroldo e invalida o critério da "coerência" ou unidade da composição como chave analítica do *Serafim*. Ao invés, surpreende-se na obra uma tentativa bem-sucedida de colocar em xeque a concepção do romance como totalidade verbal regida por princípios-padrão de coesão uniforme, com que o autor potenciaria, concretamente, as possibilidades transgressoras do discurso ficcional literário[25].

A noção de "antilivro", colocada por Haroldo, nos leva a pensar mais precisamente na concepção de uma "antiestrutura". Com o termo pretendemos significar uma categoria de metaestrutura, isto é, uma estrutura que realiza a crítica de si mesma através da implosão da organicidade lógica do modelo estrutural. A sistematicidade orgânica das partes que constituem um conjunto, onde cada parte pressupõe uma relação concreta com as demais, é como que implodida no *Serafim* pela utilização oswaldiana do fragmento, com a concomitante montagem inusual, que, por assim dizer, "apaga" (mas não elimina) as marcas da concatenação lógica que deveria presidir a constituição da estrutura.

Cabe ao analista, de certo modo, reescrever os elos apagados por Oswald, com vistas à recuperação, para o discurso crítico, dos

---

24. Antonio Candido, "Digressão Sentimental sobre Oswald de Andrade", *op. cit.*, p. 99.
25. "O romance é sempre um tratado de filosofia, sem cátedra, sem terminologia especial e sem a responsabilidade de um sistema..." (Oswald de Andrade, "Sobre o Romance", *Ponta de Lança*, São Paulo, Globo, 1991, p. 58).

ASPECTOS DA RECEPÇÃO

pressupostos estético-ideológicos entranhados em seu romance. Essa reescritura implica imediatamente a remissão ao contexto original da obra, sem o quê a atribuição de sentidos arbitrários, isto é, fundados em interesses e preconceitos contemporâneos, pode tornar-se a regra na interpretação literária. A doação contínua de novos sentidos ao texto remete à história de sua recepção e ao papel do leitor. Mas é só a partir da observação do contexto original que o analista pode visar a descrever a estruturação do texto conforme ela se processou em relação àquela realidade matriz, vale dizer, através do uso intencionado e seletivo dos sistemas de referência historicamente dados.

Por outro lado, a escritura descontínua do *Serafim* surge como *resistência* à sua tradução em termos de discurso crítico. A exemplo do que Walter Benjamin observou com respeito ao procedimento de montagem no teatro épico, no *Serafim Ponte Grande* o material montado interrompe o contexto no qual é montado[26]. A montagem oswaldiana dos "fragmentos de livro" provoca ao nível do discurso interrupções da seqüência narrativa, ou, como dito atrás, "apaga" as marcas da concatenação lógica da estrutura. As interrupções produzidas não se destinam, todavia, a provocar uma mera "excitação" no leitor (como também não é o caso no teatro épico), mas sim uma função organizadora, cuja lógica profunda precisa ser co-produzida pelo leitor. Justamente nesse sentido, parece-nos estar com a razão Dirceu Lindoso quando escreve: "...o 'fragmentarismo da prosa oswaldiana' não se limita a uma 'estética do fragmentário' (como insinuou Haroldo de Campos), mas superando o nível apenas estético, preside a formação da ideologia do discurso"[27].

Remeter, portanto, o fragmentarismo oswaldiano ao seu contexto é condição *sine qua non* para que se possa revelar a sua motivação. É o que se fará no próximo capítulo, quando então se procurará mostrar como, relacionada à especificidade da estrutura de *Serafim Ponte Grande*, articula-se um (limitado) projeto utópico re-

26. Cf. Walter Benjamin, "O Autor como Produtor", *op. cit.*, p. 133.
27. Dirceu Lindoso, "O Nu e o Vestido", *op. cit.*, p. 265.

volucionário, por sua vez, condizente com uma compreensão histórica das particularidades de formação da sociedade brasileira e da suposta psicologia do seu povo.

Nesse contexto, como também se verá, a Antropofagia de 1928 ocupa posição privilegiada: espécie de central de energia, com matéria antropológica, onde irá se alimentar a polêmica do discurso ficcional oswaldiano, que procura dissolver suas contradições ideológicas, ao que parece, pela assunção do partido do "movimento permanente", caro à vanguarda histórica sob variadas dimensões.

* * *

A abordagem, aqui tentada, dos "aspectos da recepção" de *Serafim Ponte Grande* não se fez com vistas a esgotar a questão. O procedimento visou simplesmente a delimitar duas perspectivas analíticas precisas, através da atenção mais direta a textos que ocupam lugares estratégicos nesse processo. Desse modo, pretendeu-se esclarecer a trajetória conturbada do romance de Oswald, as valorizações diversificadas e mesmo francamente conflitantes que sofreu, tendo como pano de fundo algumas diretrizes teóricas básicas destacadas do panorama da crítica literária brasileira.

Mas a fortuna crítica da literatura oswaldiana será, enfim, considerada em todo o decorrer deste trabalho, e da maneira mais totalizante possível. Em suma: através e a partir dessas vozes que nos antecederam nossa análise procura precisar o seu lugar, como mais um elo na "cadeia de recepções" (Jauss) do *Serafim Ponte Grande*, para recriá-lo mais uma vez: "direito de ser traduzido, reproduzido e deformado em todas as línguas..."

II

---◆---

Serafim no *Front*:
O Sentido Revolucionário

1

Revolução e Malandragem

A idéia de pintura como ação, não mais como contemplação (*Les Demoiselles d'Avignon*, segundo Picasso: "a propaganda pela ação", à maneira de um ataque terrorista), serve para ilustrar uma das ambições maiores da arte moderna: a transformação radical da sociedade. Revolução social e manifestações *tecnicamente progressistas* da vanguarda histórica complementam-se num quadro de aspirações comuns, marcado pelo colapso do modelo capitalista-liberal herdado do século XIX. Essa relação é bem apanhada por Roberto Schwarz, a partir de um exemplo concreto, sem dúvida da maior relevância:

> Experimentalismo estético e Revolução Russa pertencem a um mesmo momento, de crise da ordem burguesa, por volta da Primeira Guerra Mundial [...] Sem fazer de Lenin um prócer dadá, nem esquecer que boa parte das inovações estéticas de nosso tempo veio de homens apolíticos ou reacionários, vale a pena insistir no parentesco: socialismo e vanguardismo viam como caducas as formas do mundo burguês e quiseram apressar o seu fim[1].

A visão das ruínas da civilização burguesa estava, portanto, no horizonte do dia. Não custa lembrar, nesse sentido, o modo pelo

---

1. Roberto Schwarz, "A Santa Joana dos Matadouros", *Que Horas São?*, São Paulo, Companhia das Letras, 1987, p. 87.

qual Oswald se refere à sua personagem Serafim: "o brasileiro à toa na maré alta da *última etapa* do capitalismo"[2]. Epitáfio do autor, *Serafim Ponte Grande* já é tido como lixo da História.

Revolução estética e revolução social não constituem fenômenos equivalentes e traduzíveis entre si. O próprio Schwarz tem alertado reiteradamente para o caráter por vezes regressivo apresentado pelas rupturas no plano estético, vale dizer, a inovação pode, com muita propriedade, vir de mãos dadas com um conteúdo social reacionário. Sirva-nos de exemplo o caso da técnica da literatura futurista: "palavras em liberdade", indispensáveis para o escritor moderno, conforme o postulado de Marinetti, podem se prestar à exaltação do Estado totalitário fascista; o mesmo procedimento formal, todavia, ao ser apropriado pelo cubofuturismo de Moscou, pode ser colocado a serviço da revolução comunista de 1917.

Tal fato demonstra que estética e ideologia não podem ser relacionadas sem as devidas mediações, sendo mais prudente, por conseguinte, uma análise detalhada caso a caso. Tomados em abstrato, preceitos como "palavras em liberdade" ou "imaginação sem fios" são, antes de tudo, recursos com potencialidades ambíguas. Atualizados em discursos particulares, assumem configurações contrastantes. Para usar conceitos elaborados por Walter Benjamin em seu ensaio sobre a obra de arte na era da reprodutibilidade técnica, digamos que um mesmo procedimento formal pode funcionar, em âmbitos diversos, tanto como um instrumento para a "politização da arte", quanto, numa afirmação pervertida, para a "estetização da política", a exemplo da glorificação marinettiana da guerra.

Retenhamos, entretanto, um dado fundamental: a revolução da vanguarda histórica é impensável sem uma revolução efetuada ao nível da linguagem. Essa combinação necessária foi sintetizada por Maiakóvski na frase célebre: "sem forma revolucionária não há arte revolucionária". Vejamos um exemplo em que forma revolucioná-

---

2.   Oswald de Andrade, *SPG*, p. 38 (grifo nosso).

ria e conteúdo social revolucionário compõem uma unidade convincente e esteticamente eficaz. Para ficarmos, ainda um pouco, entre russos, examinemos uma obra-prima tirada do "cinema intelectual" de Serguei Eisenstein, o filme *O Encouraçado Potemkim*, lançado em 1925 (logo se verá o porquê da escolha).

O tema abordado é – ou tornou-se – bastante conhecido: a revolta do encouraçado *Potemkim* durante a revolução de 1905 na Rússia czarista, dadas as condições de penúria e arbitrariedade a que estavam submetidos os seus marinheiros. Interessa-nos, particularmente, destacar o princípio formal da obra, composta, segundo o diretor, de acordo com o modelo da tragédia em cinco atos. No filme, os atos, conquanto diferenciados entre si do ponto de vista da ação desenvolvida, são organizados a partir de uma regra única de composição. Resumidamente, Eisenstein apresenta o seguinte esquema dos episódios por ele intitulados: 1º Ato: "Homens e Vermes" (expõe-se a situação inicial sobre o encouraçado, o problema da carne deteriorada e a insatisfação dos marinheiros); 2º Ato: "O Drama da Popa" (os marinheiros recusam-se a tomar a sopa, são colocados sob um toldo para serem fuzilados, o que não ocorre e dá lugar à revolta geral); 3º Ato: "O Sangue Pede Vingança" (vela-se o corpo do marinheiro falecido Vakulintchuk no porto de Odessa, um comício de protesto tem início e a bandeira vermelha é içada); 4º Ato: "A Escadaria de Odessa" (a população confraterniza com o encouraçado, ao que se segue a repressão dos cossacos com a fuzilaria sobre a escadaria de Odessa); 5º Ato: "A Passagem da Esquadra" (uma esquadra é enviada para reprimir o navio amotinado; no entanto, ela se recusa a atirar nos "irmãos" de infortúnio)[3].

Os cinco atos, considerados como partes autônomas, à primeira vista não comportam nenhum elo comum. No entanto, estão todos estruturados conforme uma mesma regra, a que o diretor chama "lei da unidade orgânica". Ela se apresenta como uma "fórmula do êxtase", aplicada em todos os elementos-chave da compo-

---

3. Cf. Serguei Eisenstein, "Como Se Faz Um Filme", *Reflexões de um Cineasta*, trad. Gustavo Dória, Rio de Janeiro, Zahar, 1969, pp. 61-71.

SERAFIM PONTE GRANDE E AS DIFICULDADES DA CRÍTICA LITERÁRIA

sição, podendo-se defini-la como um *salto* da ação "fora de si mesma", isto é, um salto no sentido inverso à ação até então representada. A encenação avança até um certo ponto, que corresponde a um ponto de suspensão ou cesura, a partir do qual desenvolve-se um movimento violentamente inverso ao primeiro. Assim sendo, o segundo movimento pode oferecer uma imagem do mesmo tema sob um ângulo de visão oposto, ao tempo em que ele próprio tem nascimento nesse tema.

Vejamos como isso ocorre em alguns dos atos referidos. Por exemplo, no 2º ato, chamado "O Drama da Popa". Os marinheiros são colocados sob um toldo para que possam ser fuzilados, a mando dos oficiais do encouraçado; os fuzileiros recusam-se a atirar e a cena "salta" no sentido inverso: os marinheiros desencadeiam uma rebelião e subjugam os seus superiores. No 3º ato, "O Sangue Pede Vingança", a população, inicialmente, entoa um lamento desesperançado no funeral de Vakulintchuk; o desenrolar da cena produz o salto no sentido inverso, e do tema do funeral jorra organicamente a explosão de cólera dos oprimidos. No episódio da "Escadaria de Odessa", enfim, o procedimento parece atingir, aliado ao patético da cena, o seu rendimento estético máximo: à confraternização do povo com o encouraçado sucede o massacre sobre a escadaria. O jogo de saltos invertidos do cineasta adquire uma solução plástica apoiada no detalhe anatômico da escadaria: o movimento *descendente* sobre ela transforma-se, repentinamente, em movimento *ascendente*; a corrida do povo (para baixo) desemboca na lenta marcha solene da mãe, sozinha, carregando o filho assassinado nos braços (para o alto). A inversão propicia, nesse momento, a visão do tema sob o ponto de vista da pessoa reprimida.

O "cinema intelectual" (ou "cinema conceitual") produzido por Eisenstein depende, como se sabe, de sua inovadora teoria da montagem, da busca de uma supra-imagem totalizante mediante a sintaxe dos fotogramas. O sentido social dessa chamada "imagem maior" deve ser obtido através da passagem de um princípio de unificação em nível plástico para um princípio de unificação ideológico-temático. Como isso se dá no caso específico de *O Encoura-*

çado *Potemkim*? Ou ainda, para retomarmos os termos iniciais de nossa discussão, como se relacionam forma revolucionária e conteúdo social revolucionário?

Chegados a esse ponto, cabe passar a palavra ao próprio autor: "A passagem por saltos sucessivos de uma qualidade para outra não é somente a fórmula de um *progresso*, que nos envolve não mais como unidades 'vegetativas' isoladas, submetidas às *leis naturais da evolução*, mas como indivíduos de uma sociedade, participando conscientemente de seu progresso, pois sabemos que tais saltos se produzem também no plano social. São as *revoluções* pelas quais se faz o progresso social". Em suma, o progresso da composição do *Potemkim* (a articulação dos saltos de uma qualidade a outra) remete a um determinado progresso na ordem social (os saltos proporcionados pelas revoluções). Outra vez, nas palavras de Eisenstein: "O salto que caracteriza a estrutura de cada elo da composição, assim como a composição do filme em seu conjunto, traduz na estrutura da composição o elemento-chave do tema: a explosão revolucionária"[4].

Isso posto, quer nos parecer que a solução formal empregada no *Potemkim*, com vistas ao esclarecimento do processo social revolucionário, pode ser aproximada, em termos analítico-comparativos, ao modo particular com que Oswald de Andrade organiza esteticamente a sua matéria social em *Serafim Ponte Grande*. O interesse, no caso, não reside tanto em supostas analogias estruturais, mas sim no problema comum a ambas as obras, concernente ao enlace forma/arte revolucionárias. É preciso salientar, contudo, a existência de um aspecto formal coincidente, sem o que a aproximação soaria descabida. Vimos o recurso de Eisenstein ao salto fílmico da ação para fora de si mesma, com que essa era invertida, proporcionando uma leitura do tema sob um ângulo diverso. Ora, tal procedimento constitui um modo de formar essencial no *Serafim*. A trajetória do herói, no romance, não se realiza senão através de *saltos*, os quais *invertem* a experiência até então contemplada, em

4. *Idem*, p. 70 (grifo do autor).

favor de uma nova ordem situacional, que permite uma revisitação crítica do estado anterior.

Em seu "esquema funcional" das grandes unidades profundas do *Serafim*, Haroldo de Campos refere-se a tais "saltos" como "transgressões da ordem", na linha da nomenclatura de Propp para a morfologia do conto[5]. Especificamente, o crítico localiza duas transgressões: a primeira, consubstanciada na unidade "Testamento de um Legalista de Fraque", na qual se relatam as peripécias de Serafim na São Paulo conflagrada de 1924, munido de canhão e dinheiro, disposto a alterar de modo radical a própria vida. A essas peripécias seguem-se uma "fuga", concretizada numa série de viagens, e, posteriormente, "a perseguição e punição" do herói, no episódio "Fim de Serafim". A segunda transgressão da ordem, já definitiva, se dá na unidade "Errata" e, sobretudo, na unidade "Os Antropófagos". Nessa última, segundo Haroldo de Campos, o secretário-avatar de Serafim, Pinto Calçudo, instaura uma "desordem perene", com a realização da viagem permanente de *El Durasno*, base da humanidade liberada. Ao contrário do que sucede por ocasião da primeira transgressão da ordem, na segunda não ocorre a "perseguição e punição" do herói, que é substituída por "fuga e impunidade", com *El Durasno* escapando sempre ao controle policiado dos portos.

As transgressões do *Serafim Ponte Grande* representam saltos através dos quais situações sociais são invertidas para que venham à luz formas alternativas de organização do mundo, as quais são normalmente eliminadas pelo curso da *práxis* capitalista. A partir do "Testamento...", a vida comezinha do funcionário público é substituída pela do turista novo-rico, sempre disposto aos desfrutes mundanos. Em "Os Antropófagos" a reviravolta parece alcançar uma dimensão maior, posto que então são contestados pressupostos morais básicos dos povos ditos civilizados. Os saltos propiciam, portanto, releituras da realidade social, sob enfoques de-formantes (do ponto de vista dos padrões legitimados), cuja especificidade resta à análise precisar.

---

5. Haroldo de Campos, "*Serafim*: Um Grande Não-Livro", *SPG*, pp. 25-26.

SERAFIM NO FRONT: O SENTIDO REVOLUCIONÁRIO

Notemos que a "punição" à qual escapa Pinto Calçudo, e que, como observa agudamente Haroldo de Campos, extrapola da ordem fabular para a ideológica, isto é, vai se configurar no prefácio crítico e autocrítico da obra, representa um derradeiro salto de inversão. Aí, a própria programática modernista é virada ao avesso, por força da assimilação oswaldiana do marxismo, capaz de repensar a "literatura nova-rica da semicolônia" com a (almejada) mentalidade de um "casaca de ferro" da "Revolução Proletária..."

Dito isso, podemos formular a questão que nos interessa especialmente: os "saltos" verificados em *Serafim Ponte Grande*, a exemplo dos "saltos" do *Potemkim*, remetem também a saltos passíveis de verificação no plano social? O *progresso* da composição do *Serafim* pode ser referido a um progresso da ordem social; noutras palavras, pode ser aproximado à idéia mesma de *revolução*? E, nessa perspectiva, uma segunda questão, na esteira da frase de Maiakóvski já por nós citada: a revolução formal de *Serafim*, sem dúvida um fato literário incontestável, permite que tomemos o romance por "arte revolucionária"?[6]

Quando falamos, nesse contexto, em revolução social, estamos pensando precisamente num movimento sociopolítico voltado para a transformação radical da sociedade, que seja capaz de colocar em crise e modificar o sistema como um todo, alterando a vida de *todos* os envolvidos, e não apenas de uma parcela da população ou de uma classe específica. Não supomos forçar a nota ao sugerir que

6. Em perspectiva teórica diversa da nossa, Ferreira Gullar já abordara a questão da "arte revolucionária", em estudo de 1969. Atento às relações entre experimentalismo estético e contexto social específico, esse poeta criticara a apropriação concretista da obra oswaldiana, assim como de outras produções da vanguarda (incluindo-se Maiakóvski), realizada a seu ver de modo "formalista" e "historicamente incondicionado". Para Gullar, os concretistas apresentam "o Oswald da época 'modernista' como um argumento a mais do formalismo. Isso, sem se levar em conta que mesmo naquela fase Oswald jamais se desligou da realidade brasileira e jamais se entregou a exercícios puros de linguagem" (Ferreira Gullar, *Vanguarda e Subdesenvolvimento*, Rio de Janeiro, Civilização Brasileira, 1969, p. 4).

Maiakóvski tem em mente um ideal assim amplo ao se referir à "forma revolucionária" e propor como sua meta a "arte revolucionária", com o propósito de contribuir, "com suas palavras, intuições, símbolos e outras armas" – para lembrar o Drummond de "Nosso Tempo" – , para a destruição do mundo capitalista.

Retornemos a *Serafim Ponte Grande*. Parece-nos óbvio que a história da personagem principal é, em alguma medida, uma história revolucionária, não enquadrada nos moldes do *establishment* (o que não significa que não possa vir a ser, eventualmente, digerida sem maiores problemas). Eis o ponto nevrálgico: o grau exato de perturbação trazido ao sistema pelas atividades excêntricas de Serafim e do Pinto Calçudo final. Essas atividades, suponhamos, abalariam os alicerces do mundo por eles refutado, ou se revelariam antes como um aproveitamento descentrado das aberturas contidas no próprio sistema, mobilizadas para benefício particular? Algo, ademais, proporcionado por uma habilidade especial em extrair o melhor de cada situação, enfim, um ir-e-vir pelos pólos sociais da ordem (o Brasil burguês) e da desordem (o Brasil pré-burguês, com seu lastro "irracionalista", a determinar uma conduta social orientada por interesses pessoais, não prescritos pela Lei e pelo Direito), tomando um pouco daqui e de lá, sempre de olhos postos na solução mais favorável?[7]

As perguntas formuladas acima não são meramente retóricas. Embora as respostas sejam, de fato, previsíveis, elas precisam ser justificadas, com o devido cuidado, a partir da informação textualmente produzida. Como indicado no primeiro capítulo deste trabalho ("Aspectos da Recepção"), a estrutura de *Serafim* apresenta-se como uma antiestrutura, cuja lógica profunda, sensivelmente apagada pelo fragmentarismo do conjunto, precisa ser co-produzida pelo leitor. Não se há de encontrar em *Serafim*, a exemplo da estrutura do filme de Eisenstein, uma "lei da unidade orgânica", rigorosamente presente em todos os elementos-chave da composi-

---

7. Cf. a respeito Antonio Candido, "Dialética da Malandragem", *O Discurso e a Cidade*, São Paulo, Duas Cidades, 1993.

ção. Pelo contrário, o texto se constrói através da apropriação paródica de textos muito diversos entre si, por sua vez compondo unidades sintagmáticas, cada qual com particularidades formais próprias. Daí, talvez, a inadequação do termo "romance" para a definição da obra, sentida por ninguém menos que Oswald de Andrade, que preferia denominá-la "invenção"[8].

A descontinuidade do *Serafim* não é facilmente resgatável no espaço tradicionalmente não-fragmentário do ensaio crítico literário. Muito de sua força e certamente de sua permanência reside nesse ponto. As abundantes interrupções discursivas incitam o seu leitor a suplementar os vazios encontrados com atos de projeção: "à medida que os vazios indicam uma relação potencial, liberam o espaço das posições denotadas pelo texto para os atos de projeção (*Vorstellungsakte*) do leitor. Assim, quando tal relação se realiza, os vazios 'desaparecem'"[9]. Isto é, os vazios, ao indicarem os segmentos do texto a serem conectados, forçam o leitor a *produzir*, através de uma decisão seletiva das possibilidades de combinação disponíveis, a conectabilidade do texto.

A produção da conectabilidade do texto ficcional (observe-se que na linguagem cotidiana ela não precisa ser produzida, pois é sempre dada, haja vista a conectabilidade ser aí regulada pragmaticamente) não se realiza independente de uma orientação textual básica. Quer dizer, a produção autoral tende a orientar a suplemen-

8. Haroldo de Campos, "*Serafim*: Um Grande Não-Livro", *SPG*, nota 2, p. 5: "No exemplar que possuímos do *Serafim*, e que recebemos das mãos do autor, a expressão 'romance', na capa, foi riscada por Oswald e substituída pela palavra 'invenção'". De nossa parte, embora reconheçamos também o desajuste da designação "romance" para uma obra tão esquiva a tal enquadramento de gênero, continuaremos a empregar o termo consagrado, posto não estarmos seguros quanto a outra possibilidade de classificação. A solução encontrada por Haroldo de Campos, "romance-invenção", parece constituir uma média conciliatória bastante razoável, conquanto em seu ensaio se verifique tanto o emprego dessa nova expressão quanto do termo "romance".
9. Wolfgang Iser, "A Interação do Texto com o Leitor", em Hans Robert Jauss *et al.*, *A Literatura e o Leitor: Textos de Estética da Recepção*, trad. Luiz Costa Lima, Rio de Janeiro, Paz e Terra, 1979, p. 106.

tação dos vazios com o estabelecimento de indicações estruturais precisas, que demandam uma resposta específica do leitor. Nesse sentido, Iser refere-se ao "processo hermenêutico" instaurado pelo receptor como "uma estrutura que se auto-regula", porquanto condicionada por propriedades estruturais do texto, que desautorizam a arbitrariedade subjetiva[10].

Não se há de deduzir, entrementes, que o texto postule uma via única de interpretação como correta. Estabelecidas uma vez pelo autor, as propriedades estruturais de seu objeto não ocorrem fora do tempo histórico, o que significa que não deixam de variar conforme sejam (ou deixem de ser) identificadas por leitores situados em pontos diversos tanto no transcurso do tempo quanto na posição social ocupada dentro da comunidade. Já vimos noutra parte como a recepção de *Serafim Ponte Grande* foi marcada por redefinições sucessivas de sua composição. Pode-se dizer, no caso, que o obscurecimento peculiar das articulações do texto dificultou o trabalho da crítica, que avançou às apalpadelas.

A conectabilidade do romance foi, por assim dizer, melhor resolvida, somente quando se pôde abandonar preconceitos sobre o que seria uma composição "coerente", em favor de uma nova concepção do gênero. *Nessa releitura, as propriedades estruturais do texto encontram sua função organizatória explorada em profundidade.* Pois somente uma atenção maior para com as relações possíveis

10. *Idem*, p.129. A propósito da caracterização do texto ficcional como uma estrutura de vazios a ser suplementada pelo leitor, cf. também Luiz Costa Lima, *Mímesis e Modernidade*, Rio de Janeiro, Graal, 1980, pp. 150-152. Passagem decisiva da *Obra Aberta* refere-se à questão de que tratamos nos seguintes termos: "O autor oferece, em suma, ao fruidor uma *obra a acabar*: não sabe exatamente de que maneira a obra poderá ser levada a termo, mas sabe que a obra levada a termo será, sempre e apesar de tudo, a *sua* obra, não outra, e que ao terminar o diálogo interpretativo ter-se-á concretizado uma forma que é a *sua* forma, ainda que organizada por outra de um modo que não podia prever completamente: pois ele, substancialmente, havia proposto algumas possibilidades já racionalmente organizadas, orientadas e dotadas de exigências orgânicas de desenvolvimento" (Umberto Eco, *Obra Aberta*, trad. Giovanni Cutolo, São Paulo, Perspectiva, 1991, p. 62, grifo do autor).

entre as partes constituintes da obra facultaram a superação da idéia de sua suposta inconsistência. Assim, a apreensão de determinada unidade narrativa surpreendida como um *"slide* fora da seqüência" não é mais simplesmente interpretada como um dado *incoerente* da composição, mas é *combinada* a uma unidade posterior (isto é, formalmente posterior, porém anterior se considerado o desenvolvimento do enredo) com a qual estabelece uma relação significativa, ganhando, por esse recurso da recepção, a sua coerência *sui generis*.

Para o nosso propósito crítico, contudo, é preciso dar mais um passo, interessados que estamos em rastrear a conexão entre a organização estrutural da obra e seu conteúdo ideológico. Nessa perspectiva, um bom ponto de partida nos é oferecido por Mário Chamie, que sugere a ocorrência de uma síntese metafórica dos procedimentos metonímicos, distribuídos pelas unidades do *Serafim*, formulada sob o elemento imagético do canhão. Essa grande metáfora culminante, assim constituída, tornaria possível a soma integradora das unidades aparentemente autônomas do romance[11].

A hipótese de Chamie abre uma via interpretativa fecunda. Destarte, cada unidade do romance parece conter em si um *gérmen* de rebelião, cujo fruto maduro pode ser colhido no conjunto totalizante das suas unidades inter-relacionadas. Cada unidade remete à idéia de transgressão da ordem, a qual se concretiza sobretudo em "Os Antropófagos", ponto culminante do *Serafim*, que pode significar também, para o leitor-produtor do texto, o reinício perpétuo do movimento narrativo, que aqui tem suprimido o "fim" pela potencialização estrutural de sua disponibilidade combinatória. A imagem do canhão, por sua vez, percorre o romance de ponta a ponta, ora denotando o instrumento bélico propriamente dito, utilizado para liqüidar o chefe Carlindoga ou colocar São Paulo em polvorosa, ora se atualizando enquanto símbolo fálico, em conso-

11. Cf. Mário Chamie, "Caleidostópico e Distaxia", *Intertexto: A Escrita Rapsódica – Ensaio de Leitura Produtora*, São Paulo, Edição Práxis, 1970, pp. 38-40.

SERAFIM PONTE GRANDE E AS DIFICULDADES DA CRÍTICA LITERÁRIA

nância com a liberação sexual colocada em prática pelas personagens principais.

Enquanto elemento central que possibilita a integração metafórica dos procedimentos metonímicos, a imagem do canhão está semanticamente problematizada no *Serafim*. Eis um dado fundamental não observado por Chamie. O recurso à mobilização do canhão, com o que se dispõe de um potencial considerável de emancipação, aparece perturbado pela ineficiência demonstrada em seu agenciamento prático: *"Tenho um canhão e não sei atirar"*. Aí está a frase possivelmente mais importante de nosso herói, diríamos mesmo um centro de gravidade semântico em torno do qual tudo o mais gira, reiterando a existência de um ponto-limite da ação.

Vale lembrar que, já no prefácio à obra, Oswald referia-se à condição sociopolítica brasileira, pouco favorável a uma revolução transformadora:

> A situação "revolucionária" desta bosta mental sul-americana apresentava-se assim: o contrário do burguês não era o proletário – era o boêmio! As massas, ignoradas no território e, como hoje, sob a completa devassidão econômica dos políticos e dos ricos. Os intelectuais brincando de roda. De vez em quando davam tiros entre rimas[12].

A passagem refuta a solução "revolucionária" conforme levada a efeito pela boêmia, percebida pelo escritor como essencialmente restrita, o que demonstra sua aguda compreensão da matéria: como é sabido, a ação dos boêmios tem seu curso de antemão delimitado pela burguesia, que permite sua expansão marginal, sob controle, inofensiva e passível de ser neutralizada a qualquer momento pelo sistema, quando então o jovem irresponsável poderá ser conduzido à vida séria. O canhão da boêmia, portanto, é outra "brincadeira de roda", com tiros de festim.

De qualquer maneira, a concepção do Brasil como um país sequioso de revolução é uma constante no pensamento de Oswald, malgrado a frustração histórica sempre verificada, concepção for-

---

12. *SPG*, p. 37.

SERAFIM NO *FRONT*: O SENTIDO REVOLUCIONÁRIO

mulada em discurso feito em São Paulo, no I Congresso Brasileiro de Escritores, em 1945: "Temos atrás de nós, desde a colônia, cinqüenta revoluções fracassadas. Movimentos populares de pequena e grande envergadura que dizem bem a nossa sede de Justiça e Liberdade"[13]. Em texto publicado no *Correio da Manhã*, em 1951, o autor voltaria ao assunto nos mesmíssimos termos:

> O Brasil teve sempre a virtude de ser um país contra. Talvez nenhuma nação no mundo possa contar o rosário de revoluções que temos tido. É verdade que todas fracassadas. Do levante de Almirante João Cândido (1910), a que assisti no Rio, ao golpe de outubro de 45, tivemos cerca de dez movimentos revolucionários. Só um vitorioso – o do sr. Getúlio Vargas em 30[14].

As revoluções malsucedidas no país contam com uma representação ficcional, também ela problemática: a revolução serafiniana. Passaremos a tratar agora de suas limitações. Para tanto, devemos acompanhar os "saltos" de Serafim Ponte Grande, propiciatórios das grandes inversões de seu mundo particular. Por motivos óbvios, destacaremos as unidades "Testamento de um Legalista de Fraque" e "Os Antropófagos". Observe-se, desde logo, que *Serafim é a personagem que se define justamente por aquilo que faz*, e não por sua psicologia, no caso reduzida a um achatamento caricatural, com efeito satírico preciso. Assim sendo, a vida de Serafim, ao contrário do que ele chega a supor, jamais daria um romance de Dostoiévski...

Para começar, alguns dados biográficos: brasileiro, funcionário público (7º escriturário na Repartição Federal de Saneamento, a chamada "Escarradeira") e casado na polícia com Dona Lalá. Esses traços caracterológicos horizontais, apresentados na obra sem aprofundamento detalhado, funcionam como marcos limítrofes,

---

13. Oswald de Andrade, "Museu das Nossas Ternuras", *Estética e Política*, São Paulo, Globo, 1992, p. 95.
14. Oswald de Andrade, "Notas para o meu Diário Confessional", *op. cit.*, p. 137.

que emolduram a personagem num contexto social específico, inconfundível: nacionalidade, classe social/profissão, condição civil. Em grande medida, esses traços configuram uma verdadeira camisa-de-força, que Serafim procurará romper.

É na unidade "Folhinha Conjugal" que encontramos a caracterização mais acabada da personagem, em sua situação inicial[15]. Autodefinindo-se como "homem de sensibilidade", Serafim logo revela suas ambições literárias: pretende escrever um romance naturalista, segundo ele, muito em moda à época. As veleidades "beletristas" são, todavia, logo infirmadas aos olhos do leitor, que se depara com deslizes gramaticais do pretenso futuro artista, entre os quais as grafias "pecedônimo" e "compursquei" falam por si. Deficiências dessa monta, entretanto, não são sequer percebidas por Serafim, capaz de alcançar o sublime a partir do fato mais cotidiano: "Chove. Verdadeira neurastenia da natureza" (note-se que a elaboração *kitsch* da frase, nesse contexto, serve como meio de dissolução do próprio procedimento, via a intensificação de seu efeito lacrimejante e, sobretudo, descentrado em relação ao tom predominante da unidade, que compreende situações e linguagem francamente grotescas).

Serafim mostra-se o tempo todo preocupado em afirmar um estilo pequeno-burguês de vida. É-lhe imprescindível registrar em sua "folhinha conjugal" a aquisição de um Stradivarius e uma caneta-tinteiro emperrada, comprados a prestações, os quais são evidentes signos de *status* cultural. Menciona, ainda, o desejo de comprar um Ford a prestações e a aquisição de meia dúzia de copos inquebráveis. Isso tudo de mistura com informações de nível bem diverso, como são as suas aventuras extraconjugais, as discussões familiares, a ocorrência de doenças ou mesmo os abortos levados a termo por Dona Lalá, "com risco da própria vida"(!). O diário íntimo compõe, portanto, uma miscelânea de notas com conteúdos de importância desigual, mas tratados de forma valorativamente nivelada, o que não deixa de sugerir, diga-se de passagem, aos consumi-

15. Cf. *SPG*, pp. 53-65.

dores das economias modernas uma referência sociocultural, ficcionalmente representada, através da qual se podem criticamente (re)conhecer.

De fato, na "folhinha" ocorre, essencialmente, a *construção da identidade de Serafim*, resultante do acúmulo de bens materiais e simbólicos, referidos em relação às pretensões de sua classe social: a gôndola de Veneza e o retrato do Marechal de Ferro na sala de visitas, o Stradivarius, os doces no Fazoli, as sessões de cinema ("vejo desfilar no *écran* luminoso os ambientes altamente five-o-clock da Paramount Pictures")[16], o terno, os copos indestrutíveis, os contatos freqüentes com o "comendador", com o "doutor", o sexo com as criadas ("A César o que é de César"), as veleidades literárias, a "finíssima" Rôtisserie, as conversas picantes na cama sobre Freud, a caneta-tinteiro emperrada, e, não obstante, útil...

Para uma boa compreensão do significado da "folhinha conjugal", é de grande rentabilidade o conceito de "máscaras paródicas", elaborado por Maria Augusta Fonseca em seu estudo sobre as relações da sátira e paródia do *Serafim Ponte Grande* com certa modalidade do cômico circense[17]. De acordo com a autora, o herói "esconde-se" atrás das aparências que atualiza e que se dão a conhecer pela força de sua deformação:

16. Hilário Tácito, pseudônimo de José Maria de Toledo Malta, legou-nos um saboroso registro acerca das sessões de cinema e o *status* que tinham na São Paulo de início do século em seu romance *Madame Pommery*, cuja primeira edição data de 1920: "Começavam isto nos divertimentos e espetáculos; sobretudo nos mais caros, como os do Teatro Municipal, onde requintava tanto mais a seleção da aristocracia quanto mais alto o preço dos ingressos, e mais acima do alcance da gentalha. Mas tais reuniões são raras, relativamente; de modo que, para uso diário, inventaram-se os cinematógrafos de luxo com as suas sessões em horas determinadas, chamadas *sessões chics*, preferidas de toda a fidalguia por consenso unânime e tácita convenção" (Hilário Tácito, *Madame Pommery*, Campinas, Editora da Unicamp; Rio de Janeiro, Fundação Casa de Rui Barbosa, 1997, p. 133).
17. Cf. Maria Augusta Fonseca, *Palhaço da Burguesia: Serafim Ponte Grande, de Oswald de Andrade, e suas Relações com o Universo do Circo*, São Paulo, Polis, 1979.

SERAFIM PONTE GRANDE E AS DIFICULDADES DA CRÍTICA LITERÁRIA

Em cada uma das apresentações exemplares certificamo-nos da intencionalidade no uso da máscara, como se uma vestimenta pândega envolvesse o discurso. Essa máscara ficcional burlesca converte os "truques" ilusórios da ficção num procedimento revelador, numa representação ostensiva como a fantasia cômica de um palhaço, ou como se de repente o artista resolvesse despojar-se da máscara que oculta seu trabalho.

Em outras palavras, Serafim coloca a máscara de pequeno-burguês, literato ilustrado, cosmopolita *up to date*, realizando, por esse modo, o próprio desmascaramento crítico de sua condição *classista*, com apoio do recurso ficcional grotesco, que deforma para formar o que realmente interessa trazer à luz:

> O texto joga com o fingimento da personagem e seu desmascaramento, mostrando como é que se finge. Para que isso realmente apareça é preciso que a máscara seja grotesca, que os traços estejam avolumados, que revele a intenção crítica e cômica. Serafim, burguês classe média, não veste, naturalmente, a roupa cômica do palhaço, sua máscara burlesca é a mentira e o extravasamento hiperbólico centrado na boca[18].

No plano biográfico real, isto é, da vida do escritor Oswald de Andrade, não deixa de ser interessante assinalar, entre parêntesis, certa afinidade sua com a personagem Serafim, revelada na mesma atitude aberrante no que diz respeito aos padrões sociais de seu meio. Veja-se observação de Maria Eugenia Boaventura acerca dos costumes grã-finos do Oswald endinheirado da década de 1920: "Vestir-se bem, com roupas espalhafatosas de coloridos berrantes, evidentemente era um de seus prazeres". De naturezas diversas e, sobretudo, com efeitos críticos diversos, os modos *clownescos* de Oswald e Serafim se encontram no desejo comum de *épater la burgeoisie*: "Os possíveis exageros de Oswald no comportamento e na maneira de vestir-se certamente extrapolam a mera opção pessoal e passam a ser uma postura política, muitas vêzes ingênua"[19].

---

18. *Idem*, p. 63.
19. Maria Eugenia Boaventura, *O Salão e a Selva: Uma Biografia Ilustrada de Oswald de Andrade*, Campinas, Editora da Unicamp; São Paulo, Editora Ex Libris, 1995, p. 138.

SERAFIM NO FRONT: O SENTIDO REVOLUCIONÁRIO

Especificamente, no romance, a necessidade de auto-afirmação contínua se faz, como visto, pela reiteração exagerada dos propósitos sociais da pequena burguesia, o que serve para hipertrofiar o seu universo próprio, desvelando-o em seus fundamentos inconfessáveis. Digamos que o discurso de classe é aqui mobilizado para sua auto-acusação. Em "O Terremoto Doroteu", Serafim, perdidamente apaixonado pela declamadora *diseuse*, Dorotéia Gomes, declara-se revoltado e predisposto a romper com as condições atuais de sua vida: "Ah! Se eu pudesse ir com Dorotéia para Paris! Vê-la passar aclamada entre charutos e casacas de corte impecável! Mas contra mim, ergue-se a muralha chinesa da família e da sociedade"[20]. O que pode significar para o nosso herói o salto sobre tal muralha, considerado seu apego às veleidades de seu meio social?

A pergunta encontra um começo de resposta na unidade "Testamento de um Legalista de Fraque"[21]. Ela se inicia com uma personificação: "Por cem becos de ruas falam as metralhadoras na minha cidade natal". Na revolução as armas têm sua própria voz. O "Testamento..." tem como referência extratexto o movimento revolucionário ocorrido em São Paulo no ano de 1924, objetivando depor os governos estadual e federal. Como lembraria Oswald depois, à época poucas pessoas, inclusive ele próprio e os demais escritores modernistas, compreenderam o que de fato significava a revolta das tropas sediciosas: "Ainda em 24, quando as primeiras bombardas da revolta paulista atroaram o céu da cidade ninguém compreendia nada. Os escritores estavam ausentes do movimento telúrico que se agitava. Estavam nos salões"[22]. Para o testamenteiro Serafim, contudo, o que sobressai do acontecimento é uma dimensão enobrecedora: "Mas a revolução é uma porrada mestra nesta cidade do dinheiro a prêmio. São Paulo ficou nobre, com todas as virtudes das cidades bombardeadas".

---

20. *SPG*, p. 68.
21. Cf. *SPG*, pp. 73-84, especialmente 73-78.
22. Oswald de Andrade, "O Caminho Percorrido", *Ponta de Lança*, São Paulo, Globo, 1991, p.113.

A revolução proporciona a Serafim a libertação almejada, a que já aludira antes, ao declarar seus planos de fuga com Dorotéia: "Hoje posso cantar alto a Viúva Alegre em minha casa, tirar meleca do nariz, peidar alto! Posso livremente fazer tudo que quero contra a moralidade e a decência". Eis, realizado, o salto sobre a muralha chinesa da família e da sociedade. Indubitavelmente, um salto muito pequeno. Mas para que se pudesse dá-lo foi preciso que toda uma cidade fosse bombardeada e a população civil abandonada à sorte mesquinha!... A violência comparece ao cenário em imagens surrealistas: "Os paulistas vão e voltam, bonecos cheios de sangue [...]. Um tumulto na entrada hospitalar. Chegam crianças de camisolas mortas. Vêm gélidas nos automóveis baleados da Cruz Vermelha. Um homem. Tem a cabeça desfolhada como uma rosa". A libertação alcançada, no entanto, não extrapola ao nível pessoal o simples desvencilhamento das constrições morais, como dá a entender o trecho citado.

Não obstante, seria engano supor que o nosso herói não houvesse se esforçado para obter a liberdade. Duas ações suas, pelo contrário, comprovam seu empenho. Uma delas é dirigida contra o chefe da repartição pública em que trabalha. Munido de um canhão abandonado pelas tropas rebeldes, Serafim não hesitará em fuzilar Benedito Carlindoga, o "tirano palpável". Considerando-se a reflexão de Serafim, segundo a qual ele seria também um "símbolo nacional" por sofrer de incompetência cósmica – lhe faltaria o necessário de balística, possuir um canhão e não saber atirar – é de reconhecer a grandeza do seu feito. Afinal, liqüidar Benedito Pereira Carlindoga, burocrata e "reflexo dos altos poderes", com um tiro de canhão no rabo, significa, em última instância, superar o grande entrave brasileiro, qual seja, passar da potência reconhecidamente existente no país ao ato transformador, prometido desde sempre pelas elites dirigentes, porém nunca realizado.

Embora não soubesse atirar, o herói atira... Alguns parágrafos atrás, referimo-nos à frase de Serafim, "tenho um canhão e não sei atirar", como um centro de gravidade semântico, espécie de ponto de fuga do romance, e ponto-limite da ação. Ora, dada a ação extraordinária de Serafim, pareceria o caso de retificar o argumento, haja vista o limite, a ineficiência confessada quanto ao manuseio do canhão, ter sido superado. Aparentemente, sim; no entanto, um exame mais abrangente confirma nossa primeira posição, como ficará claro mais adiante. Por ora, retenhamos que Benedito Pereira Carlindoga, sob a ótica serafiniana, simboliza rigorosamente a ordem instituída: "O país só pode prosperar dentro da Ordem, seu Serafim!" – costumava ele sempre dizer ao herói, com o paternalismo típico dos positivistas-neo-ilustrados, pretensos salvadores da pátria.

Precisamente contra essa "Ordem" (em maiúscula no original) Serafim há de mobilizar o seu canhão. O tiro é certeiro e instaura uma nova ordem, cuja definição acabada está na unidade final, com a ação de Pinto Calçudo, inspirado pelo exemplo anárquico de Serafim. A "desordem perene" de *El Durasno*, como a ela se refere Haroldo de Campos, corresponde, de fato, a uma nova ordem, conforme a qual os tripulantes passam a viver. Daí o limite transposto voltar pela janela: a nova ordem, cujos primórdios são anunciados por um tiro de canhão (no rabo da ordem antiga), é, *em si mesma, limitada* e, já então, "perene".

Antes, porém, de enfrentarmos o limite da revolução de *El Durasno*, convém retomarmos o "Testamento...", essa unidade tão rica em implicações. A segunda ação de Serafim em prol de sua libertação é de natureza econômica. De posse do dinheiro abandonado pelas tropas rebeldes no quarto do filho, trata logo de multiplicá-lo: "Transformei em carta de crédito e pus a juros altos o dinheiro todo deixado pelos revolucionários no quarto do Pombinho". É esse capital espúrio que irá sustentar as aventuras do herói em suas viagens pelo mundo. Vale dizer, Serafim se utiliza de um mecanismo sofisticado de acumulação monetária fornecido pelo sistema para renovar a vida pessoal. O procedimento certamente tem por pressuposto uma concepção duríssima: para que se possa ser livre, no mundo capitalista, é preciso ter dinheiro (como teremos oportunidade de ver na segunda parte deste capítulo, tal concepção encerra uma contradição ideológica, desde que seja colocada face a pressupostos básicos da Antropofagia do autor. Diante da esperteza de Serafim, feita de apropriação indébita e operações bancárias, a idéia de uma sociedade matriarcal futura, sem trabalho escravo, poligâmica, ludicamente ociosa, sem classes e sem propriedade privada, é colocada sob forte suspeição, para não dizer eliminada). Notemos que a questão do capital tem retorno certo na última unidade do livro, posto a "humanidade liberada" de *El Durasno* não dispensar o usufruto do dinheiro, obtido pela tomada de "carregamentos a crédito".

Isso posto, podemos precisar melhor o que denominamos no primeiro capítulo "revolução malandra" (guiados pelas palavras do prefácio de 1933: "Como solução, o nudismo transatlântico. No apogeu histórico da fortuna burguesa. Da fortuna mal adquirida") e o seu princípio motor: um ir-e-vir pelos pólos sociais da ordem e da desordem, com vistas a uma síntese social sempre a mais vantajosa, de um ponto de vista particular. Esse movimento é nítido em *Serafim Ponte Grande*. De um lado encontramos, no romance, os símbolos da ordem, Benedito Carlindoga, a esposa Dona Lalá, o retrato do Marechal de Ferro[23], as convenções morais, enfim, toda sorte de interdições à livre expansão dos desejos de Serafim, reprimindo-

23. O retrato do Marechal de Ferro, encontrável na sala de visitas de Serafim e mais de uma vez referido no romance, teve ampla divulgação no país no início do século, cumprindo ademais uma função político-ideológica, como símbolo da ordem absoluta. Tal nos informa Flora Süssekind: "Exemplo dessa utilização política posterior da reprodução técnica é a veiculação em larga escala de retratos de Floriano Peixoto, de que se tem um registro ficcional em *O Professor Jeremias*, de Léo Vaz. Aí o narrador fala da importância, quando era jovem, de uma imagem do presidente militar, exibida na casa paterna desde a derrota da Revolta da Armada como um de seus maiores enfeites, ao lado de um retrato do seu avô e de um espelho oval com moldura dourada. 'Aquele retrato do marechal, que na sala de visitas recebia – conforme me dizia o dístico, por baixo – *as homenagens do povo paulista* – foi um símbolo, na minha infância', conta Jeremias; 'nele pressentia eu e reverenciava o expoente de todas as vitórias da Ordem contra a Anarquia, da Democracia contra o Absolutismo, da Estabilidade sobre a Desagregação'" (Flora Süssekind, *Cinematógrafo de Letras: Literatura, Técnica e Modernização no Brasil*, São Paulo, Companhia das Letras, 1987, p. 53).

o seja na esfera trabalhista, política, religiosa ou sexual; de outro, no âmbito da desordem, temos, entre outros, o turismo sem peias, a dança, a bebida, o nudismo transatlântico, a fortuna ilícita, a sexualidade cultivada sem impedimentos. Claro está que Serafim não se encontra inserido, de modo absoluto, em nenhum dos dois pólos, sendo o seu lugar um entrelugar, composto de peculiaridades de ambos. Exemplo maior, nesse sentido, é a aplicação que faz do dinheiro, que se vale de um mecanismo financeiro próprio à ordem legal, mas cujos lucros serão revertidos, paradoxalmente, para alimentar a desordem, fora do esquadro em relação aos interesses imediatos do *establishment*.

Esse aproveitamento dos pólos sociais, apenas em princípio antitéticos, resulta na "felicidade" do herói: "Pensando bem, Serafim Ponte Grande, apesar dos pisões, não tinha nenhuma razão de andar jocoso e alviçareiro. A felicidade arisca que tinha em caixa conseguira-a, como o restante dos homens, através de humilhações e pedidos, de roubos e piratarias"[24]. A passagem é fundamental, na medida em que aponta a causa do efeito, vindo de encontro à nossa hipótese: a felicidade decorre do aproveitamento das aberturas do sistema, no pólo da ordem, dentro das possibilidades acessíveis às classes baixa e média (as "humilhações", os "pedidos") e, de par, de uma franca insubmissão ao sistema, adentrando-se o pólo da desordem (os "roubos", as "piratarias").

Considerado o modo de obtenção dessa felicidade arisca, pode-se deduzir, sem incorrer em erro, que sua distribuição social há de ser reduzida, porque um jogo de tipo malandro com o sistema certamente depende do *talento individual* do jogador, que precisa estar sempre atento, em cada oportunidade, às melhores vias de ação. Entretanto, dois parágrafos do "Testamento..." acenam para a possibilidade de uma libertação ampla, capaz de incluir os setores da população brasileira historicamente mais marginalizados. Um deles diz respeito aos negros: "Negros martelam metralhadoras. Uma trincheira real onde se digere pinga-com-pólvora! Famílias

---

24. *SPG*, p. 131.

SERAFIM PONTE GRANDE E AS DIFICULDADES DA CRÍTICA LITERÁRIA

dinastas d'África, que perderam tudo no eito das fazendas – fausto, dignidade carnavalesca e humana, liberdade e fome – uma noite acordando com as garras no sonho de uma bateria. Viva a negrada! Sapeca fogo!" O outro parágrafo refere-se aos índios: "E os índios onde os missionários inocularam a monogamia, o pecado original! E os filhos dos desgraçados co' as índias nuas! Vinde destroçar as tropas do Governador-Geral! Fogo, indaiada da minha terra tem palmeiras!"

Como se vê, na São Paulo enobrecida pela revolução, Serafim Ponte Grande lembra-se, por um breve momento, é verdade, dos índios e negros sacrificados no processo colonizatório implantado no país. Mas vai além: convoca índios e negros para participarem, com armas nas mãos, do movimento de 1924. Que sapequem fogo e se vinguem de séculos de opressão! Que pensar dessa proposta revolucionária? Para os leitores de hoje, sua ingenuidade salta aos olhos. Talvez fosse o caso de retomar, aqui, o depoimento de Oswald sobre o "caminho percorrido", já citado, em que confessa sua incompreensão com respeito à revolução de 1924, ao tempo de sua eclosão. Esse recurso, todavia, mostra-se desnecessário, na medida em que a idéia da revolta popular está devidamente problematizada no próprio texto de *Serafim Ponte Grande*. Em verdade, a referência histórica ao movimento tenentista impõe-se como o nosso melhor ponto de partida.

Fato consensual para historiadores, o denominado "elitismo" tenentista se revela, de pronto, na estratégia militar adotada, na insurreição concebida "desligada das classes populares, incapazes de superar a passividade e promover, por suas próprias mãos, a derrubada das oligarquias"[25]. Sob esse aspecto, nada mais ilustrativo que o ideário do tenente Juarez Távora, autor de uma versão militar da frase "façamos a revolução antes que o povo a faça", ori-

25. Boris Fausto, *A Revolução de 1930: História e Historiografia*, São Paulo, Brasiliense, 1970, p. 65. A propósito, cf. também do mesmo autor, "A Crise dos Anos Vinte e a Revolução de 1930", em Boris Fausto (dir.), *História Geral da Civilização Brasileira*, tomo III, vol. 2, Rio de Janeiro, Editora Bertrand Brasil S.A., 1990, pp. 401-425.

ginalmente atribuída a Antônio Carlos. Para Távora, a intervenção da força armada, ao lado de transformar socialmente o país, tinha como função prevenir excessos de rebeldia, ao modo de "um escudo protetor da nação contra os excessos da indisciplina popular", pois – perguntava-se o tenente – "quem, entre nós, seria capaz de prever as últimas conseqüências da subversão social criada pelo predomínio incontrastável do populacho?"[26]

Enfim, a própria instrumentalização posterior dos tenentes por Getúlio Vargas, no poder, dá conta das insuficiências concretas do movimento tenentista, enquanto agente de transformação social: "Detentores de postos importantes do Estado, os 'tenentes' servem aos desígnios de Vargas, no sentido de neutralizar apenas o poder político das oligarquias, sem impor modificações relevantes na estrutura social"[27].

Quanto ao episódio específico da revolução de 1924, basta que se lembre, para o nosso propósito, a recusa de Isidoro Dias Lopes à colaboração oferecida pelos trabalhadores, estando claro para o general que suas causas não se confundiam com as do proletariado[28]. Certamente não estava no horizonte dos tenentes o "sapecar fogo" de índios e negros na insurreição. Hipótese aventada no "Testamento...", ela já se encontra problematizada, como dissemos, no texto mesmo de *Serafim Ponte Grande*. Em termos mais precisos, na estruturação do texto: a hipótese da revolta popular, cuja formulação se restringe a dois parágrafos, não repercute em nenhum outro momento da narrativa. Considerado o conjunto de fragmentos textuais de que se compõe o romance, nota-se que *a alusão a índios e*

26. Citado por Boris Fausto, *A Revolução de 1930: História e Historiografia*, p. 66.
27. *Idem*, p. 71.
28. Cf. Francisco Iglésias, "Modernismo: Uma Reverificação da Inteligência Nacional", em Affonso Ávila (org.), *O Modernismo*, São Paulo, Perspectiva, 1975, p. 23. O estudo de Iglésias traça um quadro histórico da década de 1920, de importância para a identificação das linhas de contato e desencontro de Modernismo e Tenentismo. A propósito, cf. também Adalberto Marson, "Dimensões Políticas do Modernismo na Década de 20", *Ciência e Cultura*, 25 (11), novembro de 1973.

negros constitui uma referência isolada, sem possibilidade de conexão relevante com outras unidades sintagmáticas. Para repisar nossa terminologia: não chega a constituir um "salto", com força para inverter uma ordem em favor de uma nova ordem, ainda que meramente alternativa, sufocada que é pela hipertrofia da ação serafiniana, de índole muito diversa. A revolta popular, alusão bruxuleante, dir-se-ia uma distração mental do herói, desintegra-se face ao salto derradeiro da obra: a "revolução puramente moral" de *El Durasno*, de que participa apenas a burguesia.

A malandragem, enquanto solução "revolucionária", não logra ultrapassar um nível pessoal de libertação, ou, quando muito, se já não abusamos desse conceito, pode favorecer o surgimento de uma sociedade alternativa, como parece ser o caso de *El Durasno*. Vê-se, pois, que uma "revolução" dita "malandra" nada tem a ver com "revolução" no sentido de transformação radical da estrutura socioeconômica e política. Melhor seria denominá-la tão simplesmente uma revolta, cujo motor aparente é a vingança particular, e não um projeto ideológico consistente e contrário às regras do sistema.

Mas, afinal de contas, que é a malandragem? Ela tem, evidentemente, sua razão de ser na sociedade brasileira, cuja formação histórica teria promovido o estabelecimento da hierarquia sempre amparada na intimidade social. Trata-se de uma sociedade, enfim, em que vida pública e privada não se encontram, como seria de esperar, devidamente diferenciadas: verifica-se, ao invés, o enxerto de elos personalizados em atividades de caráter impessoal, as quais, por pressuposto, deveriam ser regidas por leis do Estado e do Direito, igualmente válidas para todos. Expressões tipicamente brasileiras como "cada qual deve saber o seu lugar" e "você sabe com quem está falando?" são instrumentos evidentes de hierarquização personalista das relações sociais, de que fazem uso os cidadãos "apadrinhados" ou economicamente favorecidos, para driblar as leis universalizantes ou qualquer situação de intolerável igualdade, sempre em benefício próprio – *conforme a antilei do privilégio.*

Atente-se para a esfera do trabalho entre nós (fundamental para a definição da malandragem). Às suas relações contratuais específicas, não raro, somam-se um conjunto de laços lastreados por valores pessoais (a "intimidade", a "consideração", o "favor", o "respeito"), além de categorias éticas e estéticas generalizantes ("limpo", "bem apessoado", "de fino trato" etc.) que deteminam, de modo complexo, e sem dúvida arbitrário, a sorte do trabalhador em seu campo de atuação. Ora, justamente nesse universo moralmente constrangedor, onde, para nos valermos ainda de uma expressão popular, "a corda sempre arrebenta do lado mais fraco", *irrompe a malandragem como alternativa de relativização das hierarquias estabelecidas.* Pois o malandro pode ser definido, sociologicamente, como o sujeito que se recusa a comerciar com a própria força de trabalho, preferindo retê-la para si, juntamente com suas qualificações, para instrumentalizá-las contra o jogo de cartas marcadas dos proprietários. Armando o jogo próprio, o malandro fica livre para operacionalizar as regras segundo critérios que ele mesmo institui, ao sabor das circunstâncias[29].

Não por acaso, portanto, o primeiro passo de Serafim na São Paulo revolucionada consistiu em um tiro de canhão no rabo de Carlindoga, o seu chefe no trabalho. Para iniciar vida nova, ele primeiro tinha que se livrar das regras vigentes na escala da produção material. Mas, note-se: sem destruí-las ou colocá-las em causa seriamente. Serafim mata Carlindoga, representante da ordem, em prol de uma des-ordem, uma nova ordem, *coexistente* à primeira, a qual é mantida intacta.

Em verdade, não havia mesmo condições objetivas para substituí-la, observadas as peculiaridades do quadro histórico dos anos 1920: os setores inconformados com a ordem estabelecida não tinham projetos econômicos a apresentar como alternativas ao predomínio da política do café. Embora crescessem em expressão, os grupos médios e o proletariado nascente, ainda que insatisfeitos com

29. A caracterização da malandragem, aqui sumariamente apresentada, teve como apoio básico o estudo do antropólogo Roberto da Matta, *Carnavais, Malandros e Heróis: Para uma Sociologia do Dilema Brasileiro*, Rio de Janeiro, Zahar, 1981, especialmente o seu capítulo 5, "Pedro Malasartes e os Paradoxos da Malandragem", pp. 194-235.

a hegemonia da burguesia agroexportadora, restringiam-se a tímidas referências à necessidade de diversificação econômica, sem jamais colocar em risco as relações de produção vigentes[30]. Nesse sentido, o desfecho revolucionário da década, a Revolução de 1930, acontece sem o consórcio efetivo das camadas populares, como bem registra Paulo Sérgio Pinheiro:

> Entretanto, é claro que o proletariado não interveio na revolução como força social autônoma, como classe [...] As classes populares não tiveram então uma participação ativa no desenrolar dos acontecimentos, não tiveram uma intervenção como classe na revolução[31].

Não custa lembrar, ainda sobre a época, que a industrialização paulista era então dependente do setor agroexportador. Caracterizada pela pouca diversificação dos ramos básicos, baixa capitalização e concentração incipiente, a indústria estava atrelada à maré dos negócios cafeeiros. Não existiam, por conseguinte, razões ou mesmo condições para a burguesia industrial propor um projeto de estruturação do país diverso do efetivamente estabelecido (já nos referimos à exaltação modernista ao bandeirismo industrial, patente ao tempo da Semana, como um "desejo de ser", desfocado em relação à realidade social posta pela prática econômica).

Quer nos parecer que a reflexão do autor de *Serafim* (lembremo-nos: então, sem a referência marxista, a qual só viria depois, com as "cornetas da crise" aludidas no prefácio de 1933) acerca do contexto socioeconômico desses anos, caracterizado sobretudo pelo fechamento em torno de interesses políticos muito restritos, tenha favorecido, *no plano literário*, a opção pela malandragem como meio de libertação de sua personagem. Como visto, não havia projetos para o país alternativos ao imposto pela burguesia do café... As classes médias (de que faz parte o funcionário público Serafim Ponte Grande) e o proletariado não dispunham de força política para in-

---

30. Cf. Boris Fausto, *A Revolução de 1930: História e Historiografia*, p. 96.
31. Citado por Gilberto Vasconcelos, *A Ideologia Curupira: Análise do Discurso Integralista*, São Paulo, Brasiliense, 1979, p. 183.

tervirem na ordem instituída. Como dado complicador, acrescente-se à cena nacional, assim hierarquizada, a costumeira personalização das relações sociais entre nós, com prejuízo evidente do constitucionalismo legal e suas premissas universalizantes.

Para um homem "sensível" como Serafim, descontente com o acanhamento da província e de olhos voltados para as luzes de Paris, porém desprovido de recursos financeiros, coloca-se a pergunta tremenda: como furar o cerco? A resposta que dá, como sabemos, é pragmática. A malandragem surge aí como opção social, por assim dizer necessária, que lhe permite burlar a ordem estabelecida (sem eliminá-la) e fundar um *modus vivendi* particular, excêntrico em relação ao movimento contemplado pelo sistema.

Referindo-se aos inícios do samba no Brasil, José Miguel Wisnik anota suas relações com o contexto pertinente, os anos 1920 e 1930, *contra* o qual a produção musical popular procura elaborar sua resposta, com os meios expressivos de que dispõe. Essa resposta não nos é estranha, pois faz parte também do mundo serafiniano. Escreve o crítico:

> Aparentemente, o *ethos* do samba nos seus começos, nas décadas de 20 e 30, seria algo como um anti*ethos*: na malandragem, uma negação da moral do trabalho e da conduta exemplar (efetuada através de uma farsa paródica em que o sujeito simula ironicamente ter todas as perfeitas condições para o exercício da cidadania). Acresce que essa negativa ética vem acompanhada de um elogio da *orgia*, da entrega ao prazer da dança, do sexo e da bebida (tidos desde os gregos como da ordem do *pathos* e não do *ethos*). Mas o "orgulho em ser vadio" (Wilson Batista) corresponde também a uma ética oculta, uma vez que a afirmação do ócio é para o negro a conquista de um intervalo mínimo entre a escravidão e a nova e precária condição de mão-de-obra desqualificada e flutuante. Embora pareça ausente da música popular, a esfera do trabalho projeta-se dentro dela "como uma poderosa *imagem invertida*" [...]. Uma tal contra-ordem tem o seu cacife e o seu aliado na música, na desrecalcante afirmação de uma rítmica sincopada a anunciar um corpo que se insinua com jogo de cintura e consegue abrir flancos para a sua presença, irradiando diferença e buscando identidade no quadro da sociedade de classes que se formava[32].

32. José Miguel Wisnik, "Algumas Questões de Música e Política no Brasil",

SERAFIM PONTE GRANDE E AS DIFICULDADES DA CRÍTICA LITERÁRIA

Como se vê, é especialidade da malandragem facultar a inversão de situações opressivas em favor de contra-ordens, nas quais se deliciam os malandros. Em síntese, *a malandragem representa a vitória da parte sobre o todo, do indivíduo sobre o sistema*. Para Oswald de Andrade, essa potencialidade emancipatória é alentada pela formação sociocultural brasileira: "... nós não temos graves arquivos nem pesados compromissos heráldicos. *Aqui o homem é mais importante do que a lei*. Você não acha, Paulo Mendes Campos, que é melhor assim? Acredite, o Brasil é povo"[33]. De fato, Oswald sempre considerou a configuração social brasileira privilegiada. A seu ver, no Brasil não se verificariam as mesmas forças sociais conservadoras comuns em países de raça fixa e tradição cultivada; ao contrário, livres de grandes compromissos com o passado, os brasileiros, mais importantes do que a lei, estariam naturalmente propensos a romperem com os "conteúdos messiânicos" de sua trajetória histórica. Em última análise, para o nosso escritor, o fato de o país ter sido modelado pela civilização jesuítica o teria favorecido em face do calvinismo áspero e mecânico que produziu o capitalismo na América do Norte[34].

em Alfredo Bosi (org.), *Cultura Brasileira: Temas e Situações*, São Paulo, Ática, 1992, p. 119.

33. Oswald de Andrade, "O Êxito na Terra Substitui a Esperança no Céu", *Os Dentes do Dragão*. São Paulo, Globo, 1990, p. 124. Trata-se de entrevista cedida a Paulo Mendes Campos e publicada no *Diário Carioca* em 12 de outubro de 1947 (grifo nosso).

34. Cf. Oswald de Andrade, "A Marcha das Utopias", in *A Utopia Antropofágica*, São Paulo, Globo, 1990, pp. 165-166. À p. 166 escreve: "Somos a Utopia realizada, bem ou mal, em face do utilitarismo mercenário e mecânico do Norte". O pensamento oswaldiano, sob esse aspecto, encontra um paralelo recente e muito interessante na obra de Richard Morse, *O Espelho de Próspero*. Também para Morse, a herança ética ibero-católica teria favorecido, em muitos pontos, a Ibero-América, em oposição à Anglo-América. Diferentemente de Oswald, contudo, que apóia sua opinião em considerações históricas e antropológicas generalizantes, o argumento de Morse é rigorosamente defendido à luz da História e remonta à pré-história americana: o mundo ibérico teria rejeitado as implicações últimas das revoluções religiosa e científica ocorridas no contexto europeu, o que o teria livrado de experimentar plenamente seus

SERAFIM NO FRONT: O SENTIDO REVOLUCIONÁRIO

No clássico ensaio sobre a "dialética da malandragem", saído em 1970, Antonio Candido trabalha com uma hipótese teórica em essência semelhante à posição oswaldiana acerca da herança colonial do país – hipótese mobilizada sobretudo nas suas conclusões finais. Essas decorrem de uma aproximação comparativa, engenho-

resultados lógicos na forma do utilitarismo e do individualismo comuns à mente coletiva do resto do Ocidente. A ser correta essa interpretação, residiria aí o fundamento da personalização das hierarquias na sociedade brasileira. A confiança social, no caso, não seria depositada no sistema e suas leis, mas sim nas pessoas. Nesse sentido, Richard Morse observa que, sob a ética ibero-católica, mesmo em versões modernizadas, as pessoas percebem os sistemas de poder como *exteriores a elas* e, portanto, manipuláveis mediante ações privadas e caracterológicas (exemplo clássico: "Você sabe com quem está falando?"), ainda que os benefícios não estejam garantidos de antemão (cf. Richard Morse, *O Espelho de Próspero: Cultura e Idéias nas Américas*, trad. Paulo Neves, São Paulo, Companhia das Letras, 1988, pp. 134 e ss.). A abordagem culturalista praticada por Morse resulta num esquema interpretativo de aplicação e reflexão amplas. Outras determinantes, no entanto, podem ser consideradas com respeito às relações das sociedades católicas com os respectivos sistemas de poder. Escrevendo sobre os homens pobres e livres na ordem escravocrata, por exemplo, Maria Sylvia de Carvalho Franco detecta justamente a *personalização* do Estado por eles atualizada, personalização que os impediria de compreender as implicações políticas dos acontecimentos de 1822: "[...] Estado na consciência desses homens se confundia com a pessoa do príncipe e governo se identificava com seus atos e decisões ou com as de seus representantes. As mudanças de governo, que resultariam da autonomia da colônia, simplesmente não caíam na esfera de consciência desses homens como mudanças de instituições, mas como substituição de pessoas". Trata-se de uma percepção muito parcelada da realidade social, conforme a autora, "aprendida com significados sempre redutíveis aos atributos de um sujeito dado". Decorrente da "dominação pessoal" de fazendeiros, por sua vez, definida segundo as *condições da produção mercantil historicamente determinada*, a hierarquização personalista da organização social conduz inevitavelmente à "asfixia da consciência política". Destaca-se aí, pois, um aspecto negativo da configuração sociocultural brasileira (cf. Maria Sylvia de Carvalho Franco, *Homens Livres na Ordem Escravocrata*, São Paulo, Ática, 1974, p. 83). Aproximamos as abordagens diversas de Morse e Carvalho Franco com respeito ao fenômeno cultural da personalização dos processos sociais (as determinações econômicas são fundamentais para a segunda abordagem, já não se podendo dizer o mesmo da primeira), samente articulada, entre o "mundo sem culpa" das *Memórias de um Sargento de Milícias* e a "sociedade moral" apresentada no romance *A Letra Escarlate*, de Nathanael Hawthorne. Para ficarmos no essencial, da comparação ressalta o seguinte: *A Letra Escarlate* revela-nos como a presença "constritora da lei, religiosa e civil", na formação histórica dos Estados Unidos, ao tempo em que assegurou a coesão e identidade do grupo, produziu também um endurecimento e uma desumanização das relações sociais, notoriamente nas estabelecidas com outras comunidades, pertencentes a uma *lei* diversa, as quais acabam tratadas com violência; a contrapelo disso, das *Memórias*, de Manuel Antonio, emerge um "mundo sem culpa", caracterizado por certa ausência de juízo moral, uma relativa equivalência entre o universo da ordem e da desordem, um mundo, afinal, em que a repressão moral só existe como dado externo às consciências, enquanto "questão de polícia". A pouca interiorização da ordem na sociedade brasileira, com a possibilidade sempre aberta de sua relativização, segundo Antonio Candido, teria favorecido, entre nós, formas mais espontâneas de sociabilidade, com a incorporação efetiva do pluralismo social e religioso. Tendo ganho em flexibilidade o que porventura perdera em inteireza e coerência, a sociedade brasileira, diferentemente das sociedades capitalistas nutridas por valores puritanos, teria facilitada sua inserção num mundo eventualmente aberto[35].

Chegados a esse ponto, interessa-nos registrar a oposição de Roberto Schwarz às ponderações finais do estudo de Candido, para depois voltarmos a *Serafim*. Escrevendo em 1979 sobre os pressupostos de "Dialética da Malandragem", Schwarz observa

> com o propósito de sugerir, para o caso que nos interessa especificamente, uma "complementação" que supomos necessária, na linha do que se vem expondo: assim, sem prejuízo dos fundamentos da ética ibero-católica (lembrados, unicamente, por Oswald) a "ação privada" de Serafim ganha em inteligibilidade se referida às condições econômicas e políticas do país na década de 1920, pouco favoráveis à revolução social propriamente dita, levada a termo pelas classes populares.

35. Antonio Candido, "Dialética da Malandragem", *op. cit.*, especialmente pp. 47-54.

SERAFIM NO FRONT: O SENTIDO REVOLUCIONÁRIO

que as suas perspectivas sociais sofrem "o comentário impiedoso da atualidade"[36], o que imporia revê-las. A crítica refere-se à comparação entre os modos de ser brasileiro e norte-americano, a qual pressupõe histórias nacionais separadas, no contexto global de um concerto de nações independentes. Ora, é justamente esse quadro compartimentado de nações que lhe parece desautorizado pela experiência histórica contemporânea: "o mencionado concerto de nações hoje carece de verossimilhança, o que aliás, retrospectivamente, lança dúvidas também sobre a sua existência anterior". Ao invés de histórias nacionais distintas, ter-se-ia a extraordinária unificação do mundo sob a égide do capital, o que faria supor, por sua vez, interesses comuns entre as nações, ao menos do ponto de vista dos seus grupos internos igualmente segregados. Dada essa perspectiva, parece mais plausível ao autor buscar os termos de uma "história comum" ("...que hoje parece antes uma condenação"), e não modos de ser diferenciados, uma história de que sejam parte como instâncias reveladoras tanto as *Memórias de um Sargento de Milícias* quanto *A Letra Escarlate*, o Brasil e, de par, os Estados Unidos.

Não é objetivo nosso, aqui, cogitar sobre a propriedade ou não de uma análise comparativa entre modos de ser referidos a nacionalidades distintas e o estabelecimento de juízos de valores acerca dos mesmos[37]. Antes, o que nos importa frisar é o seguinte: a perspectiva crítica de Schwarz, centrada na idéia de um destino internacional comum, não tem lugar no Modernismo brasileiro. Certamente, a razão mais óbvia para esse fato não deve ser descartada: a mentalidade agroexportadora da década de 1920 não tinha mesmo como se dar conta da unificação do mundo sob o império incontrastável do capital, a que estava integrado o país, ainda que não o soubesse, como parte funcional-estrutural, ligado aos cen-

36. Roberto Schwarz, "Pressupostos, Salvo Engano, de 'Dialética da Malandragem'", *op. cit.*, p. 152.
37. Essa questão foi amplamente discutida por Dante Moreira Leite, *O Caráter Nacional Brasileiro: História de uma Ideologia*, São Paulo, Pioneira, 1969.

SERAFIM PONTE GRANDE E AS DIFICULDADES DA CRÍTICA LITERÁRIA

tros europeus *através* de seu atraso socioeconômico[38]. Mas não se trata apenas dessa razão. Em verdade, os escritores modernistas estavam empenhadíssimos em assinalar um *diferencial brasileiro*, o qual, devidamente positivado, serviria como alavanca para projetar o país, em termos de igualdade ou superioridade, no conjunto das nações centrais. Veja-se, nessa perspectiva, passagem do "Manifesto Antropófago", segundo a qual não fôssemos nós com nossa Revolução Caraíba, e a Europa não teria sequer a sua pobre declaração dos direitos do homem...

Para os modernistas, a conquista, no âmbito da produção simbólica, de um jeitinho nosso para levar vantagem sobre os países europeus estava na ordem do dia, e, nesse sentido, o estudo de Candido sobre a "dialética da malandragem", com as perspectivas sociais aventadas, tem muito a nos esclarecer. Afinal, a malandragem, enquanto referência sociocultural, vale também dizer, enquanto experiência de classe historicamente determinada e hipotético modo de ser brasileiro, comparece em *Serafim Ponte Grande*, transformada pela linguagem ficcional (e não simplesmente "expressa"), ampliada pois em sua dimensão, para além, talvez, dos limites originalmente pretendidos pelo próprio autor[39]. De fato, parece-nos lícito sugerir a resistência do texto à intencionalidade modernista,

---

38. A propósito, cf. também Paulo Eduardo Arantes, *Sentimento da Dialética na Experiência Intelectual Brasileira: Dialética e Dualidade Segundo Antonio Candido e Roberto Schwarz*, Rio de Janeiro, Paz e Terra, 1992, pp. 37-40.

39. Cf. o conceito de "*mímesis* da produção" proposto por Luiz Costa Lima, *op. cit.*, p. 171: "Em suma, toda obra que não tem nem uma relação direta, nem a possibilidade de um efeito direto sobre o real, só poderá ser recebida como de ordem mimética, seja por representar um Ser previamente configurado – *mímesis* da representação – seja por produzir uma dimensão do Ser – *mímesis* da produção". "Ser", aqui, designa "a maneira como a sociedade concebe a realidade, o que ela aí recorta como o passível de existência". O "Ser" não constitui o lastro prévio da *mímesis* da produção, mas o seu ponto de chegada, a que ela engendra passo a passo com a sua criação. É próprio da *mímesis* da produção, por conseguinte, provocar o alargamento do real, desde que o produto mimético encontre um receptor disposto a colocá-lo para funcionar pelo gesto de sua participação ativa.

entendida como necessidade de afirmação do diferencial brasileiro (trata-se, aliás, de uma constante, ao menos no que se refere à produção literária mais significativa do Modernismo; por exemplo, o *Macunaíma*, com sua personagem-em-evolução, no limite, pode ser entendido como uma paródia à concepção essencialista da realidade nacional defendida tantas vezes por Mário de Andrade).

Do ponto de vista interpretativo, o que se busca aqui é compreender a intencionalidade do texto, para falar com Wolfgang Iser, a partir das "qualidades de manifestação que se evidenciam na seletividade do texto face a seus sistemas contextuais"[40]. Esse procedimento nos permitirá demonstrar como a malandragem, ao tempo em que é presentificada no *Serafim*, é igualmente transgredida no sentido da estruturação do romance, responsável por sua polissemia. Em outras palavras, ao rejeitarmos, em favor do procedimento citado, suposições acerca da verdadeira intenção do autor, para nos concentrarmos no texto, daremos um passo decisivo para compreender a referência ao contexto da malandragem como algo além de uma simples afirmação de identidade nacional.

Já vimos que a trajetória do herói, no romance, se define pela configuração de um entrelugar, cujos pólos antípodas são os universos da ordem e da desordem. Essa polaridade, "costurada" pelo ziguezaguear da personagem, articula em profundidade o sentido da estruturação de *Serafim Ponte Grande*. Ela permite, ao leitor, a apreensão de ambos os pólos, na medida em que a afirmação de um deles não implica, como temos insistido, a supressão do outro. A coexistência estrutural produz uma *orientação de leitura*, que consiste na possibilidade franqueada à recepção de uma tematização do pólo da ordem a partir da perspectiva (dos valores) do pólo da desordem e vice-versa.

Essa estrutura da obra oswaldiana, colocada para "funcionar" (caso seja ela, nessa linha, ativada pela participação do leitor), pro-

---

40. Wolfgang Iser, *O Fictício e o Imaginário: Perspectivas de uma Antropologia Literária*, trad. Johannes Kretschmer, Rio de Janeiro, Ed. da UERJ, 1996, p. 18.

porciona um jogo de iluminação sucessiva e recíproca, através do qual se torna possível detectar as limitações dos pólos antitéticos. Assim, ambos acabam relativizados e perdem, entre si, seu caráter maquiavélico, cada qual *criticável* a partir da perspectiva contrária.

Em termos do romance: a transgressão da ordem, levada a cabo por Serafim e Pinto Calçudo, coloca em crise, aos olhos do leitor, a muralha chinesa familiar e social, o paterno-autoritarismo de Carlindoga, o beletrismo acadêmico, a moral sexual repressiva, o consumismo desbragado e sem fundamento, a hipocrisia dos relacionamentos interpessoais, modulados conforme o *status* da situação etc. Ora, todo esse universo é corroído pelo impacto da ação serafiniana e a conseqüente inversão dos valores em pauta. No entanto, malgrado o caráter emancipatório desse contramovimento, é forçoso reconhecer que, bem pesadas as coisas, a solução encontrada não convence. Aqui, a "ordem", conquanto abalada em seus fundamentos, indaga a "desordem".

A "fortuna mal-adquirida" e o "nudismo transatlântico", armas da malandragem contra a opressão social, não conseguem se afirmar como alternativas satisfatórias frente ao leitor, já consciente dos fundamentos perversos da ordem, que lhe foram revelados pelos saltos de inversão do texto. Mas, *justamente porque conscientizado pelo contramovimento do texto*, o leitor, suspeito da ordem, há de suspeitar também do oferecimento do contexto alternativo, claramente um substituto com sinal trocado, porém com limitações também evidentes.

De maneira mais explícita, essa limitações afloram no episódio de *El Durasno*. O narrador a ele se refere com este comentário: "Estavam em pleno oceano *mas* tratava-se de uma revolução puramente moral"[41]. Como é notório, a carga semântica da frase reflui toda ela sobre a conjunção adversativa; esse "mas" central, por um lado, evidencia o limite da revolução alcançada, "puramente moral", por outro, sugere um horizonte revolucionário mais perfeito, a que o "mundo sem calças" de *El Durasno* contemplaria

41. *SPG*, p. 159 (grifo nosso).

SERAFIM NO FRONT: O SENTIDO REVOLUCIONÁRIO

apenas parcialmente. Acrescente-se a isso observação anterior do narrador, sem dúvida, de índole premonitória: "nosso herói tende ao anarquismo enrugado"[42].

Em vista do sentido da estruturação do *Serafim*, podemos concluir que a sua verdadeira dimensão crítica (portanto, nesse sentido, "revolucionária") consiste, não no eventual afirmar de um movimento revolucionário, mas no colocar em causa, com argúcia sociológica, as perspectivas para a sua efetivação. Em suma, o otimismo declarado de Oswald pela configuração social que se engendrou na ex-colônia não o impediu (não afirmamos que conscientemente) de relativizar, no discurso ficcional, as possibilidades de uma revolução ampla no país, que de fato modificasse a estrutura econômica e as relações políticas e culturais entre nós. Não se deixe de observar, também, que a malandragem serafiniana não se reduz a mero penhor de identidade nacional, pois surge, antes de tudo, como *ação frustrada*, incapaz de dar jeito a um espaço social marcado fundamente pelas desigualdades na repartição de bens materiais e simbólicos.

Estamos diante, portanto, de um romance capaz de proporcionar uma via reflexiva atual, quando mais não seja porque a anunciada "maré alta da última etapa do capitalismo" continua, ainda, a todo vapor. Em seu impiedoso prefácio de 1933, Oswald não se dá conta da permanência de sua criação, condenada então à cova, juntamente com a burguesia... Compare-se, todavia, *Serafim* a *O Homem e o Cavalo*, peça teatral de 1934, escrita pelo Oswald já filiado ao Partido Comunista, e veja-se qual texto resistiu, de fato, à passagem do tempo, preservando a sua potencialidade crítica. Possivelmente, *O Homem e o Cavalo* seja o texto oswaldiano mais engajado do ponto de vista político. Nele, ao contrário do que ocorre em *Serafim, a ordem burguesa é sumariamente eliminada*, restando apenas, em nível planetário, o "paraíso soviético". A revolução ali apregoada ("a verdade na boca das crianças"), no entanto, não apenas soa ingênua perante o exemplo serafiniano, como também, do ponto

42. *SPG*, p. 150.

de vista literário, é ineficaz, *desajustada* estruturalmente em relação a outros segmentos narrativos da peça, alguns com força poética relevante, com o que se prejudica a integração do conjunto em sentido crítico.

Isso posto, podemos retomar nossa questão inicial acerca da "arte revolucionária" tendo como ponto de partida o conceito mesmo de forma revolucionária. Diferentemente do que afirma Ferreira Gullar, a forma revolucionária não é, tão simplesmente, aquela "que nasce como decorrência inevitável do conteúdo revolucionário. São os fatos, a História, que criam as formas, e não o contrário"[43]. Ela pressupõe, em verdade, uma produtividade da linguagem literária no e através de seu conteúdo: é o sentido da estruturação do texto que determina sua função crítica, isto é, sua possível intencionalidade revolucionária face a seu conteúdo, seja ele tirado originalmente à série literária, seja à social. A forma é, pois, revolucionária, à medida que, não se limitando a reconhecer determinado conteúdo prévio, consiga decompô-lo e transformá-lo ficcionalmente, recompondo os elementos selecionados conforme um sentido de estruturação inovador.

A recodificação dos fragmentos dos conteúdos (ou contextos de referência) apropriados pelo texto ficcional permite ao leitor a recepção de normas e valores relacionados àqueles fragmentos, a partir de uma ótica até então desconhecida, o que permite repensá-los à nova luz. Aí a produção pela *mímesis* de conhecimento novo, cuja especificidade é preciso identificar particularmente. Daí a possibilidade de uma arte revolucionária, só possível como decorrência de uma revolução da linguagem, a qual, por sua vez, não se confunde, em absoluto, necessariamente com o experimentalismo estético da vanguarda histórica.

Em *Serafim Ponte Grande*, a seleção e montagem dos diversos fragmentos conduz à explosão combinada, por um lado, da norma do romance tradicional, como vimos no capítulo I, por outro, da ordenação social brasileira, tal como se poderia reconhecê-la em

43. Ferreira Gullar, *op. cit.*, p. 5.

determinado período histórico. O que não significa – reiteremos ainda uma vez – que o romance apresente uma resposta para as mazelas do país, as quais tão bem nos possibilita detectar. A sua revolução, ao invés, consiste em permitir a pergunta, colocando em causa as possibilidades de revolução no país, aqui problematizadas frente às forças regressivas que se encontram tanto na esfera social da ordem quanto na da desordem.

Após liqüidar o chefe e, de quebra, se livrar da família, Serafim parte mundo afora, numa sucessão de viagens dessacralizadoras, que culminam na experiência de *El Durasno*. Devemos agora nos voltar para essas aventuras. Para tanto, será imprescindível a referência ao movimento antropofágico, lançado por Oswald em 1928.

2

Revolução e Antropofagia

Em entrevista cedida em 1977, o jornalista e romancista Geraldo Ferraz, que foi também secretário de redação da *Revista de Antropofagia* (2ª fase), afirma que em *Serafim Ponte Grande* não há nada de Antropofagia. A razão disso estaria nas datas, segundo o ex-secretário-"açougueiro", o romance tendo sido principiado em 1924, desde a revolução ocorrida naquele ano, originalmente distante, portanto, do referencial estético-ideológico que viria à tona com o movimento de 1928 (o "Manifesto Antropófago" foi publicado em maio de 1928, no primeiro número da *Revista de Antropofagia*)[1].

---

1. Cf. essa entrevista em Maria Eugenia Boaventura, *A Vanguarda Antropofágica*, São Paulo, Ática, 1985, pp. 206-211. Sobre as datas em torno da elaboração de *Serafim Ponte Grande,* cf. Maria Eugenia Boaventura, "Trajetória de Oswald de Andrade", Caderno de Cultura de *O Estado de S. Paulo*, 21 de outubro de 1984, pp. 1-2. Conforme se lê nesse artigo, o *Serafim* foi escrito entre 1923 e 1926, sofrendo depois várias "condensações" até alcançar a versão textual definitiva. Alguns fragmentos do romance foram publicados em revistas da época, sendo posteriormente modificados pelo autor: "O Meridiano de Greenwich – Cineromance" saiu inicialmente em *Terra Rocha e Outras Terras* (set. 1926); "Os Esplendores do Oriente" em *Verde* (nov. 1927); e "Dinorá a todo Cérebro..." em *Martinelli e Outros Arranha-Céus* (ago. 1928). Tendo em vista a experimentação da linguagem praticada no romance, sobretudo os recursos da colagem e da paródia utilizados, Boaventura destaca sua afinidade com a *Revista de Antropofagia*: "É também evidente que este romance foi amadurecendo simultaneamente à proposta da Antropofagia. Aliás, as

Mais recentemente, Ferreira Gullar, contribuindo com outros cinco ensaístas para um balanço crítico dos 70 anos do "Manifesto Antropófago", retoma a questão da produção artística contemporânea ao movimento de 1928, e reafirma a colocação de Geraldo Ferraz – o *Serafim* nada teria a ver com a Antropofagia. Mais uma vez, o argumento se apóia na cronologia:

> [...] no terreno da criação artística propriamente dita, salvo melhor juízo, o Movimento Antropofágico só produziu os quadros de Tarsila do Amaral e o poema *Cobra Norato*, de Raul Bopp, uma vez que as obras de Oswald – tanto *Memórias Sentimentais de João Miramar* (1924) quanto os poemas de *Pau-Brasil* (1925) são anteriores a 1928, e *Serafim Ponte Grande* é de 1933, quando o autor já havia renegado todo o seu passado vanguardista. Ou seja, o inventor do Movimento Antropofágico não escreveu nenhuma obra inspirada nas idéias que defendeu no seu manifesto[2].

A nossa posição é contrária às acima referidas, concluindo pela ligação concreta entre *Serafim* e a Antropofagia. Desde logo, cabe salientar, com relação às afirmações de Geraldo Ferraz e Gullar, a mobilização essencialmente rígida que fazem das datas, mais ou menos ao modo daqueles tradicionais esquemas escolares, que fazem morrer um movimento literário num determinado dia, para anunciar o surgimento de um novo no seguinte. Ora, se é correto, como sugere Ferraz, que *Serafim* tenha seu ponto de origem em 1924, é também certo que depois disso Oswald reescreveu várias vezes o texto inicial, até alcançar a versão definitiva, a exemplo,

---

ligações entre os dois projetos são muito claras [...] o dicionário de nomes que compõe o capítulo do livro "No Elemento Sedativo" e a seção Brasiliana (da primeira fase da revista) são montados dentro do mesmo espírito de colecionar tolices e asneiras que espelham de certa forma facetas do ideário nacional". Como se vê, uma argumentação em linha contrária à de Geraldo Ferraz.

2. Ferreira Gullar, "Nem Tudo É Verdade: Apenas Tarsila e Raul Bopp Foram Antropofágicos", *Bravo!*, ano 1, n. 8, São Paulo, maio de 1998, p. 22. Observe-se que Gullar se equivoca quanto a *Serafim*, datando-o de 1933. Em verdade, somente o prefácio do romance é desse ano, o texto em si tendo sido concluído em 1928.

aliás, do que também fizera com *Miramar*, romance sabidamente nascido convencional e "comprimido metonimicamente" (Haroldo de Campos) cerca de oito anos até a publicação em 1924. Assim sendo, a reelaboração contínua do *Serafim* alcança o ano de 1928, não estando pois temporalmente distante do movimento antropofágico. Quanto a Ferreira Gullar, basta que se note que erra nas contas: *Serafim* não é de 1933, antes foi concebido na década de 1920, vale dizer, no presente vanguardista do autor, e não depois da reviravolta ideológica de 1930.

É bastante óbvio que o romance-invenção oswaldiano dialoga com pressupostos fundamentais da Antropofagia. Em última análise, não é preciso recorrer à matemática das datas para averiguar pontos de contato irrefutáveis entre as duas produções, bastando que se aproximem os textos pertinentes para que venham à luz as estratégias comuns, sejam elas de ordem estética ou ideológica. Aliás, a última unidade narrativa de *Serafim* intitula-se precisamente "Os Antropófagos"... Mera coincidência?! Oswald teria escrito a unidade final depois de maio de 1928, isto é, imediatamente depois de lançado o "Manifesto Antropófago"? Seja como for, aproximados criticamente "Os Antropófagos" e o "Manifesto Antropófago", salta aos olhos a matéria comum de que se nutrem. Voltando aos pressupostos fundamentais da Antropofagia presentes em *Serafim Ponte Grande,* cumpre destacar três que, pode-se dizer, são o nervo mesmo da composição romanesca: *a rebeldia individual exacerbada, o movimento migratório* ad infinitum *e a recusa ao domínio social próprio ao patriarcalismo.* Com essa orientação, a referência à Antropofagia nos permitirá, como veremos, revisitar a "revolução malandra", já descrita, com a sobreposição de uma nova camada significativa, com o que se poderá afirmar e ao mesmo tempo ampliar a inteligibilidade do processo que temos estudado.

De resto, a flexibilidade da composição do *Serafim* constitui, por assim dizer, um elogio estrutural à idéia de movimento permanente, importantíssima para a resolução do pensamento antropofágico. A obra incorpora em profundidade uma componente de ação, no intento de transformar-se ela mesma em ação: a "propaganda pela ação", como queria o Picasso de *Les Demoiselles d'Avignon*, ao assumir para sua pintura o lema dos revolucionários anarquistas, envolvidos nos mais terríveis atentados públicos. Ao exigir a participação ativa do leitor na organização sêmica de sua "obra aberta", Oswald atualiza a pretensão moderna de uma arte como ação, não mais como contemplação.

A escritura que se faz pela apropriação paródica do discurso alheio vai de par com a opção pela "felicidade guerreira" do homem. O trato irreverente com os modelos tradicionais de produção literária instaura a *polêmica* no interior do texto. A eficácia para chocar e provocar faz da expressão polêmica o instrumento adequado para agenciar a atitude antropofágica, no encalço de presidir a transformação da palavra em ação[3].

A história da personagem Serafim Ponte Grande se apresenta, algo cinicamente, como a história da revolução possível, no quadro histórico dos anos 1920. Ora, os roteiros anunciados no "Manifesto Antropófago" são propostas libertárias oferecidas aos indivíduos vítimas dos estados tediosos. Serafim cansou-se dos deveres matrimoniais e dos deveres políticos, após vinte e dois anos de resignações. A bordo do *steam ship Rompe Nuve* irá iniciar nova vida, numa viagem por diversos oceanos, livre das castrações impostas pela sociedade burguesa e patriarcal[4].

---

3. Cf. Vera Maria Chalmers, *3 Linhas e 4 Verdades: O Jornalismo de Oswald de Andrade*, São Paulo, Duas Cidades, 1976, pp. 29-30.

4. Como observa Antonio Candido em seu belíssimo "Oswald Viajante": "Libertação é o tema do seu livro de viagem por excelência, *Serafim Ponte Grande*, onde a crosta da formação burguesa e conformista é varrida pela utopia da viagem permanente e redentora, pela busca da plenitude através da mobilidade" (em *Vários Escritos*, 3ª ed. rev. e ampl., São Paulo, Duas Cidades, 1995, p. 64). Sobre a função que adquire a viagem no *Serafim*, cf. também Benedito Antunes, "Serafim Antropófago", *Revista de Letras*, vol. 30, São Paulo, Editora Unesp, 1990, pp. 15-24. Ainda sobre o "turISMO" oswaldiano e sua formalização literária, especialmente na poesia do autor, há sugestivas observações em Jorge Schwartz, *Vanguarda e Cosmopolitismo na Década de 20: Oliverio Girondo e Oswald de Andrade*, São Paulo, Perspectiva, 1983.

SERAFIM NO FRONT: O SENTIDO REVOLUCIONÁRIO

Aproximemo-nos um pouco mais da Antropofagia e perscrutemos seu ataque ao sistema capitalista de molde patriarcal, para então enfrentarmos o alcance de sua proposta.

Na definição abrangente de Benedito Nunes, a Antropofagia, como símbolo da devoração, é a um tempo metáfora, diagnóstico e terapêutica[5]. *Metáfora orgânica*, inspirada no repasto antropofágico tupi, englobando tudo aquilo que precisaria ser repudiado, assimilado e superado para a conquista de nossa autonomia intelectual; *diagnóstico* da sociedade brasileira como sociedade traumatizada pela repressão colonizadora e destruição das práticas ancestrais pela ação dos jesuítas; e *terapêutica*, sugerido o reaproveitamento do instinto antropofágico outrora recalcado, posto em exercício liberador, em prol da cura definitiva do país, após séculos de opressão messiânica.

Reatualiza-se, em plena modernidade, o ritual pelo qual o índio antropófago, em meio à selva "brasileira" pré-cabralina, devorava o inimigo e angariava-lhe as forças combativas... Considerada a destruição efetiva das tribos indígenas, trata-se de conceber uma devoração em novos termos, com o aproveitamento do "inconsciente tupi", "nossa" capacidade de resistência às catequeses ocidentais, mais os avanços da técnica contemporânea. Em palavras tiradas do "Manifesto Antropófago", trata-se de engendrar a "Revolução Caraíba": "a unificação de todas as revoltas eficazes na direção do homem" e concretizar, no momento presente, "a idade de ouro anunciada pela América"[6].

O espaço americano é considerado privilegiado pela Antropofagia, fonte primeira e legítima do impulso antropofagístico – o verdadeiro motor das vanguardas, não só artísticas, mas também das

5. Benedito Nunes, "A Antropofagia ao Alcance de Todos", *A Utopia Antropofágica*, pp. 5-39.
6. Citaremos os manifestos oswaldianos, o "Manifesto Antropófago" (1928) e o "Manifesto da Poesia Pau-Brasil" (1924), a partir das transcrições de Jorge Schwartz, *Vanguardas Latino-Americanas: Polêmicas, Manifestos e Textos Críticos*, São Paulo, Edusp, Iluminuras, Fapesp, 1995, respectivamente pp. 142-147 e 136-139.

revoluções sociais. Especifiquemos essa concepção básica da Antropofagia, reportando-nos ao caso brasileiro. Já observamos que Oswald sempre teve em alta conta a formação social do país. A seu ver, o passado nacional estaria, digamos, a nosso favor, pouco exigente e carregando em seu bojo uma promessa de felicidade: "Antes dos portugueses descobrirem o Brasil, o Brasil tinha descoberto a felicidade", escreve no "Manifesto Antropófago". O processo colonizatório não teria logrado destruir, para falar com o autor, a nossa sede inata de Justiça e Liberdade, preservada no tempo como uma sorte de princípio-esperança.

O fato de possuirmos desde os começos de nossa formação histórica a base dupla e presente – a floresta e a escola ("um misto de 'dorme nenê que o bicho vem pegá' e de equações", como já se lia no "Manifesto Pau-Brasil") – seria responsável pela famigerada repulsa brasileira às normas rígidas ("nunca fomos catequizados... fizemos foi Carnaval... fizemos Cristo nascer na Bahia... nunca admitimos o nascimento da lógica entre nós"). No Brasil, o "homem natural" estaria, por assim dizer, ao alcance da mão (o "homem natural" ou primitivo é o primeiro termo do esquema dialético hegeliano elaborado por Oswald, sendo o segundo, o "homem civilizado", representante do "estado de negatividade" em que vivemos, e o terceiro, o "homem natural tecnizado", síntese dos dois primeiros, união almejada da liberdade irrestrita do primeiro termo com a técnica desenvolvida pelo segundo termo).

Segundo Oswald de Andrade, um substrato primitivo (como está no "Manifesto Antropófago": "já tínhamos o comunismo, já tínhamos a língua surrealista") teria subsistido no país, não obstante a violência da colonização portuguesa, o que nos teria legado um *impulso antropofagístico*, naturalmente rebelde (dir-se-ia um traço cultural de resistência, mais do que um fundo étnico atemporal), passível de ter sua força canalizada para os empreendimentos revolucionários tanto no âmbito da estética como no da esfera socioeconômica[7].

---

7. *Mutatis mutandis*, o pensamento oswaldiano parece encontrar ecos na

SERAFIM NO FRONT: O SENTIDO REVOLUCIONÁRIO

Como já nos indicou Benedito Nunes, precedendo a Antropofagia oswaldiana há toda uma temática do canibalismo na literatura européia da década de 1920, alimentada pela vaga do exotismo etnográfico de então, das revelações da arte pré-histórica ao impacto da arte africana, às revelações da Psicanálise, à publicação de relatos dos viajantes, à coleta de novos materiais etnográficos, à vulgarização de tratados e monografias do ponto de vista psicológico e médico. Em virtude da primitividade descoberta e valorizada, a temática antropofágica, de fato, estava no ar. Em termos literários, concretizada em metáforas e imagens violentas, sobretudo mobilizadas como meio de agressão verbal pela estética de choque do Futurismo e do Dadaísmo, e dessa maneira confrontada à razão iluminista e à cultura clássico-nacional européias[8].

Dito isso, vejamos o uso particular que faz Oswald da imagem antropofágica. Evidentemente, no espaço americano, ela é revestida de uma conotação sócio-histórica específica. Para apreendê-la, cabe remontar aos primórdios da colonização e notar que, para o viajante europeu do século XVI, ao que tudo indica, nada havia de mais impressionante no Novo Mundo do que a prática da antropofagia. "Esta colocava de modo quase automático as noções de selvageria, primitivismo, bestialismo e barbárie. Simbolizava, para o 'civilizado', o caos primigênio, a anarquia desenfreada, o triunfo do satânico, a orgia da maldade, o reino da indisciplina e da desordem" – explica Guillermo Giucci[9]. Em verdade, como hoje

célebre formulação de Antonio Candido: "não se ignora o papel que a arte primitiva, o folclore, a etnografia tiveram na definição das estéticas modernas, muito atentas aos elementos arcaicos e primitivos comprimidos pelo academismo. Ora, no Brasil as culturas primitivas se misturam à vida cotidiana ou são reminiscências de um passado recente. As terríveis ousadias de um Picasso, um Brancusi, um Max Jacob, um Tristan Tzara, eram, no fundo, mais coerentes com a nossa herança cultural do que com a deles" (Antonio Candido, "Literatura e Cultura de 1900 a 1945", *Literatura e Sociedade*, São Paulo, Editora Nacional, 1980, p. 121).

8. Cf. Benedito Nunes, *Oswald Canibal*, São Paulo, Perspectiva, 1979, pp. 7-20 (Coleção Elos nº 26).

9. Guillermo Giucci, "A Manipulação do Sagrado: Hans Staden", *Viajantes*

SERAFIM PONTE GRANDE E AS DIFICULDADES DA CRÍTICA LITERÁRIA

se sabe, a despeito da impressão de evento caótico e anárquico sentida pelo europeu com relação ao repasto antropofágico praticado pelos antigos tupis, o sacrifício ritual era organizado conforme uma série de regras e requisitos, os quais, criteriosamente respeitados, asseguravam os fundamentos míticos e simbólicos compartilhados pela comunidade. Em face de tal ordenação interna, fica claro por que justamente atuando "por dentro", isto é, no seio das sociedades aborígines, a ação jesuítica se mostrou tão eficiente no sentido de desarticular a organização social das tribos tupis, dentro da qual a antropofagia ritual tinha uma função destacada. Empenhada na assimilação dos índios à civilização cristã, a ação jesuítica, consideradas as coisas tendo em vista os desequilíbrios internos introduzidos no sistema tribal, alcançou um efeito destrutivo comparável ao das atividades, em princípio muito mais violentas, dos colonos e da Coroa[10].

As atividades da Companhia de Jesus no Brasil são criticadas pela *Revista de Antropofagia*, seção "Santo Ofício Antropofágico", aparecida cinco vezes na "2ª dentição" do periódico. A crítica se faz basicamente através da colagem de textos tirados da produção jesuítica, citados sob títulos livres que alteram seu sentido original, à maneira da apropriação pau-brasil de fragmentos dos cronistas coloniais. Também na *Revista de Antropofagia* "a sátira e a denúncia são feitas com o discurso do adversário. Configura-se nessa série a tendência habitual de buscar a novidade na obra antiga, exemplificada na apropriação constante da literatura da época colonial"[11]. Tendência ainda presente em *Serafim Ponte Grande*, cuja unidade "Os Antropófagos" principia justamente com um longo

do *Maravilhoso: O Novo Mundo*, trad. Josely Vianna Baptista, São Paulo, Companhia das Letras, 1992, p. 231.

10. A respeito, cf. a tese da destribalização proposta por Florestan Fernandes, "Antecedentes Indígenas: Organização Social das Tribos Tupis", em Sérgio Buarque de Holanda (dir.), *História Geral da Civilização Brasileira*, Rio de Janeiro, Editora Bertrand Brasil S. A., 1989, tomo I, vol. 1, pp. 72-86.

11. Maria Eugenia Boaventura, *A Vanguarda Antropofágica*, p. 75.

excerto de *A Conquista Espiritual* do jesuíta e catequista Montoya, utilizado como epígrafe.

O retorno às primeiras ações coloniais, de que são testemunhos privilegiados os relatos dos viajantes e a crônica jesuítica, trai naturalmente a intenção da Antropofagia de explodir, dir-se-ia benjaminianamente, o *continuum* histórico e reescrever a contrapelo a história dos vencedores, *a partir do que se supõe a ótica dos vencidos*. Eis a particularidade da imagem antropofágica de Oswald de Andrade: trata-se, em primeira instância, de passar a palavra aos sacrificados no processo colonizatório. O nativo americano é lembrado, no caso, em sua capacidade de horrorizar o europeu, de sobrepujá-lo via a devoração ritual (um indianismo às avessas, portanto, como contraponto à idealização romântica).

Nessa perspectiva, leia-se o conselho sugerido pela *Revista de Antropofagia* a seus leitores, numa "Nota Interessante" em que comenta incidente ocorrido na exposição de Tarsila do Amaral, realizada em 1929 no Rio, e protagonizado por Oswald de Andrade: "Correu sangue na exposição. Oswaldo de Andrade, *agindo antropofagicamente*, esborrachou o nariz de um admirador do sr. Amoedo. O sangue espirrou, com imensa satisfação dos antropófagos presentes. A 'Revista' pede a Oswaldo que esborrache outros narizes, o mesmo aconselhando a todos os seus leitores. É o meio infalível de se reagir contra certos azares. E era assim que o índio fazia: páo no craneo do inimigo"[12]. Que pensar da proposta? Do ponto de vista prático, tomado ao pé da letra, certamente o conselho é inócuo. A Antropofagia é um movimento artístico, o que impõe a pergunta inicial, de fato importante, acerca dos fundamentos estético-ideológicos implicados na reatualização simbólica da antropofagia tupi. Como ela é representada no discurso?

12. "A Exposição de Tarsila do Amaral, no 'Palace Hotel', do Rio de Janeiro, Foi a Primeira Grande Batalha da Antropofagia", *Diário de São Paulo*, 1 de agosto de 1929, página da *Revista de Antropofagia*. Reedição da revista literária publicada em São Paulo, 1928/29, São Paulo, Abril/Metal Leve, 1976 (grifo nosso).

Aqui, o paradoxo típico da produção cultural dos países subdesenvolvidos (o qual, no Modernismo brasileiro, teve em Mário de Andrade o seu pensador mais dilacerado): a emancipação cultural, em termos literários, só se podia concretizar em sintonia com os meios expressivos das vanguardas européias, de que nos queríamos diferencialmente afastados... A agressão verbal levada a efeito pelas apropriações futurista e dadaísta da imagem antropofágica seria, fatalmente, levada em consideração pela Antropofagia oswaldiana. Mas, ainda aqui, estética e ideologia não coincidem e a Antropofagia tupiniquim saberia conceber a intencionalidade própria das letras nacionais, sem perder de vista a latitude dos países que avançam, como queria Oswald, certo de que um posicionamento xenófobo quanto ao assunto acabaria em "macumba para turistas".

Na retomada dos manifestos oswaldianos nas décadas de 1960/70, o cineasta Glauber Rocha viria a formular uma concepção estética que, projetada retroativamente, parece-nos iluminar com precisão os pressupostos da Antropofagia de 1928, sem prejuízo dos contextos diversos em que se inserem ambas as manifestações:

> Do Cinema Novo: uma estética da violência, antes de ser primitiva, é revolucionária, eis aí o ponto inicial para que o colonizador compreenda a existência do colonizado; somente conscientizando sua possibilidade única, a violência, o colonizado pode compreender, pelo horror, a força da cultura que ele explora[13].

A metáfora antropofágica de Oswald enquadra-se perfeitamente nessa "estética da violência" explicitada por Glauber, na medida em que lhe interessa, justamente, "recuperar" a violência da prática antropofágica ritual, em proveito de uma produção literária capaz de se afirmar face aos modelos europeus, através da devoração crítica desses modelos sob a perspectiva da "diferença" brasileira.

---

13. Glauber Rocha, "Uma Estética da Fome", *Revista Civilização Brasileira*, nº 3, julho de 1965. Citado por Ismail Xavier, *Sertão Mar: Glauber Rocha e a Estética da Fome*, São Paulo, Brasiliense, 1983, p. 153.

SERAFIM NO FRONT: O SENTIDO REVOLUCIONÁRIO

Não nos devemos esquecer, ademais, que o "Manifesto Antropófago" insere-se num contexto cuja ênfase estava no debate acerca da configuração social brasileira: a busca do específico nacional, assim como as especulações em torno das potencialidades do país, estavam na ordem do dia.

Muitos outros manifestos foram publicados, na época, além do de Oswald. O manifesto "Nhengaçu Verde Amarelo" (1929) da escola da Anta, assinado por Cassiano Ricardo, Menotti Del Picchia e Plínio Salgado, por exemplo, divergia completamente em conteúdo da proposta antropofágica. Os *verdamarelos,* mentores de uma "filosofia" simultaneamente tradicionalista, sentimental e reacionária, com sua aposta numa renovação nacional em consonância com as instituições conservadoras, exibiam repúdio pela sugestão oswaldiana de reaproveitamento do espírito combativo do mau selvagem. Interessava-lhes antes o exemplo do índio tupi, que teria sabido socializar-se com os portugueses e por isso resistir e eternizar-se, ao contrário do índio tapuia, mau e preconceituoso selvagem, aniquilado, solitário, numa luta inútil na selva[14].

A Antropofagia irrompe historicamente, portanto, como um desejo imperativo de ser[15]; ela é, em essência, uma busca de identi-

14. Para uma comparação detalhada entre a Antropofagia e o Verdeamarelismo, tanto do ponto de vista estético quanto ideológico, cf. a obra citada de Gilberto Vasconcelos, *A Ideologia Curupira*, especialmente o tópico intitulado "A Briga entre Curupira e Abaporu", pp. 144-168.

15. Como visto, retomamos aqui a categoria "desejo de ser", já antes empregada por nós para referir a exaltação modernista à industrialização de São Paulo. De fato, a expressão é muito adequada, a nosso ver, na medida em que sugere o descompasso entre a superestrutura ideológica e a estrutura econômica, que no caso brasileiro chega a ser gritante (já se escreveu sobre a "lepidez" da superestrutura ideológica entre nós, que segue em ritmo galopante em relação à estrutura econômica, modificada lentamente desde o período colonial). No quadro do Modernismo, o descompasso se exacerba: a superestrutura ideológica, "aquecida" pela importação dos ismos europeus, não cessa de propor novos projetos para o país (diversos entre si), ao passo que a base econômica tende a refrear, conservadoramente, tal impulso desejante. Notemos que, para Oswald de Andrade, uma situação social dessa ordem, eventualmente tensa, pode favorecer uma eclosão revolucionária. Isso porque, confor-

115

dade. É imperioso ter em mente aqui a discussão levantada por Mário de Andrade sobre a inexistência da consciência brasileira, a que já nos referimos, pois a Antropofagia parece surgir exatamente como solução ao problema trazido à baila: ela se quer o instrumento eficaz para *produzir* a consciência nacional, em moldes, aliás, muito peculiares. Outra não é a razão para o seu interesse obstinado pela situação colonial em seu primeiro tempo. Quer se voltar à origem em busca de uma história que poderia ter sido, mas que não foi, mas que poderá ser. Como a propósito bem identifica Vera Lúcia Follain de Figueiredo:

> No pensamento antropofágico, a origem não se confunde com o lugar da essência pura da nacionalidade. Na origem está o ato fundador, ou seja, o "português vestiu o índio" – com toda a explosão do sentido do verbo vestir nesse contexto: como encobrimento, como repressão, como inscrição numa outra ordem de signos, como violência de leitura. E o ato fundador assume uma importância fundamental para Oswald porque não é percebido como algo que aconteceu e passou[16].

Acrescentemos à boa observação de Vera Lúcia, também nós de olhos no poema citado, que a Antropofagia visa a reverter o ato fundador, demandando aquela "manhã de sol", por oposição à "bruta chuva" ocorrida naquele primeiro contato entre o Velho e o Novo Mundo, e que permitiria ao índio despir o português (aproveitemos a deixa para observar, mesmo ao preço de adiantarmos um pouco a nossa discussão, que em *Serafim Ponte Grande* a problemática do ato fundador também aparece e, coincidentemente, de igual maneira amparada numa metáfora solar: nesse sentido, já no "Recitativo", primeira unidade do romance, Serafim sai-se com esta profecia: – "Glória dos batizados! Lá fora, quando secar a chuva,

me uma hipótese sua, uma revolução ocorre justamente quando a "superestrutura exorbita da estrutura" (cf. Oswald de Andrade, "Meu Testamento", *A Utopia Antropofágica*, p. 56).

16. Vera Lúcia Follain de Figueiredo, "Oswald de Andrade e a Descoberta do Brasil", *Série Ponta de Lança*, IV, Rio de Janeiro, Ed. da UERJ, 1991, pp. 7-8.

haverá o sol", a qual, por sua vez, repercute no "Testamento...": "A minha família é um metal que se degrada. Para renascer. O Pombinho será o sol de um universo novo de bebês").

O motor da Antropofagia é a transformação permanente do Tabu em totem, processo infinito, pois o homem, ao superar um Tabu, valor oposto e exterior a ele, concomitantemente cria outro, em "função exogâmica", o qual, por sua vez, exige ser superado: "na totemização desses valores todos os dias consiste a vida individual e social, que por sua vez, renova os tabus, numa permanente e, graças a Hegel, insolúvel contradição"[17].

A Antropofagia é uma espécie de "moto-contínuo" que, posto em funcionamento, não se pode mais parar. O seu modo-de-operar básico é a devoração crítica da história e da cultura. O discurso produzido fora de suas hostes é sempre valorizado (lei do antropófago: "só me interessa o que não é meu"): a Antropofagia pressupõe a contribuição alheia, não para copiá-la, mas para assimilá-la e transformá-la em produto original. Por conseguinte, o estômago "pensante", ou o "consciente antropofágico", como preferia denominá-lo Oswald, polemizando com Freud[18], torna-se o orgão indispensável para o exercício antropofágico de produção criativa[19].

17. Oswald de Andrade, "A Psicologia Antropofágica", *Os Dentes do Dragão*, p. 53.
18. *Idem*, p. 51: "Cabe a nós antropófagos fazer a crítica da terminologia freudiana, terminologia que atinge profundamente a questão. O maior dos absurdos é por exemplo chamar de inconsciente a parte mais consciente do homem: o sexo e o estômago. Eu chamo a isso de 'Consciente antropofágico' ".
19. Impossível deixar de lembrar, nesse contexto, do Zaratustra de Nietzsche: "*Pois em verdade, meus irmãos, o espírito é um estômago*" (Friedrich Nietzsche, *Assim Falou Zaratustra*, em *Obras Incompletas*, seleção Gérard Lebrun, trad. Rubens Rodrigues Torres Filho, São Paulo, Abril Cultural, 1983, Os Pensadores, p. 251, grifo nosso). Entre os livros que marcaram sua formação intelectual, Oswald cita o *Zaratustra* de Nietzsche, lido aos vinte anos, segundo depoimento seu a Paulo Mendes Campos (cf. Oswald de Andrade, "O Êxito na Terra Substitui a Esperança no Céu", *Os Dentes do Dragão*, p. 121). Para Oswald, o autor do *Zaratustra* teria recuperado o "reino da criança, do primitivo e do louco", cuja dignidade a

SERAFIM PONTE GRANDE E AS DIFICULDADES DA CRÍTICA LITERÁRIA

Cabe então perguntar se a Antropofagia se define como movimento "puro", "absoluto", "cego", "arbitrário", tanto no sentido histórico-filosófico quanto sociológico, tal como o identifica Hans Enzensberger na programática da vanguarda histórica, enfim já proposto como um "fim em si mesmo", parente próximo, portanto, daquele "movimento para o vazio" dos regimes totalitários, com suas exigências ideológicas perfeitamente absurdas e canalizadas para os fatos, muito à revelia deles[20]. Decididamente, não nos parece ser esse o caso da Antropofagia. Compreender o movimento antropofágico, seja no sentido conferido pela história literária ou no sociológico mais amplo, como arbitrariedade pura, posta a serviço, para falar ainda com Enzensberger, de quaisquer "obscuras doutrinas de salvação", seria desconhecer seu ataque à sedimentação da ordem patriarcal, tantas vezes pertinente, conforme aspectos concretos da formação sociocultural brasileira.

Primeiramente, é obrigatório notar que o movimento devorador da Antropofagia, teoricamente, tem um sentido de direção preciso. Ele vai a caminho, como diz o "Manifesto", da "realidade sem complexos, sem loucura, sem prostituições e sem penitenciárias do matriarcado de Pindorama". Estando ao alcance de todos, a sociedade futura, sem classes, sem propriedade particular, sem trabalho escravo, ludicamente ociosa e poligâmica... seria, em primeira mão, instaurada pelos brasileiros, depois exportada ao resto do mundo. Quanto a esse aspecto, Oswald não deixa dúvidas: "Nós, brasileiros, oferecemos a chave que o mundo cegamente procura: a Antropofagia"[21]. Afirma-se a idéia de que a nossa configuração social

> literatura moderna, por sua vez, teria sabido reconhecer. Em conferência realizada em São Paulo, em 1945, Oswald sintetizaria a importância histórica de Nietzsche: "...Nietzsche foi sobretudo um grande honesto. Nele se consubstancia historicamente a primeira consciência do homem autônomo que o individualismo iria dar". Oswald de Andrade, "Informe sobre o Modernismo", *Estética e Política*, p. 102.
>
> 20. Cf. Hans Magnus Enzensberger, "As Aporias da Vanguarda", *Tempo Brasileiro*, 26-27, Rio de Janeiro, Tempo Brasileiro, jan./mar. 1971, p. 105.
>
> 21. Oswald de Andrade, "A Psicologia Antropofágica", *op. cit.*, p. 50. Também o "Manifesto Antropófago" já indicara a origem de toda revolta efi-

privilegiada, filhos que somos da floresta e da escola, bárbaros com técnica, posiciona-nos de antemão como líderes da "Revolução Caraíba", projeto utópico que conduzirá a humanidade para o matriarcado tecnicizado.

Agora sim, deparamo-nos com um ponto nevrálgico da Antropofagia oswaldiana: alcançada a sua meta, ou seja, o matriarcado de Pindorama e eliminadas as relações sociais opressivas, o que será feito do movimento devorador humano, tido como infinito e crítico em relação à história e à cultura? Para falarmos com o "Manifesto" de 1928, que será das "migrações", da "fuga dos estados tediosos", da "experiência pessoal renovada", tendo o homem alcançado a sociedade perfeita? Afinal, que é o matriarcado de Pindorama? Ora, salvo engano, ele se propõe como uma solução definitiva, algo como a História cristalizada numa *performance* ideal, ou ainda, para lembrarmos uma expressão de triste memória, o "fim da História". Naturalmente, estamos aqui diante do que o filósofo Isaiah Berlin apontou como a principal característica da maioria ou mesmo de todas as utopias, qual seja, o fato de serem "estáticas". Escreve ele: "Nada se altera nelas, pois alcançaram a perfeição: não há nenhuma necessidade de novidade ou mudança; ninguém pode desejar alterar uma condição em que todos os desejos humanos naturais são realizados"[22]. Tal concepção social, como alerta o mesmo Berlin, tem por pressuposto que os homens possuem uma certa natureza fixa e compartilham certos objetivos universais, comuns, imutáveis. Trata-se, a seu ver, de uma falsa idealização e que redunda, ao cabo, num puro engodo sociológico, na medida em que "qualquer estudo da sociedade demonstra que toda solução cria uma nova situação que engendra suas próprias necessidades e problemas, novas exigências"[23].

caz: "...sem nós a Europa não teria sequer a sua pobre declaração dos direitos do homem".

22. Isaiah Berlin, "O Declínio das Idéias Utópicas no Ocidente", em Henry Hardy (org.), *Limites da Utopia: Capítulos de História das Idéias*, trad. Valter Lellis Siqueira, São Paulo, Companhia das Letras, 1991, p. 29.

23. Isaiah Berlin, "A Busca do Ideal", *idem*, p. 23. A crítica rigorosa às uto-

Colocada a questão nesses termos, emerge clara uma problemática mal resolvida pelo pensamento utópico de Oswald de Andrade. Decerto, ela não forma aí um centro pacífico. Como conciliar, por exemplo, a concepção de uma sociedade final ideal, supostamente concretizável no presente humano, com a seguinte definição de História, dada pelo nosso autor: "Que é a História, senão um contínuo revisar de idéias e de rumos?"[24]. A idéia da realidade social perfeita se choca com um conceito revisionista do processo histórico. De um lado, o matriarcado de Pindorama, de outro, a "vida como devoração" contínua. Ao invés de um ponto pacífico, temos antes um ponto contraditório, a que a Antropofagia não parece enfrentar adequadamente. Mais precisamente: a contradição sequer é pensada. Em *Serafim Ponte Grande*, no entanto, ela aflora muito perceptível no episódio de *El Durasno*, do qual trataremos mais adiante, atentos a esse pormenor. Desde já, todavia, procuremos rastrear a raiz do impasse. Ao que nos parece, ele tem sua origem em outra... contradição, propriamente de base, presente na produção intelectual oswaldiana e rastreável em diversos escritos seus ao longo do tempo. Em poucas palavras, referimo-nos ao choque entre um conceito, caro a Oswald, de uma revolução resolvida no plano individual e através da ação talentosa do indivíduo, e outro conceito, coexistente e sempre retomado, de uma revolução supra-individual, realizada para e pelas massas.

Tal conflito entre a revolução pessoal (na qual devemos situar, *grosso modo*, a revolução serafiniana) e a revolução social propriamente dita (que pode tomar, por exemplo, a forma final de um matriarcado de Pindorama ou de um "paraíso socialista") encon-

> pias não o impede, todavia, de reconhecer o valor que encerram, como o demonstra à p. 24: "As utopias têm o seu valor – nada amplia de forma tão assombrosa os horizontes imaginativos das potencialidades humanas –, mas como guias da conduta elas podem se revelar literalmente fatais". Cf. também, na mesma obra, outros dois ensaios, "A Apoteose da Vontade Romântica: A Revolta Contra o Mito de um Mundo Ideal" e "O Ramo Vergado: Sobre a Ascensão do Nacionalismo", respectivamente pp. 166-190 e 191-208.

24. Oswald de Andrade, "A Marcha das Utopias", *op. cit.*, p. 165.

tra-se no cerne mesmo do pensamento do autor e não passou despercebido pela crítica. Rastreável já nos anos 1920 (particularmente, acreditamos, em *Serafim Ponte Grande*), o conflito se torna mais explícito no pós-1930, com a filiação do autor ao Partido Comunista. Fiquemos com dois exemplos. Ao analisar a peça *O Homem e o Cavalo*, Sábato Magaldi se dá conta do abismo entre a revolução socialista ali apregoada e a conduta social valorizada, de fato, por Oswald de Andrade: "A adesão irrestrita do texto, repetindo *slogans* partidários, significou para Oswald desejo de disciplina, quando em toda a existência ele teve o comportamento de incoercível individualista anárquico, avesso às convenções de qualquer grupo humano. Conjeturo como Oswald se comportaria no 'paraíso soviético' que ele idealizou!"[25]. E Benedito Nunes, comentando a assimilação do marxismo ao ciclo das utopias, define bem o que se poderia chamar a posição socialista de Oswald: "Seu socialismo jamais deixou de ser, fundamentalmente, o da *rebeldia do indivíduo contra o Estado*, mais interessado numa sociedade nova, cuja vida passasse pela morte da organização estatal, do que no fortalecimento de uma ditadura do proletariado"[26]. Enfim, o próprio Oswald, retificando um "erro" de Marx, confirma-nos sua preocupação básica com a emancipação do indivíduo: "O que faz do comunismo, como de qualquer movimento coletivo, uma coisa importante é ainda e sempre a aventura pessoal"[27].

Aproximados e confrontados, os valores do indivíduo e o ideário social "comunista" (no sentido lato) constituem propriamente um núcleo conflitivo rastreável em boa parte da produção literária oswaldiana, o qual há de assumir, em suas exposições mais agudas, uma nítida e não menos embaraçante coloração classista, embutindo um impasse ideológico no projeto utópico antropofágico e, quanto a *Serafim*, recortando os limites da "revolução malandra".

25. Sábato Magaldi, "A Mola Propulsora da Utopia", Introdução a *O Homem e o Cavalo*, São Paulo, Globo, 1990, p. 13.
26. Benedito Nunes, "A Antropofagia ao Alcance de Todos", *op. cit.*, p. 38 (grifo nosso).
27. Oswald de Andrade, "A Psicologia Antropofágica", *op. cit.*, p. 52.

Considerada em si mesma, todavia, a ênfase na rebeldia individual não é, como aliás é sobejamente sabido, das piores coisas *no escritor* Oswald de Andrade. Não estaria ela por "trás" das melhores páginas que concebeu, nas quais aprendemos a reconhecer a crítica, talvez a mais corrosiva na literatura brasileira, aos padrões provincianos e sobretudo conservadores de nossa formação cultural? Na esteira da revolta do indivíduo (lembremos que Serafim, no prefácio de 1933, é também definido como "revoltoso") consolida-se a crítica oswaldiana à moral patriarcal, cuja eficácia segue correspondente à qualidade estética alcançada pela obra. A escrita antropofágica, ao se realizar contra os postulados da gramática normativa (incorporando a contribuição milionária do erro popular, o léxico de baixo calão, a nomeação do baixo corporal e do grotesco), coloca ao avesso o sentimento de autoridade do *pater familias*. A escrita antropofágica diz os interditos morais e sexuais, contra a chamada "Moral da Cegonha" inventada pelo patriarca puritano e alardeada, hipocritamente, na fachada da Casa-Grande. Trata-se de trazer à *consciência do discurso* os conteúdos reprimidos pela autoridade senhorial, articulando um protesto contra a "coação moral da indumentária" e a "falta de imaginação dos povos civilizados", como diria Pinto Calçudo, a exemplo, aliás, do que é sugerido no "Manifesto Antropófago".

O ataque antropofágico à família enquanto instituição, a nosso ver, dadas as características peculiares da formação da sociedade brasileira, acaba por extrapolar o campo da moralidade e atingir implicações de ordem econômica. Não afirmamos, aqui, tratar-se de um objetivo conscientemente planejado da Antropofagia, antes nos parecendo constituir um efeito indireto implicado na crítica cultural a que se propôs. Porém, criticar culturalmente o agrupamento familiar punha, *ipso facto*, sob suspeição determinações econômicas cuja legitimação se apoiava justamente na autoridade moral do patriarca, pouco alterada desde seu apogeu na consolidação do sistema econômico da Colônia. Daí poder-se falar, precisamente, numa "economia" patriarcal entre nós, em cujo centro se entrecruzam a família e a posse efetiva dos meios de produção.

SERAFIM NO FRONT: O SENTIDO REVOLUCIONÁRIO

Talvez se possa mesmo aventar que a enorme importância e solidez das relações familiais na antiga sociedade brasileira provenha do fato de proceder-se, em seu curso, à unificação de controles sociais cuja legitimidade emanava de fontes diferentes, nas quais se refletiam as duas "facetas" da sociedade brasileira: o lar e a empresa, amálgama de que se fez a grande propriedade fundiária[28].

(Não fica difícil supor a força desagregadora indesejável do ataque antropofágico às relações familiais, o seu caráter escandaloso para os interesses sociais da época, incluíndo-se aí os dos pobres, dependentes dos *favores* dos proprietários, se se tem em mente que, ainda ao final dos anos 1960, a revolução cultural colocada em prática pela mocidade estudantil nos países europeus, sobretudo na França, não tinha a mesma eficácia crítica nos países do Terceiro Mundo, notadamente no que se refere à contestação à rede de parentesco tradicional. E isso porque, como nos mostra Eric Hobsbawn, as populações desses países, e dentro delas sobretudo os seus segmentos mais marginalizados, dependiam efetivamente das velhas relações familiais, comunitárias e de vizinhança para a sua *sobrevivência econômica* e para o sucesso num mundo em rápida transformação[29].)

Isso posto, procuremos determinar o sujeito da Antropofagia. Quem estaria capacitado para colocar em funcionamento a "motoração" antropofágica devoradora de Tabus? Apenas em princípio, poder-se-ia dizer que é o "brasileiro"[30]. Realmente, todos os brasileiros?! Para já diminuirmos um pouco o grau de generalização: apenas aqueles, como diz o "Manifesto", "fortes e vingativos como o Jabuti". Pois se "a utopia é sempre um sinal de inconformação e um prenúncio de revolta"[31], ela depende para realizar-se de uma decisão e uma ação enérgicas.

28. Maria Sylvia de Carvalho Franco, *op. cit.*, p. 42.
29. Cf. Eric Hobsbawn, *Era dos Extremos: O Breve Século XX: 1914-1991*, trad. Marcos Santarrita, São Paulo, Companhia das Letras, 1995, pp. 328-329.
30. "Como não notar que o sujeito da Antropofagia – semelhante, neste ponto, ao nacionalismo – é o brasileiro em geral, sem especificação de classe" (Roberto Schwarz, "Nacional por Subtração", *op. cit.*, p. 38).
31. Oswald de Andrade, "A Marcha das Utopias", *op. cit.*, p. 209.

Na comunicação ao Primeiro Congresso Brasileiro de Filosofia, "Um Aspecto Antropofágico da Cultura Brasileira: O Homem Cordial", datada de 1950, Oswald sugere uma identificação entre o "homem cordial", conforme descrito por Sérgio Buarque de Holanda em *Raízes do Brasil,* e o antigo primitivo da sociedade matriarcal: "A periculosidade do mundo, a convicção da ausência de qualquer socorro supraterreno, produz o 'Homem Cordial', que é o primitivo, bem como as suas derivações no Brasil"[32]. Oswald esboça um perfil do primitivo/"homem cordial", no qual se indica o duplo aspecto assumido por esse indivíduo singular, propenso que é, a um só tempo, à solidariedade social, nascida da imanência do perigo pertinente à vida como devoração, e à agressividade, dirigida aos membros pertencentes a um outro clã.

O "homem cordial" é marcado, sobretudo, pela emoção ("ele sabe ser cordial, como sabe ser feroz", escreve Oswald), sendo, portanto, extremamente sensível ao movimento heterogêneo de idéias que o interpela. Dito por Sérgio Buarque de Holanda: "A vida íntima do brasileiro nem é bastante coesa, nem bastante disciplinada, para envolver e dominar toda a sua personalidade, integrando-a, como peça consciente, no conjunto social. Ele é livre, pois, para se abandonar a todo o repertório de idéias, gestos e formas que encontra em seu caminho, assimilando-os freqüentemente sem maiores dificuldades"[33].

Portanto, o sujeito por excelência da Antropofagia, o brasileiro, é um ser marcado pelo extremismo no comportamento. Traço caracterológico que comporta um nível alarmante de ambigüidade, de conseqüências imprevisíveis para o destino do movimento devorador uma vez colocado em marcha. Mesmo antes da Antropofagia, o "Manifesto da Poesia Pau-Brasil" já se referia, em passagem célebre, ao perigo imanente ao encontro entre o primitivo

---

32. Oswald de Andrade, "Um Aspecto Antropofágico da Cultura Brasileira: O Homem Cordial", *op. cit.*, p. 159.
33. Sérgio Buarque de Holanda, "O Homem Cordial", *Raízes do Brasil*, São Paulo, Companhia das Letras, 1995, p. 151.

e a técnica: "Tendes as locomotivas cheias, ides partir. Um negro gira a manivela do desvio rotativo em que estais. O menor descuido vos fará partir na direção oposta ao vosso destino". No caso específico da Antropofagia, a experiência histórica que terá a oportunidade de acumular, desde 1928 até seu desdobramento filosófico na década de 1950, lhe pemitirá divisar o rumo insuspeito em que desembocaria aquela ambigüidade de princípio, cordial/cruel. Estranhamente, no entanto, a Antropofagia dá seu fruto pervertido fora do Brasil, como observa, embasbacado, a personagem Jack de São Cristovão do romance *Marco Zero II: Chão*: "— A Antropofagia, sim, a Antropofagia só podia ter uma solução: Hitler! Eles [os antropófagos] cantavam o bárbaro tecnizado! E que é o bárbaro tecnizado senão Hitler?"[34]

Defrontamo-nos aqui, evidentemente, com um veio irracionalista da Antropofagia, cuja potencialidade negativa não deixa de acenar para uma possível desintegração do próprio movimento. Em outras palavras, a Antropofagia contém em suas entranhas o gérmen de uma eventual aniquilação futura (ouçamos mais uma vez Zaratustra: "Porque eles aprenderam mal, e não o melhor, e tudo cedo demais e tudo depressa demais: porque eles *comeram* mal, por isso veio-lhes esse estômago estragado; um estômago estragado, sim, é o seu espírito: é ele que aconselha a morte!"). A Antropofagia, entretanto, trata, por assim dizer, de "corrigir" aquela ambigüidade de princípio, com a introdução de uma nova componente, que é a especificação de classe da ação antropofágica. Nesse passo, o primitivo/"homem cordial", repositório de forças contraditórias e perigosamente incontroláveis, é substituído por um grupo de elite na qualidade de sujeito da Antropofagia. Tal se pode ler no "Manifesto Antropófago": "...só as puras elites conseguiram realizar a antropofagia carnal, que traz em si o

---

34. Oswald de Andrade, *Marco Zero II: Chão*, São Paulo, Globo, 1991, p. 210. Constatação que guarda certo paralelismo com outro *insight* vanguardista: "...sem dúvida, Salvador Dali, antes do início da Segunda Guerra Mundial, reconhecia em Hitler, 'o maior surrealista'" (Hans Magnus Enzensberger, "As Aporias da Vanguarda", *op. cit.*, pp. 110-111).

SERAFIM PONTE GRANDE E AS DIFICULDADES DA CRÍTICA LITERÁRIA

mais alto sentido da vida e evita todos os males identificados por Freud, males catequistas"[35].

Correção necessária que, todavia, embute em definitivo um impasse ideológico no cerne do pensamento antropofágico: o matriarcado de Pindorama é concebido, enquanto objetivo final, como uma sociedade sem classes e com partilha igualitária de bens; no entanto, a ação antropofágica, *de que depende a instauração do matriarcado de Pindorama*, é definida como um exercício elitista, vale dizer, somente realizável pela burguesia em sua alta qualificação. Salientemos, pois, as dimensões nitidamente ideológicas do movimento de 1928, a nosso ver, ainda pouco consideradas pela crítica. Nessa perspectiva, caberia lembrar a boa observação de Benedito Nunes a respeito dos antropófagos brasileiros: "Ideologicamente, eram contra as ideologias; opunham, segundo a fórmula do Manifesto de 28, que se insurgia contra as idéias 'cadaverizadas', a liberdade individual ao dogma e a existência concreta ao sistema"[36]. Consideração aguda que, todavia, não recebe desdobramento mais aprofundado em seus estudos dedicados à Antropofagia, como seria de desejar[37].

35. É possível que a especificação de classe já estivesse pressuposta, ainda que em estado latente, na tese mesma do "homem cordial" proposta por Sérgio Buarque de Holanda. É essa a opinião de Dante Moreira Leite, que vê no "homem cordial" uma descrição intuitiva do brasileiro de classe alta. Escreve ele em *O Caráter Nacional Brasileiro*, p. 292: "Isso fica muito claro quando se pensa na cordialidade: esta é, apesar de tudo que diz Sérgio Buarque de Holanda, relação entre *iguais*, entre pessoas de classe alta, e não relação entre o superior e o subordinado".
36. Benedito Nunes, *Oswald Canibal*, p. 51.
37. Estamos de acordo com o que escreve Gilberto Vasconcelos em *A Ideologia Curupira*, p. 145: "...Benedito Nunes, querendo redimi-la [a Antropofagia] dos lances irracionalistas, assinala no desfecho de uma série de artigos: 'Há coerência na loucura antropofágica – e sentido no não senso de Oswald de Andrade'. Tais juízos trazem evidentemente o perigo de se pensar que a antropofagia tenha sido uma corrente literária desprovida de contradições políticas e deformações ideológicas". Concordância nossa que não nos impede, entretanto, de reconhecer em Benedito Nunes o autor da obra mais estimulante e fecunda já produzida sobre o movimento antropofágico.

SERAFIM NO FRONT: O SENTIDO REVOLUCIONÁRIO

Claro está que a Antropofagia se pretende, em larga medida, uma antiideologia. Em "A Marcha das Utopias", por exemplo, em que se retoma o tema do matriarcado antropofágico, Oswald critica veementemente os sistemas ideológicos, responsáveis, a seu ver, pelo sufocamento das utopias revolucionárias. Apoiando-se em trabalho de Karl Mannheim (*Ideologia e Utopia*), Oswald estabelece uma oposição entre ideologia e utopia: a função da ideologia consiste em manter a ordem estabelecida, enquanto a utopia tende a se tornar subversiva, pois representa um anseio de romper a ordem vigente. Daí a *utopia antropofágica* insurgir-se contra todos os "messianismos", entre os quais Oswald acaba por incluir o marxismo militante soviético. Não obstante esse esforço de discernimento, é forçoso reconhecer, todavia, que o polêmico Oswald fala a partir de um lugar eminentemente ideológico (a ideologia antropofágica, se lícito for nomeá-la assim) contra todas as ideologias. Assim como, por outro lado, exercera uma crítica à estrutura literária, por meio de uma estrutura complexamente articulada.

Em ensaio admirável sobre "ciência e ideologia", Paul Ricoeur realiza uma descrição do fenômeno ideológico, colocando em destaque três funções da ideologia[38]. A pretensão do autor, nesse trabalho, é bastante ambiciosa: demonstrar, primeiramente, como nenhuma teoria social pode desvincular-se por completo da condição ideológica (não existe, segundo ele, um *lugar* não-ideológico, de onde seja possível falar cientificamente da ideologia; postulá-lo não passaria de um engodo); em seguida, propor uma hipótese substituta à clássica oposição entre ciência e ideologia, preterida em favor de uma relação dialética a ser estabelecida entre ambas. Conforme Ricoeur, todo saber está baseado num *interesse* (a noção de "interesse" é tirada de Habermas), já que toda ordem discursiva parte de um *lugar social*. Também a teoria crítica das ideologias está fundada num interesse, que é o da comunicação emancipada, isto

---

38. Cf. Paul Ricoeur, "Ciência e Ideologia", *Interpretação e Ideologias*, organização, tradução e apresentação de Hilton Japiassu, Rio de Janeiro, Francisco Alves, 1983, pp. 61-95; para o acompanhamento do que segue, especialmente pp. 67-75.

é, sem limites e sem entraves. Resta saber, todavia, se esse interesse funciona (nesse passo, Ricoeur fala com Mannheim) como uma ideologia ou uma utopia, o que só poderá, por sua vez, ser descoberto *a posteriori*, quando a história futura decidir entre as discordâncias estéreis e as discordâncias criadoras contidas na crítica das ideologias[39].

É objetivo de Paul Ricoeur compreender o fenômeno ideológico, não a partir de uma análise em termos de classes sociais e de classes dominantes, mas de uma reflexão capaz de "cruzar" Marx sem segui-lo nem tampouco combatê-lo. Articulado esse pensamento "a-marxista", o analista passa a dispor, supõe-se, de parâmetros para evitar, por um lado, cair numa polêmica estéril pró ou contra o marxismo, por outro, reduzir todos os traços da ideologia à função da deformação, ligada aos propósitos da autoridade e da dominação de classe. O modo pelo qual Ricoeur "cruza" Marx pres-

---

39. A propósito, cf. Karl Mannheim, *Ideologia e Utopia*, trad. Sérgio Magalhães Santeiro, Rio de Janeiro, Zahar Editores, 1968, pp. 219-220: "...determinar concretamente o que em um dado caso seja ideológico e o que seja utópico é extremamente difícil [...] O que em um dado caso aparece como utópico e o que aparece como ideológico, depende essencialmente do estágio e do grau a que se esteja aplicando esse padrão. Claro está que os estratos sociais representantes da ordem intelectual e social prevalecente irão experimentar como realidade a estrutura de relações de que são portadores, ao passo que os grupos de oposição à ordem presente irão orientar-se em favor dos primeiros movimentos pela ordem social por que lutam e que, por seu intermédio, se está realizando". Com efeito, para Paul Ricoeur é preciso ter sempre em mente o caráter indistintamente ideológico ou utópico que funda a crítica das ideologias. A sua leitura do citado *Ideologia e Utopia* (o original alemão é de 1929) leva-o a afirmar que as ideologias só diferem das utopias por "traços secundários": as ideologias são mais professadas pela classe dirigente, as utopias preferencialmente pelas classes ascendentes; as ideologias olham para trás, as utopias para a frente; enfim, as ideologias se acomodam à realidade que justificam e dissimulam, as utopias enfrentam a realidade e a fazem explodir. Sobre a distinção entre ideologia e utopia e suas implicações para a criticidade das ciências sociais, cf. também Florestan Fernandes, "Sobre o Trabalho Teórico"; entrevista à *Trans/form/ação*, n. 2, Revista de Filosofia da Faculdade de Filosofia, Ciências e Letras de Assis, São Paulo, 1975, pp. 64-65.

supõe um procedimento metodológico: *chegar* ao conceito de ideologia pertinente à análise em termos de classes sociais e de classe dominante, ao invés de *partir dele*. Em vista desse procedimento, o autor determina, seqüencialmente, três conceitos de ideologia, correspondentes a três funções ideológicas. É a individuação dessas funções que nos interessa aqui, particularmente, como referencial teórico para pensarmos, com maior cuidado, a espinhosa questão da ideologia (antiideologia) antropofágica. Em linhas gerais, tratemos pois de descrever essas funções.

A primeira função da ideologia examinada por Ricoeur é por ele denominada "função de integração". Ela está vinculada à necessidade do grupo social de conferir-se uma imagem de si mesmo, de auto-representar-se. Nesse sentido, é fundamental à ideologia a relação que uma comunidade histórica mantém com o ato fundador que a instaurou, por exemplo, a Declaração Americana dos Direitos, a Revolução Francesa, a Revolução Russa, a Revolução Cubana etc. A função ideológica de integração tem o papel de difundir a convicção do ato fundador para além de seus agentes históricos, convertendo-a num credo de todo o grupo. Cabe a ela também perpetuar a energia inicial do ato fundador para além do período de efervescência. Evidentemente, isso pressupõe uma *interpretação* do ato fundador, que o modela retroativamente mediante uma "representação" de si mesmo, permitindo que o ato possa sempre ser retomado e reatualizado. É a partir de uma "imagem idealizada" que um grupo se representa sua própria existência. Ao operar "atrás de nós" (segundo o autor, a ideologia é operatória e não temática, vale dizer, pensamos a partir dela, mais do que podemos pensar sobre ela), a ideologia argumenta no sentido de demonstrar que o grupo que a professa tem razão de ser o que é. Daí a função ideológica da integração ser necessariamente simplificadora e esquemática. Mais que um "reflexo", a ideologia é também "justificação" e "projeto". Ou, dito de outro modo, ela possui um "caráter gerativo", ou seja, um poder fundador de segundo grau, que se revela em sua capacidade de transformar um sistema de pensamento em sistema de crença.

Partindo da função de integração (a que Ricoeur estabelece como sendo a "função geral da ideologia") chega-se à segunda função da ideologia, a "função de dominação". Como visto, é próprio da função de integração perpetuar o ato fundador segundo o modo da representação, o que implica uma interpretação. Ora, o que a ideologia interpreta e justifica, por excelência, é a relação com as autoridades, com o que já se vincula aos aspectos hierárquicos da organização social. A função particular da dominação é decorrente, portanto, da conjunção entre a função geral de integração e o sistema de autoridade social. Ocorre que o ato fundador de um grupo, que se representa ideologicamente, é em essência político. Para que uma comunidade histórica se torne uma realidade política, observa Ricoeur, é preciso que ela seja capaz de decisão. Aí surge o fenômeno da dominação. Enfim, quando o papel mediador da ideologia encontra o fenômeno da dominação salta ao primeiro plano o caráter de dissimulação e de distorção da ideologia. Chega-se à terceira função da ideologia, à "função de deformação".

Trata-se do conceito propriamente marxista de ideologia: essencialmente, a idéia de uma distorção, de uma deformação por *inversão*. Como se sabe, para Marx, a religião é a ideologia por excelência, que não faz senão proporcionar-nos uma "imagem invertida da vida", enquanto inversão das relações do céu e da terra. A ideologia consiste, portanto, nesse menosprezo pelo processo de vida real, que faz com que se tome a imagem pelo real, o reflexo pelo original. Isso posto, Paul Ricoeur considera que a contribuição de Marx à crítica das ideologias consiste numa "especificação" do conceito de ideologia, que supõe os outros dois conceitos por ele destacados. Acresce que nem todos os traços da ideologia, referidos às funções de integração e dominação, transitam para a função de deformação, explicitada por Marx, à qual em geral se tende a reduzir o fenômeno ideológico. Em suma, a relação entre ideologia e dominação *é mais primária* que a relação entre ideologia e classes sociais, podendo eventualmente vir a sobreviver-lhe. Portanto, o que faz Marx é acrescentar, sobre aquele primeiro fundo prévio, a idéia de que a ideologia se aplica, privilegiadamente, à relação de dominação advinda da divisão em classes sociais e da luta de classes.

Descritas as três funções da ideologia, conforme a análise de Paul Ricoeur, podemos retomar a questão da Antropofagia. Antes, porém, não deixemos de frisar que a exposição resumida aqui apresentada não faz jus, evidentemente, à riqueza conceitual do ensaio de Ricoeur, do qual selecionamos apenas o essencial para o desenvolvimento de nosso argumento. Acreditamos, todavia, termos reproduzido com fidelidade as proposições que nortearam a prática de seu pensamento a-marxista. De fato, a compreensão que nos proporciona do fenômeno ideológico, compreendidas as suas nuanças sutis, sugere-nos uma via interpretativa fecunda para esclarecermos o movimento antropofágico, deslocando à margem seja o risco de uma abordagem ingênua, com supressão de suas dimensões ideológicas, seja o risco de tudo reduzir à "falsa consciência", subentendendo a preservação de interesses particulares de classe.

Comecemos pela função de integração. Ela está vinculada à necessidade de auto-representação do grupo social e tem no ato fundador a matéria-prima de sua produtividade ideológica. Ora, já vimos a importância que assume o ato fundador para o pensamento antropofágico. Quer-se revisitá-lo (o "português vestiu o índio") e invertê-lo (hipoteticamente: "o índio despiu o português"), com vistas à emancipação sociocultural do país periférico. Assinale-se a importância fundamental que a *interpretação* assume nesse contexto. Ela trabalha quase que sobre o vazio. O que funda, afinal, a sociedade brasileira? Por ser de resposta difícil (ou, para alguns arrivistas de plantão, de muitas respostas fáceis), a questão empurra a Antropofagia para as águas do mito. Aqui, o ponto de encontro com os românticos: a recuperação do tema do índio; ainda aqui, os rumos diversos: ao invés da idealização romântica, à cata de um substrato histórico para "preencher" de heroísmo um medievo inexistente, a função pragmática de que se reveste o mito no pensamento antropofágico, na linha de frente da crítica modernista à situação e ao complexo do colonizado. Não se tra-

SERAFIM PONTE GRANDE E AS DIFICULDADES DA CRÍTICA LITERÁRIA

ta, portanto, para a Antropofagia, de simplesmente construir um substrato, algo como uma substância pura da nacionalidade, em que o colonizado possa se mirar, *olhando para trás*, e se orgulhar de sua superior originalidade... O "caráter gerativo" da Antropofagia é preciso: canibalizar o acervo ocidental, desde o princípio e para além, produzindo o melhor produto cultural e a melhor sociedade, não opressiva. Daí lidar com um passado "trans-histórico", que confina com o futuro utópico, o passado pré-cabralino, o qual a Antropofagia *antepõe* e *pospõe* ao momento presente, com o que entrelaça o tempo sem memória do mito com o tempo esperançoso de uma utopia a concretizar[40].

40. Cf. Benedito Nunes, *Oswald Canibal*. pp. 23-24. A noção oswaldiana de tempo histórico é complexa e mereceria um estudo à parte. Como não nos é dado fazê-lo aqui, limitemo-nos a algumas indicações sumárias. Especificamente quanto à Antropofagia, Lucia Helena destaca o que, a seu ver, constitui uma regressão naquele movimento: o mosaico alegórico do "Manifesto" de 1928, em que prima a experimentação formal, transforma-se em *A Crise da Filosofia Messiânica* numa "espécie de narrativa ficcional submetida a leis evolutivas", ou, por outra, num "projeto de historiografar linearmente o desenvolvimento humano" (cf. Lucia Helena, *Totens e Tabus da Modernidade Brasileira: Símbolo e Alegoria na Obra de Oswald de Andrade*, Rio de Janeiro, Tempo Brasileiro; Niterói, UFF, 1985, pp. 192-193). Consideração que nos parece equivocada; conquanto o discurso fragmentário tenha sido, de fato, substituído por uma narrativa *formalmente* linear, Oswald não desconsidera em *A Crise...* a necessidade histórica da ruptura e da descontinuidade, contra a sucessão temporal contínua própria à historiografia dos vencedores. Pensamos que a leitura de Lucia Helena, no caso, esteja comprometida por certa rigidez de que se ressente o método por ela praticado: a produção oswaldiana é traduzida, invariavelmente, ou em um projeto simbólico de concepção da *mímesis* ("representação reprodutiva da realidade") ou em um projeto alegórico ("produção do real na linguagem"), postulados nesse contexto, por assim dizer, como os seus pólos negativo e positivo, respectivamente. Com isso, perde-se, muitas vezes, o cuidado com as determinações histórico-culturais de cada momento dessa produção, substituídas aí por juízos de valores conforme as espécies do projeto mimético supostamente privilegiadas pelo escritor. Escrevendo sobre *A Crise da Filosofia Messiânica*, Dirceu Lindoso nos oferece uma compreensão mais significativa da noção de tempo em Oswald: "...no texto oswaldiano a 'cronologia das datas' não se impõe imperativamente so-

A função ideológica de dominação deve ser analisada, com respeito ao pensamento antropofágico, em conexão necessária com a função de deformação. A análise de Paul Ricoeur assume uma importância fundamental para nós justamente nesse ponto. É ela que nos permite detectar uma oscilação na Antropofagia, nos termos propostos, entre as duas funções ideológicas. Oscilação que se verifica na determinação ambígua do sujeito da ação antropofágica. De fato, esse último tanto pode ser referido, ideologicamente, à função de dominação, de resto pouco especificada ("...porque somos fortes e vingativos como o Jabuti") quanto à função de deformação, com menção clara à posição de classe ("...só as puras elites conseguiram realizar a antropofagia carnal, que traz em si o mais alto sentido da vida..."). Pode-se argumentar, sem dúvida, que predomina no "Manifesto Antropófago" a aposta no "brasileiro" como o sujeito ativo da ação antropofágica, evidenciada no emprego generalizado da primeira pessoa do plural: "nunca tivemos gramáticas...", "queremos a Revolução Caraíba...", "nunca fomos catequizados...", "nunca admitimos....", "fizemos foi Carnaval...", "que temos nós com isso?", "somos fortes...", tínhamos adivinhação...", "somos concretistas....", "expulsamos a dinastia..." Aposta que, a

bre a 'cronologia das idéias'. Porque ao autor não interessa apenas a ordem das sucessividades dos fatos históricos, mas também as tramas das simultaneidades. Sua crítica ao discurso literário naturalista é significativa: 'A vida não é em ordem direta' [...] enquanto a 'cronologia das datas' é uma cronologia do fato histórico em sua sucessividade, a 'cronologia das idéias' é uma cronologia ideológica, situada num tempo reversível e, por conseguinte, a negação de qualquer idéia linear de tempo" (cf. Dirceu Lindoso, "O Nu e o Vestido", *A Diferença Selvagem*, Rio de Janeiro, Civilização Brasileira; Brasília, INL, 1983, p. 278). Cf. também, a respeito, o fragmento poético intitulado "Relógio", que faz parte do poema "Cântico dos Cânticos Para Flauta e Violão", escrito por Oswald em 1942: "As coisas são / As coisas vêm / As coisas vão / As coisas / Vão e vêm / Não em vão / As horas / Vão e vêm / Não em vão" (Em *O Santeiro do Mangue e Outros Poemas*, São Paulo, Globo, 1991, pp. 59-60). Comentando "Relógio", Sebastião Uchoa Leite nele destaca "a esperança dialética no movimento pendular da história e da vida" (citado por Luiz Costa Lima, "Oswald, Poeta", *Pensando nos Trópicos: (Dispersa Demanda II)*, Rio de Janeiro, Rocco, 1991, p. 218).

nosso ver, impede que se reduza, analiticamente, a Antropofagia à "falsa consciência" de classe. O que não significa, por outro lado, que elimine aquela intromissão embaraçosa – "só as puras elites..." –, origem de um impasse ideológico, cuja especificidade parece residir numa capacidade de insolubilidade, vale dizer, o impasse oscila, desliza entre a dominação e a franca deformação e vice-versa, mas *nunca chega a ser totalmente suprimido*, malgrado a devoração crítica do pensamento antropofágico.

Trata-se, em suma, de uma componente elitista da Antropofagia, cuja presença é rastreável também na "revolução malandra" de *Serafim Ponte Grande*. De fato, suas linhas se cruzam e cabe retomar o romance-invenção para demonstrá-lo. Ao analisarmos a unidade "Testamento de um Legalista de Fraque", colocamos em destaque a necessidade do dinheiro para o início da revolução pessoal de Serafim. A libertação que alcança seria, está claro, impensável sem esse impulso monetário inicial. Ademais, dinheiro surrupiado e colocado a juros altos. Ora, o subtexto disso é evidente: não basta ser "brasileiro" para obter a liberdade no mundo capitalista, é preciso, de alguma forma, possuir capital...

O fato de ser brasileiro, no entanto, não constitui, de forma alguma, um empecilho para nosso herói. Não fosse ele "forte e vingativo como o Jabuti", capaz por isso de colocar o sistema trabalhando a seu favor, dificilmente ascenderia à posição de "pura elite". Serafim julga possuir mesmo um caráter diferencial. Já na França, ao tentar seduzir Dona Branca Clara, solicitando-lhe um *après-midi* amoroso, sai-se com este "irresistível" argumento: "...levareis no vosso corpo o orgulho de teres sido amada. O orgulho de teres sido amada por um legítimo brasileiro. A senhora sabe que um brasileiro é geralmente diferente dos outros"[41]. Um brasileiro, sem dúvida, e no entanto... um brasileiro-em-evolução. O caráter do "nosso herói", digamos, lastreado por uma nacionalidade específica, constitui o que podemos chamar um não-caráter. Isto é, não compõe uma substância, passível de ser reatualizada suces-

41. *SPG*, p. 110.

SERAFIM NO FRONT: O SENTIDO REVOLUCIONÁRIO

sivamente em termos discursivos, preservadas sempre as suas condições originais, posto tratar-se de um caráter semovente, *em constante transformação*. Isso fica muito claro no episódio do cachorrinho Pompeque, no diálogo que Serafim mantém com o juiz Salomão, do "Tribunal dos Cachorros" da França, país em que se dá a ocorrência[42].

Convocado a depor no Tribunal devido a um acidente de trânsito envolvendo o cachorrinho Pompeque, Serafim Ponte Grande, dono do animal, é de imediato tomado pelo juiz como sendo um cidadão francês. Ao que responde o herói: "Eu não sou de França, Excelência!" E completa, fazendo menção a um *processo de refinamento progressivo do ser brasileiro*, desencadeado desde a descoberta: "Venho através de algumas caldeações, procurando refinar o tronco deixado numa praia brasileira por uma caravela da descoberta". O caráter diferencial do brasileiro, reclamado pelo próprio Serafim como penhor de identidade e vantagem amorosa certa para Dona Branca Clara, é aqui sumariamente aniquilado. Os famigerados estereótipos do caráter nacional são de tal sorte suprimidos, que o juiz Salomão julga estar sendo zombado por Serafim, que teima em declarar-se brasileiro: "– Ná! Ná! Ná! Está a gracejar? Mas a mim que vivo de conhecimento e argüição do bicho homem não me ilude. Quer por ventura afirmar que o princípe da Gran-Ventura que o Tout Páris admira vem dos sertões de Pau-a-Pique?" Serafim insiste e precisa o lugar de origem: "– São Paulo é minha cidade natal". Não convence, porém, o juiz Salomão, que forceja por atribuir uma nacionalidade a Serafim, que poderia ser qualquer uma, aliás, desde que não a brasileira, decerto considerada desprovida de *glamour*: "– A Chicago da América do Sul. Mas nunca me convencerá que a sua desenvoltura que tão preciosa torna a sua estadia entre nós, é originária do Anhangabaú! Guarde para desespero de sua modéstia esta pequena verdade: o meu amigo vem de Florença. E sabe de que Florença? Da dos Médici".

42. Cf. *SPG*, pp. 113-114.

Que podemos concluir desse episódio? Ele nos apresenta uma situação ficcional em que podemos reconhecer um procedimento já verificado na Antropofagia: a substituição do sujeito do movimento emancipatório, em princípio, o brasileiro, por outro sujeito, realmente capacitado, o sujeito pertencente às "puras elites". Duas observações a esse respeito. Primeira: a especificação de classe, embora problematize, não suprime a eventual afirmação da potencialidade revolucionária brasileira, de onde a oscilação ideológica presente no "Manifesto" de 1928 e também no *Serafim*[43]. Segunda observação: à oscilação ideológica, ou melhor, contra ela, segue o desencadear de um movimento permanente, com vistas à renovação contínua da experiência pessoal. Eis o recurso à viagem redentora.

Serafim Ponte Grande, o "livro de viagem por excelência", como escreveu Antonio Candido. Para a boa economia deste capítulo, devemos nos deter na última delas, o périplo sem fim de *El Durasno*. Salientemos, todavia, o caráter dessacralizador que define os roteiros serafinianos. Eles podem combater a "Moral da Cegonha", por exemplo. É esse o caso, em grande medida, da estadia em Paris. Do alto do Arco do Triunfo, brada o herói à cidade-luz, "ajoelhada" a seus pés: "Dás dobrado o que as outras capitais oferecem! Ao menos, dentro de tuas muralhas, se pode trepar sossegado!"[44] A irreverente proclamação (no Arco do Triunfo!) ganha relevância se aproximada à passagem do livro de memórias do autor. Ali, Oswald fala da descompressão moral que lhe proporcionou a primeira viagem à Europa (lugar onde "o amor nunca foi pecado"), realizada quando ainda bastante jovem. A oportunidade de conhecer o velho continente livrou-o do ambiente doméstico ("...no Brasil tudo era feio, tudo era complicado..."). E o escritor anota, aliás, muito elucidativamente: "Quando Sera-

---

43. Cf. *SPG*, p. 76: "Tenho um canhão e não sei atirar. Quantas revoluções mais serão necessárias para a reabilitação balística de todos os brasileiros?"
44. *SPG*, p. 103.

SERAFIM NO FRONT: O SENTIDO REVOLUCIONÁRIO

fim Ponte Grande, recém-chegado a Paris, dizia que agora podia trepar, exprimia o meu desafogo..."[45]

A dessacralização pode se referir, ainda, à moral religiosa. A viagem ao Oriente é exemplar, nessa perspectiva, com seus últimos quinze dias reservados para "uma grelada na Terra Santa"[46]. As impressões sugeridas pelos diferentes lugares são fixadas num "estilo descritivo cubista" (Haroldo de Campos), anteriormente experimentado no *Miramar*, com o que se compõe uma sorte de painel de ruínas do mundo cristão, com sentido pejorativo. Explicitamente, há ataques frontais ao cristianismo, sob a forma moderníssima de "informações turísticas": "Um padre bem vestido informava para um bando internacional de Kodaks que Cristo escolhera o país estéril, a fim de não estragar com a maldição de Deus uma Suíça ou uma Itália [...] Entre o Jordão magro e sujo e a sombra de salgueiros, o padre dos turistas dissera que só tomaria banho para salvar a humanidade em Água de Colônia". A par de o "humanismo" cristão ser colocado à prova, diálogo de Serafim com dois soldados curdos em Jerusalém trai a intencionalidade oswaldiana de reescrever a história cristã "à brasileira". À pergunta de Serafim pelo Santo Sepulcro, os soldados entabulam um esclarecimento que nos remete a um aforisma do "Manifesto Antropófago": "– Não há nenhum Santo Sepulcro.../ – Como? / – Nunca houve. / – E Cristo? / – Quem? / O outro esclareceu: / – Cristo nasceu na Bahia".

Vindo a *El Durasno*, a ação tem em Pinto Calçudo o seu principal articulador. Já no título da unidade, "Os Antropófagos", evidencia-se a ligação com o movimento de 1928. O romance-invenção termina com uma *viagem primitivista*, por sua vez, anúncio de uma nova era[47]. É uma viagem devoradora de Tabus. "Essas proibições – define Freud em *Totem e Tabu* (1912) – dirigem-se principalmente contra a liberdade de prazer e contra a liberdade de movimento e comunicação. Em alguns casos têm um significado compreensível e

45. Oswald de Andrade, *Um Homem Sem Profissão: Sob as Ordens de Mamãe*, São Paulo, Globo, 1990, p. 78.
46. Cf. *SPG*, pp. 139-146.
47. Cf. *SPG*, pp. 159-161.

SERAFIM PONTE GRANDE E AS DIFICULDADES DA CRÍTICA LITERÁRIA

visam claramente a abstinências e renúncias"[48]. Daí a voracidade da viagem transatlântica de El Durasno, seu apelo à imaginação desenfreada, à sexualidade desimpedida, ao movimento sem porto final. Conforme Freud, o homem primitivo é "desinibido"; nele, o ato constitui um substituto do pensamento, isto é, "o pensamento transforma-se diretamente em ação"[49].

No caso de El Durasno, no entanto, trata-se de uma ação com nítido viés elitista. Quem promove e participa dessa experiência emancipatória e constitui a "humanidade liberada" a bordo da nave? Essa humanidade se compõe de pessoas extraídas, quase que exclusivamente, da pequena-burguesia brasileira. Onde foram parar os índios e negros convocados a "sapecar fogo" na Revolução de 1924? Eles cedem lugar, aqui, à gente capaz de soletrar Havellock Ellis e Proust, deformar Camões e assim incitar a "ereção da grumetada", toda ela originária de um país, não custa lembrar, onde vicejam o analfabetismo e a miséria social.

Acompanhemos os passos dessa "revolução... puramente moral". Ela se inicia com uma transgressão ao princípio patriarcal da propriedade privada, levada a efeito por Pinto Calçudo, auxiliado por uma messalina e um comandante de transatlântico aposentados: "Planejaram ali um assalto à nave El Durasno em áceos arranjos nos diques de Belfast"[50]. A tal expropriação não falta um toque

48. Sigmund Freud, Totem e Tabu, Edição Standard Brasileira das Obras Psicológicas Completas de Sigmund Freud, trad. Órizon Carneiro Muniz, Rio de Janeiro, Imago Editora Ltda, 1974, vol. XIII, p. 41.

49. Idem, p. 191. Também para Serafim, exemplo acabado de um "primitivo duma era nova", conforme a conhecida expressão de Mário de Andrade, o pensamento só é útil quando transformado em ação guerreira, contra o "tédio especulativo" do gênio: "Eu sou uma forma vitoriosa do tempo. Em luta seletiva, antropofágica. Com outras formas do tempo: moscas, eletro-éticas, cataclismas, polícias e marimbondos! Ó criadores das elevações artificiais do destino eu vos maldigo! a felicidade do homem é uma felicidade guerreira. Tenho dito. Viva a rapaziada! O gênio é uma longa besteira" (SPG, pp. 150-151).

50. "A lei da gravidade nos garante a posse de um pedaço do planeta, enquanto vivermos. Disso à noção de propriedade, de título morto, de latifúndio e de herança, nunca! Somos contra tudo isso". Oswald de

malandro: "Combinaram a alta oficialidade comprada". De posse da nave e, reunida a marinhagem em "pelotão freudiano", segue-se a "reação contra o homem vestido", como é proposto no "Manifesto" de 1928, para suprimir a roupa ("o impermeável entre o mundo interior e o mundo exterior", segundo o mesmo "Manifesto"): "Seguiu-se um pega em que todos, mancebos e mulheres, coxudas, greludas, cheirosas, suadas, foram despojadas de qualquer calça, saia, tapacu ou fralda". Nus, os tripulantes exercitam-se sexualmente, incluíndo-se aí as práticas homossexuais.

As reações contrárias à nova sociedade instituída, "base do humano futuro", são sumariamente eliminadas: "Um princípio de infecção moralista, nascido na copa, foi resolvido à passagem da zona equatorial [...]. Foi ordenado que se jogasse ao mar uma senhora que estrilara por ver as filhas nuas no tombadilho que passara a se chamar tombandalho". Enfim, Pinto Calçudo, nu e de boné, na sala das máquinas, protesta contra "a coação moral da indumentária" e a "falta de imaginação dos povos civilizados", num "último apelo imperativo", que é também a última palavra de ordem em termos da organização social colocada em prática.

A idéia de fundação, evidentemente, anima o movimento narrativo de "Os Antropófagos". Já nos referimos, páginas atrás, à problemática do ato fundador, que em *Serafim* comparece, em princípio, amparada numa metáfora solar. Trata-se, muito provavelmente, de uma alusão ao "poder fecundante" dos trópicos, à América, em suma, como o espaço vivo da utopia. Veja-se, tendo em conta essa perspectiva, a instigante interpretação sugerida por Dirceu Lindoso para a unidade de que tratamos:

No capítulo final do *Serafim Ponte Grande* a experiência utópica a bordo de um transatlântico reproduz, em termos metafóricos, as viagens dos des-

Andrade, "A Psicologia Antropofágica", in *Os Dentes do Dragão*, p. 54. A teoria da posse contra a propriedade, discutida pela Antropofagia, é recuperada depois em *Marco Zero*. A propósito, cf. Maria Eugenia Boaventura, "Oswald de Andrade, A Luta da Posse Contra a Propriedade", em Roberto Schwarz (org.), *Os Pobres na Literatura Brasileira*, São Paulo, Brasiliense, 1983.

cobrimentos do Novo Mundo, realizadas pelos navegantes dos séculos XV e XVI. No caso, o hemisfério norte se define como o hemisfério patriarcal, e o hemisfério sul como o hemisfério matriarcal. A nave *El Durasno* é a metáfora tecnicizada da "selva matriarcal". A visão vespuciana domina esse universo antropofágico. O viver *secundum naturam* é a experiência nova dessa "humanidade liberada" a bordo, e que foge constantemente ao "contágio policiado dos portos"[51].

A História se repete, não como farsa ou tragédia, mas pretensamente invertida. Agora, por assim dizer, é a vez do sol ("lá fora, quando secar a chuva, haverá o sol..."), e o homem nu regressa à cena contemporânea, no empuxo da revolução moral e das novas possibilidades proporcionadas pela técnica moderna. Não deixemos, aliás, escapar este detalhe: é "ante a cópula mole e geométrica dos motores" que Pinto Calçudo discursa contra a indumentária e a falta de imaginação do mundo ocidental, vale dizer, seu protesto *tem o respaldo das máquinas*, cujo funcionamento ininterrupto é a garantia do ócio para aqueles marinheiros privilegiados.

As limitações da revolução a bordo da nave são, no entanto, de fato muito grandes. A "humanidade liberada" não passa, em verdade, de uma "sociedade alternativa". Ela não implica, de forma alguma, a transformação do mundo. A microssociedade nua em pêlo no "tombandalho" de *El Durasno* não hesita em participar das relações econômicas concretas do mundo civilizado que repudia. Assim como Serafim Ponte Grande não prescindiu do dinheiro confiado a Pombinho para iniciar sua revolução pessoal, os passageiros da nave, descapitalizados, tomam carregamentos a crédito para sobreviverem. Eles prosseguem em viagem transatlântica, num exercício radical de liberdade, entremeado, no entanto, por "gritinhos cínicos" a recordar "fingidos pudores", enquanto o restante do mundo permanece inalterado em suas estruturas de poder.

A nova "visão do paraíso" proporcionada pelo redescobrimento do Novo Mundo é uma visão que tem seu enfoque circunscrito pelo quadro histórico dos anos 1920. Quer dizer, também ela se

---

51. Dirceu Lindoso, "O Nu e o Vestido", *op. cit.*, p. 284.

afirma por entre as aberturas do sistema socioeconômico, historicamente determinado, sofrendo as mesmas pressões às quais se ajusta a "revolução malandra" detonada por Serafim. A "desordem perene" de *El Durasno*, coexistente à ordem vigente, troca o sinal aos padrões morais então legitimados. É pouco, bem pesadas as coisas. A "humanidade liberada" depende, para sua sobrevivência concreta, de capital oriundo da sociedade que rejeita (liqüidá-la significaria a própria extinção....), o que compromete, na base, a possibilidade de uma expansão de sua proposta libertária, cujo alcance, portanto, fatalmente deverá permanecer restrito a uma minoria, às "puras elites", enfim.

Enquanto atualização ficcional de um ato fundador, "Os Antropófagos" participa de um conjunto literário cujo ponto comum é a recorrência a um *topos* muito caro à literatura brasileira. Fala-se, aqui, "do tema épico, básico na literatura brasileira, de uma cena de fundação geralmente acompanhada da visão profética de um futuro nacional grandioso"[52]. Essas "cenas proféticas de fundação", observa Flora Süssekind, foram extraídas, originalmente, do livro VI da *Eneida*, onde o tema da viagem ao mundo dos mortos (tomado de empréstimo, por sua vez, da tradição helênica, homérica, platônica e pitagórica) é redimensionado por Virgílio sob o novo "aspecto misto de cena de fundação e de afirmação de futura grandeza imperial". Assim configurado, o motivo exerceria forte influência na poesia narrativa brasileira e nas tentativas épicas locais desde o período colonial. E teria longa carreira. Utilizado como recurso, entre os escritores da Colônia, para anunciar uma "grandeza americana" por vir (de que é exemplo o *Caramuru*, de Santa Rita Durão), o *topos* da "cena profética de fundação" é, posteriormente, "nacionalizado" pela épica romântica (são exemplos *A Confederação dos Tamoios*, de Gonçalves de Magalhães, e *Colombo*, de Manuel de Araújo Porto-Alegre), chegando a ser recuperado, enfim, pelos moder-

---

52. Flora Süssekind, "Cenas de Fundação", em Annateresa Fabris (org.), *Modernidade e Modernismo no Brasil*, Campinas, Mercado de Letras, 1994, p. 70.

SERAFIM PONTE GRANDE E AS DIFICULDADES DA CRÍTICA LITERÁRIA

nistas, os quais promoveram, por vezes, uma sorte de "rebaixamento literário" do horizonte épico idealizado, através de glosas ou de citações paródicas[53].

Parece-nos que a unidade final de *Serafim*, "Os Antropófagos", indubitavelmente encerra uma "cena de fundação", conforme a proposta de Flora Süssekind. Cabe a nós levar um pouco adiante o argumento e colocar a pergunta acerca de seu conteúdo profético. *El Durasno* carreia em si a promessa de um futuro nacional grandioso? A análise empreendida neste capítulo sobre a "revolução malandra" e as contradições ideológicas da Antropofagia leva-nos a responder que não. *El Durasno* constitui uma experiência elitista. Assim como a história revolucionária do funcionário público Serafim Ponte Grande, a "desordem perene" da viagem de Pinto Calçudo não faz senão apontar para a inexistência de condições objetivas para uma revolução transformadora, de baixo para cima, no Brasil dos anos 1920.

É lugar-comum na crítica literária brasileira acentuar a espantosa tristeza que toma conta das últimas páginas de *Macunaíma*. Depois de tantas estripulias, a que não faltam sal e muito humor, o "heroi de nossa gente" acaba semidevorado pela Uiara e, convencido então de que "este mundo não tem jeito mais", sobe ao céu, transformado numa constelação de brilho inútil[54]. Com rela-

53. *Idem*, p. 69: "Não é de estranhar, aliás, que numa literatura pautada por uma repetida necessidade de autodelimitação e de produção e reforço de uma identidade nacional coesa – diretamente proporcionais, é claro, ao desenraizamento, ao dilaceramento, que, no entanto, a definem –, exatamente as "cenas de fundação" tenham se convertido em motivo privilegiado e de especial longevidade". Os exemplos de "cenas de fundação" citados por Süssekind com respeito à literatura modernista são os seguintes: *Martim Cererê*, de Cassiano Ricardo; *Cobra Norato*, de Raul Bopp; *Macunaíma*, de Mário de Andrade (especificamente o seu capítulo central, "Carta pras Icamiabas") e o *Serafim Ponte Grande* (especificamente o episódio de *El Durasno*, "espécie de utopia móvel de Oswald de Andrade").

54. Para o cineasta Joaquim Pedro, que filmou a rapsódia mario-andradina, *Macunaíma* é "a história de um brasileiro que foi comido pelo Brasil" (cf. Heloísa Buarque de Holanda, *Macunaíma: Da Literatura ao Cinema*, apre-

ção a *Serafim Ponte Grande*, ao que sabemos, não existe nenhuma avaliação de teor comparável à referida. Não obstante, não nos parece que *El Durasno* constitua propriamente um *happy end* oswaldiano... Não se quer, aqui, negar a felicidade ("guerreira") e o humor transbordantes que dão, por assim dizer, o tom geral do romance-invenção, também esteticamente convincente. A alegria: a "prova dos nove" do "Manifesto Antropófago"! Essa predisposição para o humor permanente, todavia, não elimina certo "vazio" que ronda, tal um fantasma, a viagem de *El Durasno*. Algo, enfim, como o perigo iminente de uma devoração autofágica, a autodestruição vinda na esteira de um movimento que se quer absurdamente infinito. A experiência da "humanidade liberada", no caso, é uma experiência frágil, está claro, nutrida da seiva mais prezada pelo próprio inimigo, e não deixa, por isso, entre os gritinhos cínicos gritados em língua francesa, a peste simulada a bordo, a nudez, o sexo, os abacates dos cais tropicais, de emitir também o seu "brilho bonito mas inútil".

Uma leitura abrangente dos escritos de Oswald, produzidos em diversas fases de sua vida conturbada, permite entrever o intelectual dividido entre a crença no potencial revolucionário do povo ("com o seu sangue, o povo liquida situações e pode derrubar governos e sistemas")[55], e a descrença na capacidade de mobilização desse mesmo povo, com a chocante constatação de que "apenas nas classes altas se esboça um movimento de liberdade de idéias correspondente à evolução moral do mundo"[56].

Eis-nos de volta, por outra via, ao impasse ideológico contido na Antropofagia. Mas não só: ele é, em verdade, um elemento de tensão ideológica constante na literatura oswaldiana, sobretudo quando essa tende, de maneira muito pronunciada, diga-se assim,

---

sentação de Leandro Tocantins, depoimentos de Mário de Andrade e Joaquim Pedro de Andrade, Rio de Janeiro, José Olympio, Empresa Brasileira de Filmes, 1978, p. 113).

55. Oswald de Andrade, "O Coisa", *Ponta de Lança*, p. 92.
56. Oswald de Andrade, *Um Homem Sem Profissão: Sob as Ordens de Mamãe*, p. 78.

à participação sociopolítica. Mal digerido, o impasse sofre o ataque oswaldiano, sob a forma do partido do "movimento permanente". Em *Serafim Ponte Grande*, especificamente, são as viagens e a viagem sem fim de *El Durasno* que procuram dissolver as contradições ideológicas no poço sem fundo da voracidade antropofágica, na experiência pessoal renovada *ad infinitum*. Contra o impasse é também a disposição do escritor de não "voltar para trás", como diz no prefácio de 1933, procurando acertar o passo com a História – "sempre para a frente". Atente-se bem, porém: "para a frente", aqui, não significa evolução linear, mas apenas a reivindicação contínua à aventura pessoal, marca registradíssima de Oswald de Andrade. De fato, sua produção intelectual caracterizou-se pelo desejo de transformar-se um dia em ação, o que muitas vezes implicou reviravoltas polêmicas: dos primeiros experimentos modernistas, ou quase, passando por outras tentativas literárias, nem sempre bem-sucedidas, o teatro de tese, o romance mural, os poemas longos nos quais se conjugam "lirismo e participação", depois o ensaio filosófico e, em 1950, a transformação do literato em político – desejo de intervenção prática[57].

---

57. Cultura e política não se equivalem. Identificá-las sem mais só pode resultar numa "ingênua politização da cultura" e presidir o divórcio entre ambas, através de uma mera substituição categórica. Portanto: "A solução mais coerente, neste caso, é a inteira conversão do intelectual em político" (Edoardo Sanguineti, "Vanguarda, Sociedade, Compromisso", *Ideologia e Linguagem*, trad. António Rosa e Carmem Gonzalez, Porto, Portucalense Editora, 1972, p. 76).

III

A Invenção no Romance

1
Não-livro?

> *Escritores não me levam a sério, nem sequer me consideram também escritor; nunca consegui ser capitalista, tampouco comerciante.*
>
> Oswald de Andrade[1].

À parte o que possam conter de ressentimento do escritor então mal de saúde, já ao término de sua vida/obra e ciente do desprestígio de sua produção literária, essas palavras de Oswald de Andrade, com as quais abrimos este capítulo, são de importância para que venhamos à questão do lugar "marginal" ocupado por *Serafim Ponte Grande* na literatura brasileira. Marginalidade a que supomos, hoje, menos identificável pela rejeição do leitor ao romance-invenção (o que vale dizer ter ele já encontrado, não obstante sua "negatividade", certo espaço no mercado nacional) do que pela ruptura, de fato, alcançada em relação à tradição estética naturalista.

Curtição privada, entretenimento entre outros, o romance-invenção, hoje, não assusta mais ninguém, sua inserção cultural es-

---

1. Oswald de Andrade, *Correio Paulistano*, São Paulo, 11 de novembro de 1953. Citado por Maria Eugenia Boaventura, *O Salão e a Selva: Uma Biografia Ilustrada de Oswald de Andrade*, Campinas, Editora da Unicamp; São Paulo, Editora Ex Libris, 1995, p. 249.

SERAFIM PONTE GRANDE E AS DIFICULDADES DA CRÍTICA LITERÁRIA

pecífica diluída no vale-tudo da cultura "pós"-moderna (seja porque, supõe-se, todas as obras apresentam um fato qualitativo mais ou menos equivalente, seja porque, em princípio, todas podem gerar lucros). A queixa de Oswald, entretanto, dirige-se a um tempo outro, o que exige, por parte do analista, o esforço de reconstituição, ainda que genérica, do horizonte de expectativas então vigente. De fato, que significa o aludido não-reconhecimento senão que Oswald não teria cumprido, conforme as expectativas de seus contemporâneos, as exigências cabíveis à função de escritor?

Como é sabido, no Brasil justificou-se, historicamente, a posição social do escritor segundo a "vocação patriótico-sentimental" empenhada na afirmação do país independente; vocação que o público leitor, de sua parte, logo constitui como "critério de aceitação e reconhecimento do escritor"[2]. Essa função social do escritor, cantor sentimental de sua pátria, decerto foi desativada pela racionalização do sistema capitalista e seu emprego mais "pragmático" do tempo. É possível, todavia, detectá-la presente na cena modernista, particularmente, enquanto exigência dirigida à literatura oswaldiana.

Veja-se, por exemplo, o que argumentava Carlos Drummond de Andrade em 1925, a título de colaboração sua ao "Mês Modernista" patrocinado pelo jornal carioca *A Noite*:

> Ainda tenho fé de vê-lo escrevendo como todos nós, nem os neologismos absurdos de *Miramar* nem os balbuciamentos de *Pau Brasil* [...] talvez sem saber, Oswald de Andrade está se sacrificando para que amanhã os nossos meninos tenham uma poesia com a cor e o cheiro do Brasil[3].

Ora, de argumento em tudo semelhante se valeria Manuel Bandeira – duas décadas depois! – para justificar a não-inclusão da

2. Antonio Candido, "O Escritor e o Público", *Literatura e Sociedade*, São Paulo, Editora Nacional, 1980, p. 81.
3. Carlos Drummond de Andrade, "O Homem do Pau Brasil", em Marta Rosseti Batista *et. al.* (org.), *Brasil: 1º Tempo Modernista – 1917/29 – Documentação*, São Paulo, Instituto de Estudos Brasileiros, 1972, p. 239.

poesia de Oswald em sua *Apresentação da Poesia Brasileira*; segundo Bandeira, Oswald teria feito poesia

menos por verdadeira inspiração do que para indicar novos caminhos [...] são versos de um romancista em férias, de um homem muito preocupado com os problemas de sua terra e do mundo, mas, por avesso à eloqüência indignada ou ao sentimentalismo, exprimindo-se ironicamente, como se estivesse a brincar[4].

Desvalorizada em si mesma, a obra modernista de Oswald de Andrade é resgatada por seus comentadores somente como contribuição (um "sacrifício", na interpretação drummondiana) à constituição futura da literatura brasileira. Amparados numa concepção substancialista da realidade nacional e, de par, numa visão teleológica de sua literatura (nitidamente, opera-se aí com a idéia de "formação"), tanto Drummond quanto Bandeira acusam na poesia oswaldiana uma falta de adequação ao que, *já prévia e independentemente dela*, seria a "nossa" essência: "...a cor e o cheiro do Brasil"!

A poesia oswaldiana, propriamente, *não é* poesia brasileira, mas abre caminho para que, *futuramente*, outros escritores possam fazê-la de modo correto. Os "neologismos absurdos" do *Miramar*, as "expressões irônicas" e, talvez sobretudo, a "brincadeira" de *Pau-Brasil* são vistos como interferências danosas à boa tradução do referente visado.

Ora, já vimos no capítulo 1 como o critério nacionalista mostrou-se desastroso, para dizer o mínimo, no que se refere à inteligência do legado oswaldiano. Não pretendemos retomar, aqui, esse tópico. Certamente também não intencionamos culpar os poetas coevos ao autor por "sociologismo" em suas análises, cobrando-lhes uma conduta teórica pertinente à nossa própria atualidade. Em verdade, o objetivo é outro: destacar como pano de fundo geral e

---

4. Manuel Bandeira, *Apresentação da Poesia Brasileira*, Rio de Janeiro, Casa do Estudante do Brasil, 1946, pp. 148, 151. Para uma crítica consistente à posição de Bandeira, cf. Haroldo de Campos, "Uma Poética da Radicalidade", em Oswald de Andrade, *Pau-Brasil*, São Paulo, Globo, 1991.

SERAFIM PONTE GRANDE E AS DIFICULDADES DA CRÍTICA LITERÁRIA

inteligivelmente necessário para a análise, o padrão de produção e recepção predominante, a partir do qual a obra modernista de Oswald foi, em princípio, rechaçada e conduzida ao ostracismo. E considerada, em última instância, não-literatura.

Promessa de um *outro* vir-a-ser literário, Oswald é reconhecido por seus pares como um certo modo de ausência, definido por sua indefinição radical: Oswald, não-escritor de não-livros! Vejamos *Serafim*, caso exemplar, nessa perspectiva. Antonio Candido, responsável pelo primeiro ensaio realmente importante sobre a ficção oswaldiana ("Estouro e Libertação", de 1945), já por nós analisado, referiu-se ao *Serafim Ponte Grande* como "fragmento de grande livro". Embora o indubitável reconhecimento, por parte do crítico, das qualidades estéticas da obra (*Serafim*... "tem muito de grande livro"), ela restava apreendida, ao cabo, como falha e falta. "Fragmento de...", *ausência* de características de grande livro; "tem muito de...", mas não o é, de fato.

Serafim Ponte Grande adentra o mundo literário colocando-o em causa, esquivo às suas redes de classificação convencionais. Oswald estava, ao que nos parece, ciente do problema, como o pode demonstrar sua proposta pessoal de definição: *Serafim* é "invenção"[5].

Coube a Haroldo de Campos, em seu notável "*Serafim*: Um Grande Não-Livro", redimensionar a proposição de Candido e retirar-lhe o travo pejorativo. De "fragmento de grande livro" *Serafim* passa então a "grande não-livro de fragmentos de livro". Estaria aí a "vocação profunda" da empresa oswaldiana: elaborar um "antili-

---

5. A propósito, leia-se Fábio de Souza Andrade, "De Jangadas e Transatlânticos: Com Quantos Paus se Reforma o Romance", *Revista de Letras*, vol. 30, São Paulo, Editora Unesp, 1990, p. 28: "Da mesma forma que Mário de Andrade com sua 'rapsódia', *Macunaíma*, também Oswald de Andrade recusava-se a chamar 'romances' *Memórias Sentimentais de João Miramar* ou *Serafim Ponte Grande*. Em exemplar dedicado pelo autor a um crítico, a palavra 'romance' foi riscada e substituída por *invenção*. Ao contrário de 'rapsódia', invenção não tem conteúdo semântico preciso, nem tradução como termo técnico que defina alguma forma literária conhecida". Cf. também nossa nota 8 no Capítulo II.

vro", composto da acumulação paródica de modos tradicionais de fazer livro. "Não-livro", portanto, segundo Haroldo, como *investimento metalingüístico*, crítica do livro pelo livro, mais precisamente, do "romance" pelo "romance-invenção" – originalíssima forma, oswaldiana, de criação do "novo" em literatura.

É importante notar, chegados a esse ponto, o seguinte: o reparo de Haroldo de Campos à crítica primeira de Candido mantém o pressuposto do inacabamento essencial de *Serafim Ponte Grande*, conquanto trate-se agora de demonstrar sua positividade, sua potencialidade estética *sui generis*. Em passagem importante de seu ensaio, Haroldo define o modo-de-formar oswaldiano (de que depende a eficácia de sua função metalingüística) como uma "técnica de citações" estrutural, sem eleição privilegiada de algum tipo catalogado de prosa, todos de igual sorte usados e descartados, conforme os movimentos narrativos do *"continuum* da invenção" detonado pelo escritor. Vale a pena citar o trecho a que nos referimos:

> Cada um desses excertos ou *trailers* de livros virtuais funciona, no plano macrossintagmático, no plano do arcabouço da obra, como uma alusão metonímica a um determinado tipo catalogado de prosa, convencional ou pragmática (de uso cursivo), que nunca chega a se impor totalmente ao esquema do livro oswaldiano para lhe dar uma diretriz uniforme, mas antes acena – num processo alusivo e elusivo – como um modo literário *que poderia ser e que não é*[6].

Como se vê, ainda nessa interpretação é "ausência" a palavra-chave que deverá abrir a porta do sentido de *Serafim Ponte Grande*. Em vista disso, podemos notar a falta dentro do universo disciplinar da crítica e da teoria literária de um conceito apropriado para definir o que seja essa obra de Oswald de Andrade (o conceito – lembremo-nos com Nietzsche – que só pode nascer da igualação do não-igual, do abandono arbitrário das diferenças individuais dos

6. Haroldo de Campos, *"Serafim*: Um Grande Não-Livro", em Oswald de Andrade, *SPG*, p. 8.

exemplares do objeto considerado). É como se o *Serafim* levasse as disciplinas que se ocupam da literatura ao seu limite último, obrigando-as, de retorno, a defini-lo com a remissão ao que já não podem dizer. Daí: "não-livro".

Extremamente eficaz no contexto do ensaio de Haroldo, "não-livro" é um constructo teórico sofisticado, dir-se-ia fugaz em seu alto nível de abstração. A sua operacionalidade é mais ideal do que propriamente concreta, vale dizer, o "não-livro" é submetido à análise como livro. Claro, um "não-livro", por definição, seria indizível por quaisquer discursos da teoria da literatura... Com maior precisão, supomos, podemos avançar: "não-livro", em verdade, é, aqui, um livro *diferente*. Diferença extrema, aliás, que perturba a elaboração de um conceito a que o livro se adequaria, igualado ao seu não-igual literário.

Considerada essa problemática conceitual, parece-nos que a noção de "não-livro" seria melhor esclarecida se pensada em termos de uma "antiestrutura". Essa opção de permuta, à primeira vista improdutiva, pode facilitar um deslocamento epistemológico, cuja conseqüência esperável é a focalização da noção de "não-livro" a partir de uma perspectiva teórica amplificada, qual seja, a crise do pensamento estrutural contemporâneo no que se refere à fixação do sentido último do texto literário. O conceito-chave de estrutura, de fortuna imensa nos mais diversos campos das ciências humanas do século XX, foi colocado sob forte suspeição pela produção teórica desconstrucionista (cf. Foucault, Derrida). Contra a "certeza tranqüilizadora" do conceito de estrutura centrada, como conceito de um jogo verbal fundado, constituído a partir de uma imobilidade fundadora (um centro semântico oniexplicativo), o desconstrucionismo se propôs produzir um "descentramento como pensamento da estruturalidade da estrutura"[7]. Voltaremos a esse ponto.

7. Jacques Derrida, "A Estrutura, o Signo e o Jogo no Discurso das Ciências Humanas", *A Escritura e a Diferença*, trad. Maria Beatriz Marques Nizza da Silva, São Paulo, Perspectiva, 1971, p. 231.

O "não-livro" de Oswald, nessa linha, pode ser entendido como um livro cujo "centro" foi subtraído à apreensão clara do analista. Daí *angustiá-lo*, como proporia Derrida. Esse obscurecimento do fundamento último do texto é possibilitado, como já se observou, pela utilização oswaldiana do fragmento, sobre a qual queremos, particularmente, nos demorar agora. De fato, o emprego dos "fragmentos de livro", com a concomitante montagem surpreendente, torna duvidosa à leitura a reconstituição das marcas da concatenação lógica que deveria presidir, segundo um pensamento de tipo estrutural, a constituição mesma da estrutura. Isso acaba por exigir do leitor, certamente, um grande esforço no que se refere à suplementação do sentido do texto, sob pena de não consegui-lo "falar-se".

A utilização do fragmento, típica da produção modernista de Oswald (está presente tanto em *Miramar*, quanto em *Serafim* e na poesia pau-brasil) encontra-se na raiz, a nosso ver, da incompreensão desse conjunto de obras demonstrada por seus primeiros analistas. A poesia pau-brasil, por exemplo, tão empenhada na "descoberta do Brasil", é considerada por Carlos Drummond de Andrade como desprovida do que supõe a "cor e o cheiro do Brasil"... A verdade do nacional é mobilizada como parâmetro a partir do qual se mede o valor da poesia oswaldiana. O "Brasil" *de* Drummond, note-se, é concebido como exterior (talvez melhor, anterior) a seus efeitos discursivos, dentre os quais tem-se *Pau-Brasil* como deformação *a posteriori*. O fragmentarismo oswaldiano é apreendido como desvio irresponsável, por demais acentuado, do referente a que visa, necessitando, por isso, ser corrigido pelo analista, pretensamente detentor da verdade do nacional. No entanto, não custa lembrar, esse "desvio", próprio à ficção (!), não pode ser corrigido, mas tãosomente interpretado[8].

---

8.   Cf. Karlheinz Stierle, "Que Significa a Recepção de Textos Ficcionais", em Hans Robert Jauss *et. al.*, *A Literatura e o Leitor: Textos de Estética da Recepção*, trad. Luiz Costa Lima, Rio de Janeiro, Paz e Terra, 1979, p. 147: "A ficção não se deixa corrigir por meio de um conhecimento mi-

A tendência ao fragmentário na literatura moderna tem a ver com o desprestígio, crescente no correr do século XX, da idéia de contínuo temporal. Ao invés de conceber a história como processo temporal linear, passa-se a entender o tempo como formado pela simultaneidade de tempos em si mesmos desiguais. Assim é que, longe de significar simplesmente uma revolta contra os "mestres do passado", a montagem de fragmentos de obras literárias as mais diversas no *Serafim*, a exemplo da mobilidade espacial e temporal de *Macunaíma*, são *também* o reconhecimento da pluralidade e assimetria dos diversos e coexistentes tempos socioculturais da experiência latino-americana.

Como bem escreve Regina Pontieri, "o fragmento é a totalidade que se recorda, todo o tempo, de sua condição de estilhaço e remete a uma totalidade ideal, perdida"[9]. A escrita fragmentária nasce, portanto, do sentimento de que toda totalização reveste algum tipo de falseamento. Para evitá-lo, ela acaba sempre por remeter, segundo Barthes, ao "caos", isto é, revela a obra não mais como produto, mas como produção (não tanto como estrutura, antes estruturação). A propósito, observa Pontieri: "'Caos'" – parece ser a palavra-chave de um dis-curso que para 'correr' ininterruptamente deve se pôr sempre no limite da destruição... que só vale como prenúncio de nova forma, infinitamente"[10]. Não estranha, pois, que a noção de "caos organizado" perpasse a fortuna crítica de *Serafim Ponte Grande*.

---

nucioso da materialidade dos fatos a que se refere. Ao passo que os textos assertivos podem ser corrigidos pela realidade, os textos ficcionais são, no sentido próprio, textos de ficção apenas quando se possa contar com a possibilidade de um desvio do dado, desvio na verdade não sujeito a correção, mas apenas interpretável ou criticável". O próprio Oswald, já nos anos 1940, esteve predisposto a corrigir o "desvio" de sua ficção, visando a facilitar o acesso do público leitor. Demonstra-o sua alusão à "ordem direta" de *Marco Zero*.

9. Regina Pontieri, "Roland Barthes e a Escrita Fragmentária", *Língua e Literatura*, Revista dos Departamentos de Letras da FFLCH da USP, São Paulo, vol. 17, 1989, p. 89.

10. *Idem*, p. 90.

Uma leitura, ainda que superficial, de *Serafim* pode demonstrar como nele o fragmento surge vinculado, de modo privilegiado, à percepção das grandes cidades. Vejam-se, nesse sentido, as descrições das paisagens urbanas contempladas pelo herói-viajante. Esse pormenor merece ser analisado com maior cuidado. Por ora, todavia, cabe prestar atenção a esta definição de vida, formulada na unidade "Cérebro, Coração e Pavio":

> Síncopes sapateiam cubismos, deslocações. Alterando as geometrias. Tudo se organiza, se junta coletivo, simultâneo e nuzinho, uma cobra, uma fita, uma guirlanda, uma equação, passos suecos, guinchos argentinos. Serafim, a vida é essa[11].

Essa passagem do romance, elaborada em terceira pessoa (em *Serafim* a narração é feita tanto em primeira quanto em terceira pessoa; no segundo caso, o narrador costuma referir-se à personagem Serafim em modo artificialmente afetado, logo autocorrosivo, tratando-a, inúmeras vezes, pela expressão sério-jocosa "o nosso herói"), essa passagem guarda certo tom pedagógico próprio às chamadas "lições de vida". Os seus termos, no entanto, são por excelência mundanos. A vida é definida como uma espécie de dança cubista. Supõe-se uma percepção da realidade que tem nas estéticas do dia uma referência exemplar. Do ponto de vista formal, nota-se que a definição expõe seu conteúdo já realizando-o na organização da escrita. De um lado, temos a aproximação de signos verbais que comumente não cogitaríamos combináveis, estabelecidas, à moda cubista[12], relações sintagmáticas e semânticas fora do esquadro em relação às leis da contigüidade e dos sentidos do linguajar cotidiano. De outro, essa configuração inusual surge investida de uma componente de mobilidade ("Síncopes sapateiam

11. Oswald de Andrade, *SPG*, p. 113.
12. Sobre a importância do cubismo para a definição da prosa modernista de Oswald, sobretudo no que se refere ao estilo da frase, cf. Haroldo de Campos, "Estilística Miramarina", *Metalinguagem & Outras Metas*, São Paulo, Perspectiva, 1990.

SERAFIM PONTE GRANDE E AS DIFICULDADES DA CRÍTICA LITERÁRIA

cubismos, deslocações. Alterando as geometrias"), que nos leva a pensar num ultrapasse das possibilidades expressivas da pintura cubista, remetendo ao campo da dança[13].

Trata-se de uma concepção de vida depreendida da experiência de Serafim como *globetrotter*, turista novo-rico disposto ao máximo de desfrute mundano e ao desregramento, cabal, dos sentidos. Em "Objeto e Fim da Presente Obra", prefácio de 1926 escrito por Oswald para o *Serafim Ponte Grande*, "nosso herói" é definido como "o filho pródigo que intervém na casa paterna porque viu mundo, travou más relações e sabe coisas esquisitas"[14]. Bem entendido, "coisas esquisitas" que estão em desacordo com a ordem patriarcal. A intervenção serafiniana na casa paterna significa o repúdio à organização da vida conforme os ditames da *figura central* do pai, ponto de estabilidade e estabilizador de tudo que a seu redor gravita. Afastado o eixo semântico-patriarcal, diga-se assim, da vida, resta ao "filho pródigo" forjar por si mesmo novos modos de organização da experiência.

Presente numa casa noturna parisiense, Serafim observa o movimento das pessoas que ali circulam: "Síncopes sapateiam cubismos, deslocações. Alterando as geometrias". A primeira frase (re)produz, com notável recurso à aliteração, o gestual sincronizado da gente que se entrega à dança; dança que arma e desarma "geometrias" diversas, sempre alteradas, como se diz depois. O que se tem, portanto: elementos em movimento e contraindo entre si relações que resultam em constelações elas mesmas constantemente alteradas. Esboça-se, aqui, *um modo de organização*, cuja especificidade cabe a nós precisar.

Em primeiro lugar, observe-se que os elementos em jogo, propriamente falando, são díspares: uma cobra, uma fita, uma guirlan-

---

13. A dança, arte muito apreciada nos anos 1920, é um exemplo típico do "efeito de aceleração" que caracteriza o comportamento socialmente valorizado na época. Cf. Nicolau Sevcenko, *Orfeu Extático na Metrópole: Sociedade e Cultura nos Frementes Anos 20*, São Paulo, Companhia das Letras, 1992, pp. 160-162.
14. *SPG*, p. 34.

da etc. No que toca às pessoas, são de nacionalidades diversas, o que indica o cosmopolitismo como pressuposto indispensável à elaboração das novas geometrias[15]. Essa matéria-prima, por excelência heterogênea, se dá à percepção de Serafim e, sendo por ela filtrada, "se organiza, se junta coletivo, simultâneo e nuzinho". Assim, os elementos são dispostos um ao lado do outro; não tanto numa seqüência linear, mas conforme uma descontinuidade fundamental, um aproximar extravagante (não-hierarquizado) de dados à primeira vista inconciliáveis, que, uma vez juntos, porventura podem deflagrar a centelha do conhecimento novo, do verdadeiro outro[16]: "...uma cobra, uma fita, uma guirlanda, uma equação, passos suecos, guinchos argentinos". A vida é esta: produção contínua de novas relações e sentidos a partir da matéria-prima disponível, selecionada e expandida, tudo indica, ao gosto do freguês, isto é, sem quaisquer preconceitos fundadores.

Visto isso, procuremos puxar pelo fio estético correspondente a compreensão da realidade afirmada em *Serafim Ponte Grande*. Afinal, o "nuzinho" da organização da experiência parece colocar o pressuposto moderno do "desnudamento do processo" (assumir-se como discurso ficcional, sem complexo de inferioridade frente a outras ordens discursivas, é um marco da criação oswaldiana). A escrita fragmentária de Oswald, a qual, no entender de Mário da Silva Brito, remonta à participação do autor no diário coletivo *O*

---

15. Sobre a importância do cosmopolitismo para a literatura dos anos 1920, cf. Vera Chalmers, *3 Linhas e 4 Verdades: O Jornalismo de Oswald de Andrade*. São Paulo, Duas Cidades, 1976, p. 101: "A volta ao mundo, tornada possível graças ao progresso da maquinária, proporciona a visão instantânea e fragmentária de povos e culturas diferentes. O cosmopolitismo é o sentimento simultâneo do mundo". Cf., também, Jorge Schwartz, *Vanguarda e Cosmopolitismo na Década de 20: Oliverio Girondo e Oswald de Andrade*, São Paulo, Perspectiva, 1983, especialmente o primeiro capítulo, "A Cosmópolis: Do Referente ao Texto", pp. 1-43.

16. Compare-se esse modo de organização da experiência com a concepção de *mímesis*, tal qual é elaborada, numa perspectiva ampla, por Walter Benjamin. A propósito, cf. Jeanne Marie Gagnebin, "Do Conceito de *Mímesis* no Pensamento de Adorno e Benjamin", *Sete Aulas Sobre Linguagem, Memória e História*, Rio de Janeiro, Imago, 1997, p. 103.

Perfeito Cozinheiro das Almas Deste Mundo, composto em 1918[17], está sintonizada com certa linhagem do pensamento estético na modernidade. Esclareçamo-nos melhor, fazendo uso de um ensaio de Jean-Paul Sartre.

De acordo com o filósofo francês, há dois tipos de unificação na poesia moderna: o expansivo e o retrátil[18]. Ao primeiro tipo, que é o que nos interessa particularmente, compete simbolizar uma "unidade explosiva". É o tipo de Rimbaud, que não deixa de ser uma "ordem estética" imposta ao caos do mundo: "Gradualmente somos forçados a ver numa coleção mista a fragmentação de uma totalidade prévia cujos elementos, colocados em movimento pela força centrífuga, separam-se uns dos outros e voam para o espaço, colonizando-o e em seguida reconstituindo uma nova unidade". Colocada tal perspectiva, Sartre pode ler o verso famoso de *Le Bateau Ivre*, "*L'Aube exaltée ainsi qu'un peuple de colombes...*": "Ver a madrugada como uma 'multidão de pombas' equivale a implodir a manhã como se ela fosse um barril de pólvora. Longe de negar sua pluralidade, ela é descoberta em toda parte, exagerada, mas apenas para ser apresentada como um momento em progressão; é o instante que a congela numa beleza estática, mas explosiva".

A unificação expansiva de Rimbaud (cuja contraparte filosófica está na obra de Nietzsche) significa "progresso", ao menos enquanto possa durar a explosão do objeto e suas partes se espalharem por todo lugar e direção, partícipe do fluxo enfurecido do Universo, através do qual esse sempre amplia suas áreas de *ser*. Congelada a violência da explosão, todavia, têm-se apenas descontinuidade e número, os dois nomes da morte, como lembra Sartre.

---

17. Mário da Silva Brito, "O Perfeito Cozinheiro das Almas Deste Mundo", em Oswald de Andrade, *O Perfeito Cozinheiro das Almas Deste Mundo*, São Paulo, Globo, 1992, p. XI. Do mesmo autor, "O Aluno de Romance Oswald de Andrade", em Oswald de Andrade, *Alma*, São Paulo, Globo, 1990, pp. 9-29.

18. Cf. Jean-Paul Sartre, "Apresentação" a Jean Genet, *Nossa Senhora das Flores*, trad. Newton Goldman, Rio de Janeiro, Nova Fronteira, 1983, pp. 32-33.

É desejo do poeta manter a justaposição como progresso, a "explosão gloriosa" da continuidade, com o que evita que a chama se desfaça numa chuva de cinzas. "Essa fantasia dionisíaca alegra nossos corações e nos infla de um sentido de poder." E completa Sartre: "Os revolucionários quebram as cascas do *ser*; a gema se esparrama por todas as partes".

O outro tipo de unificação na poesia moderna é o retrátil. É o tipo de Genet, e também de Mallarmé. Caracteriza-se por um paciente desejo-de-unificar constritivo e confinante. Nas obras desses autores podemos encontrar um "universo estável", como se um cajado divino pastoreasse a união dos objetos num rebanho. A meta do tipo retrátil não é apresentar a externalidade como um poder expansivo, mas, ao contrário, reverter o movimento natural das coisas, transformando as forças centrífugas em centrípetas.

Sartre cita vários exemplos desse desejo-de-unificar em Genet, reportando-se a *Nossa Senhora das Flores*. Fiquemos com um, para proveito de nossa exposição. "Surge, todo duro e negro, de dentro de um vaso, um galho de cerejeira que as flores cor-de-rosa em pleno vôo sustentam." Essa bela imagem, extraída de *Nossa Senhora*, aparentemente denota movimento expansivo: o galho de cerejeira, aqui símbolo do pênis, descreve um movimento erétil – enrijecimento, endurecimento, intumescimento (no pan-sexualismo de Genet, a ereção do pênis desempenha um papel muito importante). Trata-se, porém, de impressão enganosa: esse movimento erétil não tem nada de explosivo e concorda plenamente com o essencialismo de Genet. Em primeiro lugar, deve-se notar que está em pauta um movimento cujo alcance é sabidamente delimitado: o pênis passa da potência ao ato, expande-se mas logo atinge seu tamanho-limite, do qual só sairá para decrescer. A imagem de Genet, por outro lado, ao invés de "trazer as flores para fora do galho, as traz de volta para ele, cola-as na madeira; o movimento da imagem vai do exterior ao interior, das asas para o eixo"[19]. Esse tipo de organização da experiência, que supõe um centro modelar, é o padrão básico repetido

19. *Idem*, p. 34.

à exaustão na obra de Genet. Como mostrará Sartre, em Genet o centro é o próprio Genet, sua obra não fazendo senão remeter a ele próprio.

A tipologia de Sartre nitidamente opera uma simplificação dos "modos de unificação" da poesia moderna, reduzidos por seu esquema a dois modos[20]. Devemos, sem dúvida, cogitar da existência de outros modos, assim como da possibilidade de contaminação recíproca entre eles. Reconhecido o caráter reducionista da tipologia, todavia, é preciso admitir, por justiça, o rendimento que traz à reflexão interessada na apreensão das linhas de força principais da experiência literária moderna. A favor de Sartre, note-se ainda que o destaque dos tipos expansivo e retrátil não desemboca no estabelecimento de juízos de valores correspondentes, o que se comprova pelo apreço, demonstrado em sua análise, pela obra de Genet, representativa do tipo retrátil, entendido como o mais "conservador".

Quanto a *Serafim Ponte Grande*, especificamente, é óbvia sua proximidade com o tipo expansivo descrito por Sartre. A mobilização do fragmento, no romance-invenção, articula uma "unidade explosiva", incessantemente dimensionada pelo olho-viajante do herói: modo-de-ver para o qual o "mundo não tem portera"[21]. Concretizemos isso, vindo à análise de uma das unidades narrativas da obra. A seleção se impõe, aqui, haja vista a impossibilidade prática

20. *Idem*, p. 33 (Sartre prevê essa objeção e antecipa-se): "Se eu não temesse abrir o caminho da excessiva simplificação e ser mal compreendido, diria que existe uma tendência 'esquerdista' e 'direitista' na imaginação. A primeira almeja representar a unidade que o trabalho humano forçosamente impõe sobre a discrepância; a segunda, descrever o mundo inteiro de acordo com o tipo de uma sociedade hierarquizada". Malgrado o temor da incompreensão, retoma a mesma dicotomia, referindo-se à "passividade feminina" de Genet, à p. 39: "Isto talvez emparelhe uma diferença entre a imaginação 'feminina' (que reforça na mulher – quando ela é cúmplice de seu amo – a ilusão de estar no centro de uma ordem harmoniosa) e a explosiva imaginação 'masculina' (que contém e transcende a angústia através das imagens que forma)".
21. Epígrafe utilizada na unidade "No Elemento Sedativo", *SPG*, p. 85.

A INVENÇÃO NO ROMANCE

de abordagem particularizada de todas as unidades. Notoriamente, a totalidade de *Serafim* nos escapa, a análise atraída pelo fragmento, pela parte em si mesma. Concentremo-nos, pois, numa "leitura vertical" do "fragmento de livro" do livro oswaldiano[22].

Passemos sem mais demora a "Os Esplendores do Oriente"[23]. Considerada a definição de vida atrás mencionada, poderíamos assegurar que ela vai às vias de fato nessa unidade. Com efeito, frente à complexidade e diferenciação da realidade oriental, acelera-se a filtragem do que é visto, organizando-se a experiência vivida em mosaicos perturbados. Ainda aqui, o cosmopolitismo é ingrediente incontornável: "As ruas de Pera apresentaram-se ao nosso herói. Mas qualquer coisa fugia sob a aparência modernizante em que a Turquia falava francês, inglês, italiano, sem nenhum mistério". Essa diferenciação essencial dos elementos que se cruzam no Oriente, notada pelo herói, leva-o a temer a fuga de "qualquer coisa", possivelmente esquiva à sua percepção, não obstante sua voracidade de toda a hora.

Consciente da fugacidade do que se lhe coloca à vista, Serafim procura então fixar suas impressões por meio de longas enumerações caóticas: "Procissões teimosas, barbudas, gregas, coftas, armênias, franciscanas sucediam-se, precediam-se, desapareciam, brigavam de velas e de cânticos, liturgias, flexões, ante os envoltórios dos sacros sinais guardados por tocheiros, lampadários e capitéis". Entre outros, mais este exemplo: "...a rua, a agitação sem barulho do Oriente, fezes, caftãs, portas de negócios, sudaneses, abissínios, vendedores de bugigangas e cigarros".

A escrita fragmentária de Oswald é tanto mais fragmentária quando elege como referente externo a cidade moderna. Tal o "pin-

22. Tomo a expressão "leitura vertical" de Kenneth Jackson. Cada grande unidade de *Serafim*, considerada isoladamente, permite uma "leitura vertical", pois "cada grande unidade cria um romance hipotético em que Serafim faz um papel". Keneth Jackson, *A Prosa Vanguardista na Literatura Brasileira: Oswald de Andrade*, São Paulo, Perspectiva, 1978, p. 77 (Coleção Elos nº 29).
23. Cf. *SPG*, pp. 133-146.

1 6 1

tor da vida moderna" de Baudelaire, o "eu" serafiniano pode ser comparado a um espelho gigante, feita a ressalva de que não se trata de espelhar o seu "não-eu", mas de repartir-se em cacos para produzi-lo na forma mesma da escrita. Vejamos essa notável comparação, nas palavras do poeta:

[...] o apaixonado pela vida universal entra na multidão como se isso lhe aparecesse como um reservatório de eletricidade. Pode-se igualmente compará-lo a um espelho tão imenso quanto essa multidão; a um caleidoscópio dotado de consciência, que, a cada um de seus movimentos, representa a vida múltipla e o encanto cambiante de todos os elementos da vida. É um *eu* insáciável do *não-eu*, que a cada instante o revela e o exprime em imagens mais vivas do que a própria vida, sempre instável e fugidia[24].

Em outro contexto, Baudelaire sonha com a "maravilha de uma prosa poética" e a supõe, muito significativamente, praticável por um habitante da metrópole:

Deveria [a prosa poética] ser musical, mas sem ritmo ou rima, bastante flexível e resistente para se adaptar às emoções líricas da alma, às ondulações do devaneio, aos choques da consciência. Este ideal, que se pode tornar idéia fixa, se apossará, sobretudo, daquele que, nas cidades gigantescas, está afeito às tramas de suas inumeráveis relações entrecortantes[25].

A prosa tantas vezes poética de "Os Esplendores do Oriente" propõe a "cidade como escrita"[26]. A escrita oswaldiana descreve o labirinto da cidade. Como escrita, a cidade quer ser decifrada. O texto sobre a cidade, por sua vez, transforma-se numa paisagem a ser percorrida pelo leitor[27]. Caminhando pelo Oriente, o leitor de

24. Charles Baudelaire, *Sobre a Modernidade: O Pintor da Vida Moderna*, trad. Teixeira Coelho, Rio de Janeiro, Paz e Terra, 1996, p. 21.
25. Citado por Walter Benjamin, *Charles Baudelaire: Um Lírico no Auge do Capitalismo*, trad. José Martins Barbosa, Hemerson Alves Baptista, São Paulo, Brasiliense, 1989, p. 113.
26. Cf. Willi Bolle, *Fisiognomia da Metrópole Moderna: Representação da História em Walter Benjamin*, São Paulo, Edusp, 1994, especialmente pp. 271-312.
27. Cf. Jeanne Marie Gagnebin, "O Camponês de Paris: Uma Topografia Espiritual", *op. cit.*, p. 160.

A INVENÇÃO NO ROMANCE

Oswald depara-se às vezes com São Paulo! "A Acrópole avivou-se, parecida com o museu do Ipiranga, pálida e abandonada sob o corcovado do Licabeto [...] Serafim saiu só pela noite de Jerusalém [...] Em cima fazia uma lua paulista." São Paulo, a cidade-enigma de que nos fala Nicolau Sevcenko em *Orfeu Extático na Metrópole*, superpõe-se surrealisticamente à contemplação de outras cidades concretas, visitadas pelo herói no Oriente. O resultado disso é a configuração de uma nova realidade, que é a Metrópole Moderna enquanto "imagem mental"[28].

Quão distantes estamos, entretanto, das imagens da cidade-inferno, da cidade-cabaré, lugar da negatividade e da dilaceração, imagens do primeiro Oswald de Andrade, autor de *Os Condenados*[29]. O expressionismo sombrio de tantas passagens daquela obra é substituído em *Serafim* pela "explosão gloriosa" do referente, pela tentativa de sua representação numa escrita luminosa, que, idealmente, teria seu ponto de partida indeterminado e o fim adiado ao infinito. A utopia de uma prática discursiva desvinculada dos poderes constituídos e de suas constrições respira nessas páginas oswaldianas.

Para dar liberdade às palavras Oswald se vale de técnicas modernas de representação, quais sejam, a fotografia e, especialmente, o cinema. Aliás, é de notar que o avanço técnico, no pensamento oswaldiano, é sempre referido, de forma muito positiva e certamente ingênua, à liberdade humana, ao ócio ludicamente aproveitado e à expansão do conhecimento universal. Entre o olhar do viajante e o Oriente medeiam *lentes*, capazes de intensificar sua capacidade de apreensão das coisas. Essas lentes podem ser as de um binóculo: "Na madrugada pé-de-ninfa, o binóculo desenhou a testa do céu amarelo no esquadro fumegante da esquadra abandonada pelos persas nas usinas do Pireu". Também

28. Cf. Willi Bolle. *op. cit.*, p. 272.
29. Sobre isso, cf. Annateresa Fabris, "O Espetáculo da Rua: Imagens da Cidade no Primeiro Modernismo", em Maria Amélia Bulhões e Lúcia Bastos Kern (orgs.), *A Semana de 22 e a Emergência do Modernismo no Brasil*, Porto Alegre, Secretaria Municipal de Cultura, 1992.

SERAFIM PONTE GRANDE E AS DIFICULDADES DA CRÍTICA LITERÁRIA

lentes de câmara fotográfica, às quais acorrem, por vontade própria, seres e objetos: "Camelos, espanadores, martelos, mulheres e felás fugiam para as fotografias". Enfim, as lentes são janelas de trem, que recortam e emolduram a paisagem: "Partiram para a poeira de Assuã. Entre óculos enfumaçados de janelas, o trem se cobrira dum capacete branco e afundou equipado no deserto".

Essa percepção sempre mediada pelo artefato técnico não resulta, em absoluto, numa descrição "objetiva" dos fatos, supondo-se a eliminação das marcas da subjetividade na representação. Muito ao contrário, o cubo-futurismo oswaldiano enlaça, à sua maneira, a sintaxe comprimida e multifacetada da escrita fragmentária com o sentimento do herói no momento, digamos, de bater a chapa. Veja-se um exemplo: "Cidades perdidas no pó ou brancas sufocadas de palmeiras nos oásis". A frase, notável quanto a sua plasticidade na representação da paisagem, revela simultaneamente o estado de espírito do herói, então impressionado com o aspecto solitário e, sobretudo, ruinoso, das cidades, a que denunciara explicitamente páginas atrás[30].

Serafim passeia sempre equipado: "O chauffeur leu alto num rótulo: – Palestaine! Nosso herói procurou depressa o passaporte, o baedeker, a Kodak e a Bíblia". Não carrega consigo uma máquina filmadora. *Ele próprio converte-se numa*: "A paisagem rajava-se em verde-amendoim. Seus olhos filmavam árvores cor-de-fumaça entre uma e outra sombra de casa cúbica, com as primeiras figurinhas saídas da História Sagrada". Como é fácil perceber, o cinema não constitui mero *tema* para o modernista Oswald, mas tem seus recursos típicos incorporados à forma da escrita: descontinuidade narrativa, sintaxe analógica, montagem de fragmentos, interpenetrações, simultaneidade[31].

30. Cf., também, *SPG*, p. 77: "As folhas das árvores explodem no silêncio semanal do jardim". A utilização do verbo inusitado dá conta, aqui, do sentimento revolucionário que se apossa do herói na Revolução de 1924, e que se *prolonga* na paisagem por ele contemplada.
31. A propósito da reflexão modernista sobre o cinema, cf. Mariarosaria Fabris, "Cinema: Da Modernidade ao Modernismo", em Annateresa

A INVENÇÃO NO ROMANCE

O *camera eye* oswaldiano explode o mundo para reconquistá-lo em novas geometrias, compostas com o aproveitamento das lições do cubismo e do cinematógrafo, às quais talvez possamos acrescentar as virtualidades da dança (considerado isso, assinalemos que esse olhar difere bastante do de Rimbaud). O *camara eye* gostaria de filmar tudo, não há dúvida; teme que lhe escape alguma coisa. Essa voracidade sem limite desponta com maior nitidez no trecho final d' "Os Esplendores do Oriente", ou seja, no último olhar de Serafim às terras visitadas, sôfrego para reter naquele instante derradeiro o máximo de conhecimentos possível:

> Em Alexandria, um navio passava como um bonde. Serafim tomou-o.
> O Oriente fechou-se. Tudo desapareceu como a cidade no mar, seus brilhos, seus brancos, suas pontas de terra, esfinges, caftãs, fezes, camelos, dragomãs, pirâmides, haréns, minaretes, abaias, pilafs, desertos, mesquitas, templos, tapetes, acrópoles, ingleses, inglesas.

Nosso narrador, ciente de que um olhar, afinal, não pode abarcar tudo, opta por uma enumeração substantiva, não proposta como finalizada. De fato, o procedimento narrativo empregado faz supor uma realidade mais complexa do que a textualmente realizada. O "novo" não-dito fica por ser atualizado pelo leitor.

O "sempre-novo" da vanguarda não é uma substância pronta, disponível nas coisas à mão; é o produto que resulta do modo-de-ver do poeta, de sua *poíesis* = "construção", "formação", "criação" (haja vista o apreço surrealista pela sucata, matéria-prima da qual faz o novo, contra o envelhecimento operado pelo capitalismo). Isso posto, deve-se atentar que o reverso da produção do novo é a morte, o fantasma de que não se desvincula.

Fabris, *Modernidade e Modernismo no Brasil*, Campinas, Mercado de Letras, 1994. Para uma abordagem mais ampla, centrada nas relações entre a literatura das vanguardas e a emergência da linguagem cinematográfica, cf. Arnold Hauser, "A Era do Filme", *História Social da Literatura e da Arte*, trad. Walter H. Geenen, São Paulo, Editora Mestre Jou, 1973, vol. II.

Em Walter Benjamin encontramos uma reflexão sobre esse vínculo que une modernidade e morte. Em suas palavras: "A modernidade deve manter-se sob o signo do suicídio, selo de uma vontade heróica, que nada concede a um modo de pensar hostil. Esse suicídio não é renúncia, mas sim paixão heróica. É a conquista da modernidade no âmbito das paixões"[32]. Convenhamos, é um preço bastante alto a pagar. A alegria da destruição em favor da construção do novo é hoje um pressuposto por demais problemático, e já há quem escreva sobre a necessidade de "superação" do espírito das vanguardas históricas, sob pena de perderem-se, justamente, os seus objetivos críticos e seu princípio de utopia[33]. Não residiria aí, aliás, o calcanhar-de-aquiles do episódio de *El Durasno*, em *Serafim Ponte Grande*? *El Durasno* seria concebível, de fato, como uma viagem eterna, produção infinita da experiência pessoal renovada, sem porto-final no horizonte? Parece-nos duvidoso que assim o seja. Assim como "nosso herói tende ao anarquismo enrugado"[34], *El Durasno* tende à devoração autofágica.

Do ponto de vista mais estritamente literário, todavia, parece-nos que a escrita fragmentária de *Serafim* afirma-se, sobretudo em seus momentos de realização privilegiada, como é o caso de "Os Esplendores do Oriente", como produção de sentido *ad infinitum*. Esse projetar-se semântico vigoroso, somos quase tentados a escrever incontrolável, coloca em questão o conceito de estrutura literária, ao qual queremos retornar agora uma última vez.

Em estudo dedicado ao assunto, Umberto Eco definira a noção de estrutura como ausência:

Se o Código dos Códigos é um termo último em perene recuo à medida que suas mensagens particulares, manifestações em que ele nunca se exaure, vão sendo identificadas pela pesquisa, então a Estrutura se proporá eminentemente como Ausência. *Estrutura é aquilo que ainda não existe.* Se

32. Walter Benjamim, *op. cit.*, pp. 74-75.
33. Eduardo Subirats, *Da Vanguarda ao Pós Moderno*, trad. Luiz Carlos Daher e Adélia Bezerra de Menezes, São Paulo, Nobel, 1984, p. 4.
34. *SPG*, p. 150.

A INVENÇÃO NO ROMANCE

existisse, se eu a tivesse individuado, teria entre as mãos apenas um momento intermédio da cadeia que me garante, abaixo daquela, uma estrutura mais elementar e oniexplicativa[35].

Retenhamos essa noção de estrutura e procuremos trazê-la à reflexão de Derrida. Veremos então que a ausência identificada por Eco, ausência que elimina a hipótese de totalização do esforço analítico, possibilita, nos termos de Derrida, o *jogo* no campo da linguagem, isto é, as "substituições infinitas no fechamento de um conjunto finito"[36]. A falta, a ausência de centro ou de origem permite o "movimento do jogo", que é o movimento da *suplementaridade*, entenda-se, de suplementar o lugar da ausência.

Encontramos no pensamento moderno duas formas interpretativas, contrapostas, que procuram enfrentar essa ausência da origem, enfim, do termo último que nos daria a explicação final, subsumindo e controlando a dispersão aleatória dos sentidos. Representante de uma delas é a obra de Lévi-Strauss, na qual Derrida detecta uma "nostalgia da origem": "...[não] se deixa de perceber nele [Lévi-Strauss] uma espécie de ética da presença, de nostalgia da origem, da inocência arcaica e natural, de uma pureza da presença e da presença a si na palavra..." Aspiração à origem que traz em seu bojo uma predisposição teórica determinada: "Voltada para a presença perdida ou impossível da origem ausente, esta temática estruturalista da imediatidade interrompida é portanto a face triste, *negativa*, nostálgica, culpada, rousseauísta, do pensamento do jogo"[37]. Essa forma de interpretação da interpretação, da estrutura, do signo e do jogo almeja capturar uma verdade ou uma origem que se subtraem ao jogo e à ordem do signo. Daí sentir a necessidade de interpretação como um exílio[38].

---

35. Umberto Eco, *A Estrutura Ausente*, trad. Pérola de Carvalho, São Paulo, Perspectiva, 1976, p. 322 (grifo do autor).
36. Jacques Derrida, "A Estrutura, o Signo e o Jogo no Discurso das Ciências Humanas", *op. cit.*, p. 244.
37. *Idem*, p. 248.
38. *Idem*, p. 249.

Entre parênteses, notemos que à "nostalgia da origem" em Lévi-Strauss correspondem duas afirmações aparentemente contraditórias em sua obra. Uma delas, repetida à exaustão, nos informa que é possível determinar, mesmo numericamente, o repertório de "leis gerais" que subjazem a toda comunicação humana, que nunca é, portanto, livre *lato sensu*. Assim, por exemplo, em *Tristes Trópicos*:

> O conjunto dos costumes de um povo é sempre marcado por um estilo; eles formam sistemas. Estou convencido de que esses sistemas não existem em número ilimitado, e que as sociedades humanas, assim como os indivíduos – em seus jogos, seus sonhos ou seus delírios – jamais criam de modo absoluto, mas se limitam a escolher certas combinações num repertório ideal que seria possível reconstituir[39].

Na "Abertura" a *O Cru e o Cozido* tal afirmação é retomada com referência, nesse novo contexto, ao caso específico do mito: "Utilizando alguns poucos mitos tomados de sociedades indígenas que irão servir-nos de laboratório, faremos uma experiência que, se bem-sucedida, terá um alcance geral, já que esperamos que demonstre a existência de uma lógica das qualidades sensíveis, que elucide seus procedimentos e que manifeste suas leis"[40]. Em passagem pouco posterior será mais enfático, ao negar a arbitrariedade do mito em favor de sua ordem necessária, contra quaisquer "ilusões de liberdade": "[...] a pretensa liberdade de expansão, a invenção supostamente desenfreada supõem regras que operam num nível mais profundo" [...] imperativo que logo há de estender ao "espírito humano": "basta-nos assinalar a convicção de que, se o espírito humano se mostra determinado até mesmo em seus mitos, então *a fortiori* deve sê-lo em toda parte"[41]. Essa certeza tranqüilizadora com relação à existência de uma origem fundadora do fenômeno mítico (o seu "Código dos Códigos", para usar a expressão de

39. Claude Lévi-Strauss, *Tristes Trópicos*, trad. Rosa Freire d'Aguiar, São Paulo, Companhia das Letras, 1996, p. 167.
40. Claude Lévi-Strauss, "Abertura" a *O Cru e o Cozido*, trad. Beatriz Perrone-Moisés, São Paulo, Brasiliense, 1991, p. 11.
41. *Idem*, p. 19.

Umberto Eco) esbarra, todavia, em declaração, do ponto de vista interpretativo, pouco triunfal: é impossível chegar ao nível *mais profundo* da estrutura e totalizar a análise do mito.

Assim como o microscópio óptico, que é incapaz de revelar ao observador a estrutura derradeira da matéria, só podemos escolher entre vários graus de aumento: cada um deles torna visível um nível de organização, cuja verdade é apenas relativa, e exclui, enquanto adotada, a percepção de outros níveis[42].

Assim sendo:

Não existe um verdadeiro término da análise mítica, nenhuma unidade secreta que se possa atingir ao final do trabalho de decomposição. Os temas se desdobram ao infinito [...] Conseqüentemente, a unidade do mito é apenas tendencial e projetiva, ela nunca reflete um estado ou um momento do mito[43].

Embora escape à nossa competência avaliar o peso dessas afirmações na constituição da Antropologia Estrutural, não nos parece por demais temerário sugerir que elas são conflituosas entre si. De fato, como é possível assegurar com tamanha convicção, tal o faz Lévi-Strauss, a existência de "regras gerais" (supostamente reconstituíveis em termos analíticos) operando sob o aparente aleatório do pensamento mítico? E ao mesmo tempo declará-las inapreensíveis pela análise (!), a qual deverá contentar-se com "verdades relativas", já que o trabalho de decomposição estrutural não logra atingir nenhuma "unidade secreta" ao seu final: "os temas se desdobram ao infinito..." A propósito da "Abertura" de *O Cru e o Cozido* é útil ler ensaio de George Steiner sobre a "crise da palavra" na Antropologia Estrutural:

Na '*Overture*', Lévi-Strauss está articulando uma radical desconfiança da linguagem. Um tema que tem estado latente em grande parte do seu trabalho agora vem à tona: comparado com a sintaxe pura e as eficiências

42. *Idem*, p. 13.
43. *Idem*, p. 15.

SERAFIM PONTE GRANDE E AS DIFICULDADES DA CRÍTICA LITERÁRIA

tautológicas da matemática, da lógica simbólica e das fórmulas científicas, o discurso tradicional não é mais um meio predominante ou inteiramente satisfatório[44].

Preocupa a Steiner, especialmente, o forte recurso à matemática na análise do mito, o seu avanço sobre espaços que caberiam antes à linguagem verbal (a matemática é entendida por Lévi-Strauss, de fato, como necessária, enquanto "escrita abreviada", à condução da interpretação a seu termo)[45]. A nós parece claro que a "radical desconfiança da linguagem" a que se refere Steiner prende-se à questão da consciência da ausência do centro da estrutura. Consciência dilacerada, que precisará recorrer à matemática para aplacar a "nostalgia da origem".

O reverso dessa interpretação "negativa", "nostálgica", "triste", que tem em Lévi-Strauss seu representante mais conseqüente, está na "*afirmação* nietzschiana, a afirmação alegre do jogo do mundo e da inocência do devir, a afirmação de um mundo de signos sem erro, sem verdade, sem origem, oferecido a uma interpretação ativa"[46]. Essa forma interpretativa não só não está voltada para a origem, mas também, afirmando o jogo, procura simultaneamente superar o homem e o humanismo comprometidos com as demandas da origem, da presença plena, do fundamento tranqüilizador e do fim do jogo. Essa forma interpretativa não é dilacerada, vale dizer, não concebe o não-centro como perda. Antes, entrega-se ao jogo perigoso (por oposição ao jogo seguro, restrito à substituição de elementos pré-dados, presentes); afirma o prazer do jogo, do jogo em si, não justificado pela projeção de uma meta final, sabidamente não existente[47].

44. George Steiner, "Orfeu e seus Mitos: Claude Lévi-Strauss", *Linguagem e Silêncio: Ensaios Sobre a Crise da Palavra*, trad. Gilda Stuart e Felipe Rajabally, São Paulo, Companhia das Letras, 1988, p. 254.
45. Cf. Claude Lévi-Strauss, "Abertura", *op. cit.*, p. 37.
46. Jacques Derrida, "A Estrutura, o Signo e o Jogo no Discurso das Ciências Humanas", *op. cit.*, p. 248.
47. Como escreve Nietzsche no primeiro volume de *Humano, Demasiado Humano*: "Quem chegou, ainda que apenas em certa medida, à liberda-

A INVENÇÃO NO ROMANCE

O pensamento moderno traz à baila, portanto, duas formas interpretativas irredutíveis entre si. Conforme Derrida, o problema não se coloca em termos de escolha de uma ou de outra. É *cedo* para escolher ou resolver o conflito. A categoria de escolha apresenta-se historicamente frágil. A tarefa mais premente ao filósofo constitui, desde logo, um pensar tanto o solo comum das duas interpretações como também a diferença irredutível com que se nos apresentam.

Isso posto, procuremos situar *Serafim Ponte Grande* frente às duas formas interpretativas destacadas. Já antes havíamos visto sua proximidade com o tipo de unificação poética a que Jean Paul-Sartre denominara "expansivo". Recordemos suas características principais: explosão do referente e justaposição de seus elementos num *continuum* da invenção, que se quer idealmente infinito. Ora, também aí não há centro possível, o que já nos traz a Derrida, mais precisamente, *à afirmação nietzschiana do jogo*. Estica-se uma linha que vai da reflexão estética de Sartre e chega à reflexão sobre o conflito da interpretação nas ciências humanas, poderíamos dizer, no *desencanto* da modernidade. Ao propormos situar *Serafim*, por conseguinte, não pretendemos outra coisa que precisar o *lugar* de onde nossa própria análise se procura afirmar face à pulverização tremenda dos valores, à consciência da ausência da origem, para falar com Jacques Derrida e chamar à tona o dado conflituoso de nosso tempo.

É preciso que pensemos a questão, a essa altura, em termos estritamente literários. Até aqui, procuramos mostrar como *Serafim Ponte Grande* deve à mobilização do fragmento sua polissemia vigorosa. Essa mobilização diz respeito tanto à montagem das grandes unidades narrativas, dotadas de relativa autonomia, quanto à montagem de palavras ao nível frasal e de frases no interior de uma unidade específica. Em "Os Esplendores do Oriente" pudemos dar conta do vínculo que une o fragmento oswaldiano à imagem da ci-

de da razão, não pode sentir-se sobre a Terra senão como andarilho – embora não como viajante *em direção* a um alvo último: pois este não há" (Friedrich Nietzsche, *Humano, Demasiado Humano, Obras Incompletas*, trad. Rubens Rodrigues Torres Filho, São Paulo, Abril Cultural, 1983, p. 118, Coleção Os Pensadores).

SERAFIM PONTE GRANDE E AS DIFICULDADES DA CRÍTICA LITERÁRIA

dade moderna. É a escrita do "filho pródigo" que deixou a casa paterna, que repudiou, pois, o "centro" de formação da família brasileira, conforme nos é ensinado por Gilberto Freyre. O "filho pródigo" que vê o mundo com "olhos livres". De fato, sua escrita almeja a utopia: o ilimitado da representação. Ainda nessa perspectiva, *Serafim* é o livro "não-livro".

A análise empreendida, no entanto, detecta uma ordem nesse aparente caos da significação. Dito de modo mais direto: *im-põe* um sentido ao mundo serafiniano, às suas explosões e reviravoltas (cf. Capítulo II: *"Serafim no Front*: O Sentido Revolucionário"). À primeira vista pura dispersão, a trajetória do herói, a nosso ver, está determinada por um mecanismo preciso: *articula inversões de ordens preexistentes, em favor de novas ordens, que são o entrelugar dos chamados pólos sociais da ordem e da desordem.* Idealmente ilimitada, trata-se de uma trajetória com nítidos limites, apenas obscurecidos pela libertação propugnada seja pela malandragem, seja pela Antropofagia.

Ao assim afirmarmos, entretanto, não estaríamos de algum modo denegando a movência própria da ficção oswaldiana? Não estaríamos forçando, arbitrariamente, um *centro* à "fantasia dionisíaca" desse escritor?

Em princípio, parece-nos plausível responder à pergunta por nós mesmos colocada com outra pergunta: como entender ou aprender *Serafim Ponte Grande* sem necessariamente conter sua explosão e conduzir seu "caos organizado" à organização rigorosa que se espera presente na análise literária? É de reconhecimento geral o reducionismo a que fatalmente a análise conduz o texto de que trata. Como considerá-la, entretanto, em relação à afirmação nietzschiana do jogo, no que se refere ao campo da linguagem? A resposta não nos pode vir de Derrida, mas da teorização recente de Wolfgang Iser, sobre o estatuto próprio do ficcional literário[48].

---

48. Cf. Wolfgang Iser, *O Fictício e o Imaginário: Perspectivas de uma Antropologia Literária*, trad. Johannes Kretschmer, Rio de Janeiro, Ed. da UERJ, 1996; para a questão que nos ocupa, especialmente Capítulo I, "Atos de Fingir", pp. 13-37, e Capítulo V, "O Jogo do Texto", pp. 303-339.

A INVENÇÃO NO ROMANCE

A particularidade de Iser está no destaque que dá ao papel desempenhado pelo leitor no processo de recepção do texto literário. Assim sendo, para Iser, não se trata de negar a existência da estrutura no texto. Ao invés, interessa-lhe pensar o *efeito* que a estrutura provoca no leitor. O texto ficcional contém "orientações" resultantes da produção autoral, que desautorizam a arbitrariedade interpretativa na medida em que formam uma estrutura. Essa estrutura da obra literária é governada pelo difuso do imaginário. Aí, justamente, sua diferença com a "estrutura" de Lévi-Strauss.

O ato de fingir repete no texto literário a realidade, transformando-a em signo, portanto, transgredindo os seus limites originais. Por meio dessa repetição, o ato de fingir atribui uma configuração específica ao imaginário, a exposta pelo próprio texto: "...a realidade se transforma em signo e o imaginário em efeito (*Vorstellbarkeit*) do que é assim referido"[49]. O ato de fingir consiste, pois, na irrealização do real e na realização do imaginário, cujo caráter fluido, difuso e caprichoso assume, por esse processo, uma configuração.

A pragmática *sui generis* do ficcional literário desperta uma *tensão* no leitor, que, por seu turno, tentará solucioná-la pela semantização dos "vazios" encontrados no texto. Ao tempo em que essa semantização é um ato indispensável é também uma tentativa de normalização que contraria o acontecimento do imaginário, pois lhe é próprio romper os seus sistemas de referência (antes caracteriza a referência do que se mostra determinado por ela). O discurso ficcional, por conseguinte, coloca em crise os pressupostos da semântica. O leitor, todavia, procura controlar o acontecimento do imaginário, tornando-o familiar a si mesmo:

> Parece portanto natural que a experiência do caráter de acontecimento do imaginário provoque no receptor a demanda de fixação do sentido, para que o acontecimento seja reconduzido ao familiar, conquanto assim se contradite o acontecimento, pois é próprio dele ultrapassar os sistemas de referência. No entanto, mesmo que se saiba disso, não se deve suspender a semantização desta experiência. Uma vez que estes processos são, por sua natureza, imprescindíveis, deve-se pelo menos compreendê-los com maior

49. *Idem*, p. 14.

clareza. Se a semantização e os atos de doação de sentido resultantes derivam da tensão que se apossa do receptor do texto ficcional, *então o sentido do texto é apenas a pragmatização do imaginário e não algo inscrito no próprio texto ou que lhe pertencesse como sua razão final*. Se assim considerarmos, o sentido do texto não seria nem sua última palavra (*sein Letztes*), nem seu termo originário, mas sim uma operação inevitável de tradução, provocada e tornada necessária pela força de acontecimento da experiência do imaginário[50].

Embora longa a citação, não nos abstivemos de fazê-la, haja vista a importância que tem para nossas próprias considerações. De fato, com apoio na teorização de Iser, chegamos a um esclarecimento de nossa própria recepção, em princípio, oscilante entre o reconhecimento da polissemia ilimitada do texto oswaldiano e a afirmação de um seu sentido profundo, último. Ora, esse sentido não está em contradição com a polissemia do texto, já que não está inscrito no texto, mas em nós em relação a ele[51]. Esse sentido deve ser percebido como *suplementaridade* (palavra-chave seja na reflexão de Derrida, seja na de Iser). É a suplementação de uma carência no âmbito do significado, realizada no presente contexto, esperamos, sem arbitrariedade.

Essa suplementação de significado representa a nossa vitória no jogo do texto. A significação, está claro, não é previamente dada ao texto, mas surge *no* jogo, como seu fim ocasional. Quer dizer, através da significação encontrada paralisamos o jogo. Para prossegui-lo, seria necessário decompor nossa própria ocupação. Então o jogo recomeçaria... O jogo, em si, pode ser infinito, conforme à afirmação nietzschiana. Ao que nos compete, entretanto, devemos reconhecer que nesse caso será mais proveitoso convidar outro jogador para o "biscoito fino".

50. *Idem*, pp. 29-30 (grifo nosso).
51. A propósito, cf., também, Wolfgang Iser, "Problemas da Teoria da Literatura Atual: O Imaginário e os Conceitos-Chaves da Época", em Luiz Costa Lima (org.), *Teoria da Literatura em Suas Fontes*, vol. II, Rio de Janeiro, Francisco Alves, 1983, pp. 378-379: "O sentido não é o horizonte final do texto literário, mas apenas dos discursos de teoria da literatura, que assim agem para que o texto se torne traduzível".

2

A Assunção Radical
na Ficcionalidade

Há algo de deliberadamente infantil em Oswald de Andrade. Entranhadíssimo, porque caracteriza sua concepção do mundo, da vida, da arte. Esses são vistos como *jogos*; mundo, vida e arte são experiências tidas como lúdicas, pouco importando a pressão racionalista que sobre elas incida. *A Crise da Filosofia Messiânica* nos esclarece: "O homem é o animal que vive entre dois grandes brinquedos – o Amor, onde ganha, a Morte onde perde. Por isso, inventou as artes plásticas, a poesia, a dança, a música, o teatro, o circo e, enfim, o cinema"[1]. A garantia dos jogos, sua permanência possível, está no que o autor chama a "constante lúdica" do homem. Assim como a religiosidade (o oswaldiano "sentimento órfico"), a "constante lúdica" deve ser entendida como uma dimensão do ser humano, por conseguinte, presente desde sua origem e fiel acompanhante por épocas e espaços sem conta. É, ainda, na "constante lúdica" que está a possibilidade de uma "arte livre", que não sirva, por imposição, a uma causa política ou razão de Estado (*A Crise...* é de 1950; Oswald preocupado com o endurecimento do regime socialista na então URSS). A motivação última da "arte livre", como ele diz, encontra morada nos "arcanos da alma lúdica"[2].

---

1. Oswald de Andrade, "A Crise da Filosofia Messiânica", *A Utopia Antropofágica*, São Paulo, Globo, 1990, p. 144.
2. *Idem*, p. 145.

SERAFIM PONTE GRANDE E AS DIFICULDADES DA CRÍTICA LITERÁRIA

O elogio ao lúdico humano (como formulado, pouco "acadêmico" para uma tese de concurso...) tem na poesia pau-brasil sua atualização literária mais explícita. Com efeito, temos uma poesia que se pretende "ágil e cândida como uma criança". Em especial há um poema, "3 de Maio", que refere a relação infância/poesia: "Aprendi com meu filho de dez anos / Que a poesia é a descoberta / Das coisas que eu nunca vi"[3]. Curiosa inversão: o escritor modernista, na linha de frente da renovação cultural do país, não ensina, mas sim aprende poesia com o filho pequenino.

A poesia é a descoberta de coisas insuspeitadas. É, noutros termos, "a alegria dos que não sabem e descobrem", como se lê no "Manifesto da Poesia Pau-Brasil". Ora, essa alegria do achado novo é marca típica da infância. É próprio à criança descobrir coisas interessantes, desvendar novas e surpreendentes relações nos materiais que traz às suas brincadeiras. Walter Benjamin, autor de belíssimas páginas sobre a infância, chama a atenção para a especial atração que as crianças têm pelos destroços, isto é, os materiais desprezados pelos adultos, como restos que surgem da construção, do trabalho no jardim ou na casa, da atividade do alfaiate ou do marceneiro[4]. Ao manipular esses restos, considerados *sem-função* pelos antigos proprietários, a criança os reinventa, torna-os novos. Não imita, nesse processo, o trabalho dos adultos; pelo contrário, aponta para uma via outra de compreensão da realidade. Voltaremos a esse ponto, particularmente, mais adiante.

O filho de dez anos ensina poesia ao pai. A ação da criança, aqui, é valorizada no *hoje* em que se desenrola, isto é, no seu presente, residência concreta de sua participação na história. Em outras palavras, o gesto infantil não é a promessa de um vir-a-ser que deverá justificá-lo amanhã, todo o seu potencial está contido no seu próprio momento. A oportunidade de apreciar o gesto da criança, tal como efetivamente se dá, proporciona ao escritor modernista

---

3. Oswald de Andrade, *Pau-Brasil*, São Paulo, Globo, 1991, p. 99.
4. A propósito, cf. Solange Jobim e Souza, *Infância e Linguagem: Bakhtin, Vygotski e Benjamin*, Campinas, Papirus, 1995, pp. 149-150.

A INVENÇÃO NO ROMANCE

projetá-lo sobre a experiência por ele próprio vivida, e criticá-la a partir de um olhar original. É isso que, em última instância, garante a sua aprendizagem poética.

Oswald faz versos "como se estivesse a brincar", escreve Manuel Bandeira. E não inclui a poesia pau-brasil na antologia que organiza. De fato, nessa poesia não falta algo de infantil... A crítica de Bandeira, todavia, não aprofunda esse ponto, limitando-se a denunciar a falta de "verdadeira inspiração" nos poemas, a seu ver, irônicos e pouco valorosos em si, feitos para sugerir novos caminhos aos futuros escritores.

Crítica de fato consistente é devida a Roberto Schwarz. No seu entender, os achados da inocência pau-brasil pagam sua plenitude, esteticamente notável, "com um quê de irrealidade e infantilismo"[5]. Esse quê implica uma limitação de cunho ideológico. Inicialmente, o ensaísta já identificara a matéria-prima do poema pau-brasil como obtida mediante duas operações: "a justaposição de elementos próprios ao Brasil-Colônia e ao Brasil burguês, e a elevação do produto – desconjuntado por definição – à dignidade de alegoria do país". Para Schwarz, justamente dessa justaposição, conforme realizada pela síntese oswaldiana, resulta a limitação sugerida, pois... "surpreendentemente, o resultado é valorizador: a supressão do antagonismo e sua transformação em contraste pitoresco, onde nenhum dos termos é negativo, vem de par com a sua designação para símbolo do Brasil". Assim, a poética pau-brasil, embora encarando de frente as disparidades nacionais, em certo sentido, na forma de sua representação, suprimia-lhes muito do antagonismo e da negatividade, o que, segundo o raciocínio exposto, denotaria uma "correspondência entre esta estética e o progressismo conservador da burguesia cosmopolita do café"[6].

O infantilismo oswaldiano, nessa linha, deve ser entendido como uma opção por esquecer os fundamentos perversos coloca-

---

5. Roberto Schwarz, "A Carroça, o Bonde e o Poeta Modernista", *Que Horas São?*, São Paulo, Companhias das Letras, 1987, p. 27.
6. *Idem*, pp. 12, 21-22 e 27.

dos pelo sistema socioeconômico vigente no Brasil de 1920. É nossa intenção propor outra leitura para o "infantilismo" de Oswald, considerando sua importância para a consolidação do que chamaremos aqui um *comportamento ficcional*. Com efeito, podemos avançar, na produção modernista do autor não há "timidez literária", complexo de inferioridade ou dilaceração frente a outras ordens discursivas, mas sim assunção radical da ficcionalidade[7].

O comportamento ficcional de Oswald surge associado, de certa maneira, à compreensão que tinha da realidade sociocultural brasileira. Embora não convenha cogitar numa determinação causal, cumpriria notar que a ficção oswaldiana responde a estímulos derivados de sua reflexão sobre: *a*) a especificidade da cultura brasileira, *b*) do seu comparecimento no circuito cultural internacional. Considerada essa perspectiva geral, a crítica de Schwarz à poesia pau-brasil ganha relevância, na medida em que aponta para os limites da criticidade oswaldiana na cena modernista, historicamente determinada.

Em *Pau-Brasil*, Oswald articularia, poeticamente, uma sorte de "ufanismo crítico": "o Brasil pré-burguês, quase virgem de puritanismo e cálculo econômico, assimila de forma sábia e poética as vantagens do progresso, *prefigurando a humanidade pós-burguesa*, desrecalcada e fraterna; além do que oferece uma plataforma positiva de onde objetar à sociedade contemporânea" (grifo do autor)[8]. Trata-se de uma poesia que persegue, nas certeiras palavras do crítico, "a miragem de um progresso inocente"[9].

7. Elaboramos a idéia de "timidez literária" inspirados em ensaio de Antonio Candido, "Timidez do Romance", *A Educação pela Noite e Outros Ensaios*, São Paulo, Ática, 1989, pp. 82-83: "Não é raro ver os escritores envergonhados do que fazem, como se estivessem praticando um ato reprovável ou desertando de função mais digna. Então, enxertam na sua obra um máximo de não-literatura, sobrecarregam-na de moral ou política, de religião ou sociologia, pensando justificá-la deste modo, não apenas ante os tribunais da opinião pública, mas ante os tribunais interiores da própria consciência".

8. Roberto Schwarz, "A Carroça, o Bonde e o Poeta Modernista", *op. cit.*, p. 13.

9. *Idem*, p. 24.

A correspondência entre a síntese operada pela poesia pau-brasil, que justapõe de modo não conflituoso o "arcaico" e o "moderno" brasileiros, e o progressismo conservador dos cafeicultores paulistas é um grande "achado" de Roberto Schwarz. Não nos parece cabível, entretanto, supô-la, como é francamente sugerido, "a verdade da poesia pau-brasil". Entendê-la assim significaria reduzi-la, sumariamente, a uma *mímesis* de conduta de classe. Os poemas que compõem, por exemplo, a série "História do Brasil" seriam explicáveis por esse esquema? Em verdade, a junção do "arcaico" e do "moderno" constitui uma operação cara *à primeira geração modernista*, dispostos os participantes à ruptura estética, porém sempre pouco críticos com relação aos legados sociais do Brasil-Colônia. À renovação estética não corresponderia a supressão das raízes antigas, já que nelas estaria supostamente depositada a "originalidade", a "diferença", ou, por outra, nossa "barbárie", considerada no mais das vezes "doce" (o adjetivo é de grande fortuna).

Antes, portanto, de constituir a "verdade" da poesia pau-brasil, a miragem de um progresso inocente é um modo-de-ver conservador que embaça, *grosso modo*, toda a produção literária da vanguarda paulista. Entre *Pau-Brasil*[10] e a burguesia cosmopolita do café seria criticamente desejável o destaque de instâncias mediadoras de ordem cultural, já que as relações econômicas pertinentes, por si sós, não explicam a especificidade da poesia oswaldiana, que ademais trata de organizar matérias diversificadas. No que se refere a Oswald, particularmente, observa-se a persistência de determinado pensamento sobre a cultura brasileira que sobreviveu sobejamente à derrocada das oligarquias cafeeiras. Em face de suas inumeráveis reviravoltas de opinião, poderíamos dizer que sobreviveu a ele próprio.

A idéia básica, que está em *Pau-Brasil,* é nuclear na Antropofagia e chega à filosofia tardia do autor, consiste na afirmação da plasticidade da cultura brasileira. Eis, em grande parte, a "nossa dife-

10. Em verdade, isso vale para toda a obra modernista de Oswald.

rença": capacidade de assimilar, a partir e através de um núcleo geratriz autóctone, diversas e diferentes culturas, *compondo outra*, plural e melhor, porque aberta, criticamente mas sem preconceitos, a contribuições estrangeiras. Em *Pau-Brasil*, essa plasticidade é referida à junção floresta-escola, ou, melhor, à sobrevivência da "floresta" frente à imposição da "escola" pelo agente colonizador. Barbárie e técnica teriam encontrado, na nova nação, o lugar privilegiado de coexistência, não obstante a violência que sempre permeou os seus contatos. Dada essa configuração particular, o poeta modernista pode então revisitar os textos coloniais (vide "História do Brasil") e propor outra leitura do descobrimento, formalmente possibilitada pelo método (não por acaso "selvagem") da bricolagem de peças escriturais preexistentes. O resultado simbólico disso pretende ser a descoberta do Brasil pelos brasileiros[11].

A Antropofagia retoma a "base dupla e presente – a floresta e a escola" e lhe acrescenta, por assim dizer, um grão de anarquia, um viés revolucionário. Valoriza-se sobretudo, no contexto de 1928, a capacidade brasileira de colocar a lei, formulada pela escola, a serviço dos oprimidos pelo sistema implantado. "Ora, nós não temos graves arquivos nem pesados compromissos heráldicos. *Aqui o homem é mais importante do que a lei*. Você não acha, Paulo Mendes Campos, que é melhor assim? Acredite, o Brasil é povo" (grifo nosso)[12]. Já vimos a conseqüência dessa aposta no homem brasileiro, tomado em abstrato, na projeção revolucionária da Antropofagia:

11. Observe-se que o crítico, escritor e historiador cubano de arte, Gerardo Mosquera, considera "a aceitação da colagem resultado decisivo para nosso Continente". Isso posto, complementa seu ponto de vista: "O antropólogo turco Mehmet Ümet Necef falou até de 'jogos étnicos', nos quais os indivíduos adequam suas identidades, ou os fragmentos delas, segundo a própria conveniência, ou só ludicamente. Antes, a identidade fragmentária desorientava e dividia. Hoje é assumida, transformando em vantagem o que se sofria como contradição" (Gerardo Mosquera, *Cozido e Cru*, trad. Fernando Penner, São Paulo, Fundação Memorial da América Latina, 1996, pp. 3 e 10).

12. Oswald de Andrade, "O Êxito na Terra Substitui a Esperança no Céu", *Os Dentes do Dragão*, São Paulo, Globo, 1990, p. 124.

o obscurecimento da situação real de classes compromete o alcance social da libertação ostensivamente sugerida. (Nessa perspectiva, a experiência *elitista* de *El Durasno* é o ponto culminante dos nós mal desatados do pensamento antropofágico.) Afastemo-nos, entretanto, de 1928, e vejamos outro texto do autor em que aborda a famigerada insubmissão brasileira à lei, segundo uma perspectiva diferenciada.

Em "Velhos e Novos Livros", conferência realizada em 1950, Oswald procura dar conta dos destinos do socialismo russo[13]. O que pretende é explicar por que o esforço, em si nobre, de instaurar uma sociedade sem classes ali degenerou, como ele diz, numa "ditadura inominável". O comunismo russo, argumenta ele, é um "comunismo de exceção", porquanto condicionado por determinantes geográficas e psicossociais particulares. Essas últimas, em especial, devem ser tomadas como as responsáveis pelo fracasso da utopia. A promessa de liberdade social teria esbarrado, no país eslavo, com um obstáculo intransponível, qual seja, a "alma russa", cuja marca distintiva seria a volúpia por sofrimento. Alma russa revelada ao mundo pelo gênio de Dostoiévski:

[...] como não recorrermos ao criador de *Crime e Castigo* para explicar a sede de auto-esfacelamento na corte de programas legais, em que a Rússia continua a progredir, agora dentro do regime soviético como outrora sob o cristianismo lúbrico que deu o monge Rasputin?[14]

O sistema soviético teria se pervertido, desde logo, por conta daquela "mania de torturar e ser torturado, a vontade de impor como de aceitar os sofrimentos, que faz da literatura russa o mais lancinante documentário de sadomasoquismo que já existiu"[15].

A supressão da liberdade social efetivada pelo stalinismo já estava prefigurada em "O Grande Inquisidor", capítulo magistral

13. Oswald de Andrade, "Velhos e Novos Livros", *Estética e Política*, São Paulo, Globo, 1992.
14. *Idem*, p. 220.
15. *Idem*, p. 221.

SERAFIM PONTE GRANDE E AS DIFICULDADES DA CRÍTICA LITERÁRIA

do romance *Os Irmãos Karamazov*: "São de uma atualidade ofuscante as palavras do poema de Dostoiévski. É assim que o Grande Inquisidor se gaba de ter suprimido a liberdade para tornar os homens felizes"[16]. Isso posto, Oswald passa a considerar a possibilidade de um socialismo melhor em outros países que não a URSS. O que aconteceria, por exemplo, se empreendimento semelhante fosse tentado no Brasil? A resposta que dá é do maior interesse:

> Acredito lealmente que no Brasil um esquema rígido e ortodoxo se desmoralizaria na prática do poder. Nós somos bastante próximos das culturas primitivas, matriarcais e dadivosas para nos dobrar fácil e vilmente a qualquer ortodoxia burocrática e impassível[17].

Contrariamente à triste alma russa, dada ao sofrimento e à servidão, é de esperar que a alma brasileira, também sofrida porém alegre, conteste quaisquer imposições ditatoriais em favor de um socialismo mais fraterno[18]. Como se nota, o argumento de 1950 recupera idéia já exposta em 1928: do amálgama de "floresta" e "escola" da formação histórica resultou um país que se encontra na vanguarda, como "piloto do barco" da revolução social, capaz mais

16. *Idem*, p. 228.
17. *Idem*, p. 226.
18. Espantoso e muito interessante esse otimismo com relação ao Brasil, que bem vale ser inquirido. Não cumpriria ele uma complacente função ideológica, no sentido mais genérico proposto por Paul Ricoeur: autorepresentação idealizada de um povo? Otimismo, aliás, que se estica na medida em que se adia o "futuro" do "país do futuro". Darcy Ribeiro, em seu livro sobre nossa formação histórica, estuda em primeiro plano os inumeráveis sacrifícios humanos, sobretudo de índios e negros, provocados pelo processo civilizatório instaurado com a colonização. A sua análise, que traz à tona a violência sem limite da gênese nacional, certamente nada tem de oswaldiana, e, não obstante isso, comporta uma passagem que bem poderia ser assinada por nosso autor: "...somos uma província da civilização ocidental. Uma nova Roma, uma matriz ativa da civilização neolatina. Melhor que as outras, porque lavada em sangue negro e em sangue índio, cujo papel, doravante, menos que absorver europeidades, será ensinar o mundo a viver mais alegre e mais feliz" (Darcy Ribeiro, *O Povo Brasileiro: A Formação e o Sentido do Brasil*, São Paulo, Companhia das Letras, 1997, p. 265).

A INVENÇÃO NO ROMANCE

que outros de queimar uma etapa da evolução histórico-econômica e saltar da sociedade pré-burguesa diretamente ao comunitarismo de Pindorama, onde técnica e liberdade hão de dar as mãos.

As reflexões de Oswald se estendem também ao campo da estética, e nesse ponto está a informação mais preciosa de seu texto. Ele se pergunta se a "estreita dogmática estética" ditada por Jdanov na URSS, o chamado "realismo socialista", de triste memória para a criatividade russa, medraria também em outros países. Observa que revistas ocidentais procuram promover o culto a Jdanov e às suas "leis estéticas", a seu ver, eficientes assassinas das qualidades da arte soviética. Como se comportariam outros países frente à imposição de uma ditadura estética? Ora, ainda aqui é de esperar que um país com as características do Brasil resista à imposição cultural com fins políticos:

Isto de querer impor o esquema russo ao mundo me parece um esforço inútil, pois há imperativos de tradição social, de cultura racial e de geopolítica que darão ao socialismo vitorioso formas particulares a cada nação onde vingar. Quanto ao modernismo, ele vingará também[19].

É clara a aposta oswaldiana na vocação, por assim dizer, *ontológica* do Brasil para a consolidação das conquistas da arte moderna. Essa aposta se coaduna, entre nós, com uma célebre formulação teórica devida a Antonio Candido. Considerando o importante papel que a arte primitiva, o folclore e a etnografia tiveram para a definição das estéticas modernas, Antonio Candido haveria de propor:

19. Oswald de Andrade, "Velhos e Novos Livros", *op. cit.*, p. 224. Como é de nosso interesse, aqui, analisar as implicações das colocações oswaldianas para a definição de seu comportamento ficcional, deixamos arbitrariamente de lado os seus comprometimentos políticos na cena brasileira da época. Quanto ao assunto, basta-nos assinalar que essas colocações são aproveitadas para encetar uma dura crítica ao PCB, liderado então por Luís Carlos Prestes. Para o autor, o PCB não considera devidamente a especificidade nacional brasileira, orientando-se pelo doutrinarismo soviético.

SERAFIM PONTE GRANDE E AS DIFICULDADES DA CRÍTICA LITERÁRIA

Ora, no Brasil as culturas primitivas se misturam à vida cotidiana ou são reminiscências de um passado recente. As terríveis ousadias de um Picasso, um Brancusi, um Max Jacob, um Tristan Tzara, eram, no fundo, mais coerentes com a nossa herança cultural do que com a deles[20].

Ainda para Candido, nossa herança cultural nos predispunha a aceitar e assimilar procedimentos estéticos que na Europa passavam por pura aberração, considerados em geral sem razão-de-ser no meio social e face às tradições espirituais do velho continente. Em data mais recente, outro autor, o historiador Perry Anderson, também associa a condição pré-capitalista dos países latino-americanos com determinado revolucionarismo estético. Vale a pena lembrar aqui seu argumento básico, pois de certa forma ele vem de encontro e amplia a hipótese do crítico brasileiro e, por extensão, de Oswald de Andrade.

Anderson começa lembrando o apreço surrealista pela sucata, isto é, pela matéria-prima envelhecida e desprezada pela trajetória evolutiva do capitalismo[21]. Com apoio em Fredric Jameson (*Marxismo e Forma*), Perry Anderson observa que na sucata dos anos 1920 os surrealistas encontravam os produtos ideais para o investimento, por eles almejado, de energia psíquica. O que tornava essa operação possível era a marca ainda não apagada do trabalho humano naquela matéria-prima, considerada então superada pelo avanço técnico decorrente dos movimentos do capital. Porque o homem, enfim, podia se reconhecer na matéria-sucata (reconhecendo-a como produto seu e para si), ela podia ser investida de energia psíquica e se tornar, enquanto arte, tão significativa e expressiva como um corpo humano. Entretanto, o avanço posterior da maquinaria nos processos produtivos inviabilizou a operação surrealista, porque aprofundou de tal forma a separação entre o homem e seu

20. Antonio Candido, "Literatura e Cultura de 1900 a 1945", *Literatura e Sociedade*, São Paulo, Editora Nacional, 1980, p. 121.
21. Cf. Perry Anderson, "Modernidade e Revolução", *Novos Estudos Cebrap*, trad. Maria Lúcia Montes, São Paulo, Cebrap, n. 14, fev. 1986, pp. 2-15. O ensaio saiu originariamente na *New Left Review*, 144, março-abril 1984.

produto, que se tornou impossível para o primeiro se reconhecer no segundo. O homem aliena-se (ou é alienado) do que, em princípio, seria seu prolongamento natural.

Segundo Anderson, a data-limite dessa nefasta mudança é 1945. Consolidada e universalizada a democracia burguesa, destruída a velha ordem semi-aristocrática ou agrária que ainda permanecia em países europeus (o que já não era, há tempos, a realidade norte-americana) e instalada a civilização capitalista monoliticamente industrial e consumista, estava dado o golpe de morte na vitalidade do modernismo. A partir daí, em alguns anos, como ele lembra, assistiu-se a um declínio da literatura e da arte européias, que pareciam, pouco antes da Segunda Guerra Mundial, destinadas a um desenvolvimento ilimitado de suas possibilidades e horizontes.

O pressuposto dessa análise deve ser por nós destacado: a revolução artística dos modernistas dependia de um certo anacronismo socioeconômico, que permitia, já no plano cultural, a detecção crítica dos limites de um aburguesamento ainda em processo. Em outros termos, o modernismo artístico dependia, para sua boa sobrevivência, de um "laço crítico com o passado pré-capitalista".

A situação do capitalismo europeu – sempre segundo Anderson – é particular e não encontra correspondência no que se passa no Terceiro Mundo. Em muitos países desse, o que se verifica é uma configuração semelhante à que prevalecia na Europa de antes da Segunda Guerra: desenvolvimento rápido e dinâmico do capitalismo, por um lado, mas indefinição de sua trajetória e falta de estabilidade, por outro. Em tal conjuntura, deve permanecer viva a possibilidade de uma revolução socialista. Está viva também – aqui a colocação do autor que nos interessa especialmente – a possibilidade de um modernismo artístico vigoroso, de que é exemplo já digno de menção a literatura latino-americana dos anos 1970.

Vê-se que tanto Candido quanto Perry Anderson concebem o espaço latino-americano como o reduto coerente, ou, quando menos, o guardião dos princípios revolucionários da arte moderna. Para Anderson, o fato principal está no descompasso histórico-eco-

SERAFIM PONTE GRANDE E AS DIFICULDADES DA CRÍTICA LITERÁRIA

nômico que caracteriza o continente. Ora, passadas menos de duas décadas de sua análise, é forçoso reconhecer que seu argumento básico, então muito plausível, perdeu o chão social no qual se apoiava. No que se refere ao Brasil, basta pensarmos, para ficar com um exemplo do dia, no chamado "efeito dominó" das bolsas de valores, globalmente articuladas, efeito do qual o país hoje não escapa, *antes influencia*, para nos darmos conta de como e quão integrados estamos na "nova ordem" capitalista mundial. O anacronismo nacional, não superado porém reconfigurado conforme novas necessidades do mercado externo, não favorece em absoluto uma saída revolucionária, seja ela de caráter social ou artístico. Dito de modo mais direto: de nosso *atraso* ficou mais difícil tirar alguma vantagem. Quanto a Antonio Candido, sua hipótese antes se ampara numa argumentação cultorológica e, nesse sentido, está mais próxima da visão oswaldiana. Com efeito, o crítico sugere uma concordância entre a produção da vanguarda histórica e o primitivismo cultural brasileiro, o que nos predisporia, digamos, naturalmente, à ousadia estética. Parece-nos uma argumentação correta, mas apenas em parte. A arte moderna não surgiu no Brasil (malgrado o "Manifesto Antropófago": "[...] já tínhamos a língua surrealista") e a apropriação do legado primitivista se fez em termos *de uma reflexão européia* sobre os limites do europocentrismo artístico (portanto, como decodificação dos códigos da arte primitiva através de categorias analíticas elaboradas no contexto espiritual europeu). Enfim, embora ao alcance da mão, o nosso primitivismo não nos garantia o moderno *avant la lettre*. Em verdade, a assimilação da modernidade artística se fez aqui a duras penas, e de modo muitas vezes superficial. Ora, tanto é assim que, ainda nos anos 1950, um crítico empenhado na causa da arte moderna, Mário Pedrosa, precisava travar discussões tremendas em favor da abstração, porque muitos a supunham inconciliável com o engajamento social, julgando-a ainda "intelectualista", "contorsionista", "egoísta", etc., logo sem razão-de-ser no Brasil[22].

22. A propósito, cf. o importante livro de Otília Beatriz Fiori Arantes, *Mário*

Já é hora de retomar Oswald de Andrade. Supomos que o recurso às argumentações de Antonio Candido e Perry Anderson tenha demonstrado que seu otimismo ou esperança com relação ao espaço latino-americano não constitui um fato isolado. Entretanto, o seu caso se reveste de um caráter particular, que deve ser assinalado. Sob esse aspecto, "Velhos e Novos Livros" é muito útil: referindo-se a um caso particular de ditadura, a soviética, sugere que no Brasil existem forças de resistência às leis autoritariamente decretadas. Privilégio nosso, advindo da proximidade das "culturas primitivas, matriarcais e dadivosas", das quais os países europeus e a URSS só têm o conhecimento livresco.

A análise oswaldiana estabelece uma dicotomia básica, tão clara quanto idealista, que sustenta toda a sua reflexão cultural: contrapõe ao "duro" e "frio" racionalismo europeu, norte-americano e em certo sentido também soviético, em suma, à mentalidade desencantada do Norte, a imaginação plural e devoradora latino-americana, em especial a brasileira, que não se dobra fácil às exigências pragmáticas da política e da economia. O "Manifesto Antropófago" sintetiza a questão, aliás, numa frase incisiva: "Mas nunca admitimos o nascimento da lógica entre nós". Desqualifica-se o cientificismo dos países centrais em favor da *cordialidade* do modo brasileiro, primitivo, de ser e de pensar.

É cabível perseguir a projeção do pensamento oswaldiano quer nas ilações de cunho socioeconômico, quer artísticas que configurou. Para o primeiro caso, basta que sublinhemos as próprias palavras do escritor. De fato, elas não deixam dúvida: no Brasil venceu a miscigenação de raças e de culturas, que é marca de nossa superior plasticidade, acima das mesquinharias pecuniárias:

[...] veja-se como Nabuco e Eduardo Prado estão aí para acentuar a sólida repulsa que sempre nos ocasionou o homem de negócios insensível e frio, com olhos de dólar e unhas de coveiro, falando um *slang* de dar dor de ouvidos e incapaz de entender o nosso "homem cordial" que muito bem

Pedrosa: *Itinerário Crítico*, São Paulo, Scritta Editorial, 1991, especialmente o capítulo II, "Abstração e Modernidade", pp. 31-77.

SERAFIM PONTE GRANDE E AS DIFICULDADES DA CRÍTICA LITERÁRIA

identificou Sérgio Buarque de Hollanda em suas *Raízes do Brasil* [...] aqui não sofremos ainda a interferência deformadora dos grandes *parvenus* da era da máquina. Ao contrário, entre nós alastrou-se e criou raízes em coordenadas de superior inteligência humana, a característica civilização luso-tropical que nos ensinou a igualdade prática das raças e a boa vontade como elo do trabalho, da cooperação e da vida[23].

É a mesma crença que o leva a indicar para a Alemanha nazista o remédio da "mulatização". Que o país "racista, purista e recordista" se deixe salvar, passando a ser "educado", entre outros, pelo mulato brasileiro[24].

O pensamento oswaldiano acima exposto é antidogmático e humanitário, e assim deve ser considerado pela crítica contemporânea. Não obstante, contém óbvias deformações e, bem pesado o conceito, hoje pode ser interpretado como ideologia. Afinal, bem sabemos que a alardeada "democracia racial" não passa de um mito deste país, sabemos da marginalização socioeconômica a que está submetida a população negra, estamos conscientes, enfim, de que o culto à miscigenação encobre um desejo não explicitado de "branqueamento" progressivo do povo brasileiro.

Como dito antes, todavia, há também implicações estéticas em jogo nesse horizonte, e agora devemos passar a elas para enfim chegarmos à ficção do autor. Nessa perspectiva, o que importa destacar é a oposição que Oswald estabelece entre o pensamento racionalista, científico e desencantado do Norte e o tipo de imaginação que julga específica dos trópicos. Digamos, em princípio, que Oswald desqualifica o cientificismo para afirmar a "cons-

23. Oswald de Andrade, "Aqui Foi o Sul que Venceu", *Ponta de Lança*, São Paulo, Globo, 1991, pp. 73-74.
24. Cf. Oswald de Andrade, "Sol da Meia-Noite", *Ponta de Lança*, pp. 83-84. Como escreve Silviano Santiago em "Sobre Plataformas e Testamentos", texto introdutório da edição citada de *Ponta de Lança*, pp. 21-22: "A mulatização corresponde, primeiro, a um indispensável questionamento da civilização ocidental pela pluralidade e pelo relativismo e, em seguida, ao descentramento econômico, social e cultural na construção do avanço da sociedade".

A INVENÇÃO NO ROMANCE

tante lúdica" do homem, reprimida pela racionalização do mundo administrado[25].

As limitações do pensamento oswaldiano no que se refere ao confronto da cultura brasileira com os países centrais já foram apontadas com muita acuidade por Luiz Costa Lima. Como ele nos adverte, a intuição oswaldiana consiste basicamente no afirmar a capacidade local (também latino-americana) de canibalizar tudo o que aqui aporta, isto é, o acervo ocidental – exercício de que deve resultar nossa autonomia intelectual. Mais ainda: considerado que a colonização se deu aqui de modo incompleto, supõe-se que, através da canibalização, os valores ocidentais podem recuperar seu traço sensível, solapado pelo abstracionismo da razão iluminista.

25. Não seria mais ou menos essa, aliás, uma linha teórica referendada pelas análises de um Richard Morse? Antes de prosseguirmos com Oswald, recordemos aqui o que o "brasilianista" considera o "toque brasileiro" da literatura machadiana: "Agora viam [os ibero-americanos], como o presciente Machado de Assis tinha visto décadas atrás, que para eles o positivismo e o naturalismo não culminariam na terra deserta de T. S. Eliot, porque, para o bem ou para o mal, o cientificismo e a servidão psíquica não haviam alcançado um domínio total em seu mundo [...] O conto O Alienista de Machado de Assis, por exemplo, fala de um médico rigidamente científico que aprisiona em seu manicômio quatro quintos da população da cidade por não preencherem os requisitos da saúde mental. Stephen Crane ou Ambrose Bierce provavelmente teriam terminado o conto aí, mas Machado acrescenta o toque brasileiro: o alienista chega à conclusão de que o indivíduo racional e equilibrado deve ser o verdadeiro louco, livra seus pacientes e decide internar-se ele mesmo no manicômio" (cf. Richard Morse, O Espelho de Próspero: Cultura e Idéias nas Américas, trad. Paulo Neves, São Paulo, Companhia das Letras, 1988, p. 135). Pode-se, no caso, contestar que Morse não considera devidamente o fato de Machado criticar, sem dúvida de par com o cientificismo ocidental, um cientificismo que é também brasileiro. Reparo talvez necessário, mas que de forma alguma desmerece sua interpretação, que não supõe a ausência de cientificismo e servidão psíquica no Brasil, mas tãosomente que esses não atingiram "domínio total" sobre corações e mentes. De encontro à interpretação de Morse seriam citáveis as seguintes palavras de Oswald: "Nada mais doloroso que a desumanização produzida pelo cálculo, pela certeza do cálculo. E sejamos francos, nada mais inumano do que a certeza" (Oswald de Andrade, "Ainda o Matriarcado", A Utopia Antropofágica, p. 218).

SERAFIM PONTE GRANDE E AS DIFICULDADES DA CRÍTICA LITERÁRIA

"Piloto do barco", a América Latina dispõe de condições únicas para corrigir o Ocidente... Como nota Costa Lima, "é também evidente que seu canibalismo simbólico se encarava a si mesmo como o depositário fiel dos valores ocidentais"[26]. Isso porque, segundo entende o crítico, o processo antropofágico mediante o qual a outridade é assimilada, conquanto suponha uma metamorfose, não se logra realizar sem que se *preserve* o produto trazido ao banquete: "o valor prévio permanece e continua a circular em um novo corpo". A profunda ligação da Antropofagia Cultural com os valores do Ocidente, nesse sentido, "ou implica que eles são no fundo isentos de crítica ou praticamente se abranda a crítica que se lhes faça. Eles seriam uma espécie de lar que tanto apreciamos que inibimos seu questionamento"[27]. A aliança com os valores ocidentais limita a ação crítica da proposta oswaldiana. Ora, essa crítica é tanto mais imprescindível quando se lembra com Luiz Costa Lima que a tão louvada razão ocidental, pretendendo-se "científica", produziu campos de concentração em território europeu. Crítica igualmente imprescindível quando mais não seja porque derivaram de uma razão técnica e instrumental (afastado todo envolvimento considerado "romântico") as recentes ditaduras latino-americanas. Acontecimento histórico, diga-se de passagem, que compromete a hipótese oswaldiana da resistência brasileira às ditaduras, proposta em "Velhos e Novos Livros".

No contexto mesmo de 1928 é possível detectar nos escritos oswaldianos, por assim dizer, momentos de máxima tensão, nos quais o diálogo, entre nós sempre problemático, dos valores locais com os ocidentais (entenda-se: dos países não periféricos) toma dimensões irracionalistas. São momentos discursivos em que a metáfora antropofágica cede espaço à proposta de eliminação pura e simples das idéias importadas. Ao invés de "devoração", fala-se aí em "supressão", "queima", "salto para fora". Já no "Manifesto", por

26. Luiz Costa Lima, "Antropofagia e Controle do Imaginário", *Pensando nos Trópicos (Dispersa Demanda II)*, Rio de Janeiro, Rocco, 1991, p. 31.
27. *Idem*, p. 32.

A INVENÇÃO NO ROMANCE

exemplo, é proposto: "Suprimamos as idéias e as outras paralisias. Pelos roteiros. Acreditar nos sinais, acreditar nos instrumentos e nas estrelas". Não fossem os "instrumentos" e se poderia pensar que Oswald cogita aí num espaço-tempo primitivista que abdicasse da técnica moderna. Passagem mais notável, porém, está em outro texto de 1928, no qual se fala da necessidade de saltar do bonde civilizatório: "Todas as nossas reformas, todas as nossas reações costumam ser dentro do bonde da civilização importada. Precisamos saltar do bonde, precisamos queimar o bonde"[28].

Realmente difícil essa operação... como o próprio escritor assinala. Seja como for, está sempre afirmada, nessa linha de pensamento, a dicotomia básica: de um lado, o racionalismo do Norte, de outro, o imaginário tropical, respectivamente, os pólos negativo e positivo de um amplo sistema sociocultural. Esquema interpretativo binário, "nós" e os "outros", valorativamente contrapostos e julgados, também delimitados os papéis a serem cumpridos por cada um. Esquema frágil e reducionista, decerto, ao qual só se faz justiça levando-se analiticamente em conta o nacionalismo modernista, refratário à condição colonial. Dado o peso desse esquema interpretativo no pensamento oswaldiano, sobretudo no que se refere à década de 1920, cabe perguntar por suas conseqüências no modo literário do autor.

Embora não o reconheça explicitamente, o pensamento ocidental tende a constituir o discurso ficcional como discurso menor, passatempo, perfumaria, bobagem etc. Nesse sentido, considera a atividade literária como dispêndio de tempo, talento e energia na construção de objetos inúteis (salvo quando o mercado consegue resgatá-los, convertendo-os em lucros monetários). De fato, existe uma hierarquização dos diferentes discursos, na qual o discurso científico, tido como o "verdadeiro" ou pelo menos compromissado com a "verdade", ocupa o mais alto posto, e o discurso ficcional se não o último, um dos últimos[29]. Isso tudo conduz a um verdadeiro

---

28. Oswald de Andrade, "Contra os Emboabas", *Os Dentes do Dragão*, p. 41.
29. Sobre a hierarquização dos discursos e os poderes que a regulam, cf.

recalque do discurso ficcional, que precisa estar sempre às voltas com autojustificativas.

Entende-se que o discurso ficcional tem algum valor ora porque está próximo da História, "ilustra" uma época, uma corrente filosófica ou premissas psicanalíticas, ora porque "expressa" uma nacionalidade, logo é "natural", "verossímil", e dentro do possível, "sincero"... *Em suma, não tem dignidade própria.* Para se justificar, deve remeter, *sempre*, a outras ordens discursivas e a conhecimentos reconhecidos como importantes, e muitas vezes se reduzir e então ser o que exclusivamente não é. Em Oswald de Andrade, de certa maneira, ocorre uma inversão desses pressupostos tão antigos quanto resistentes às mudanças históricas. Concebendo que a "verdadeira arte" está ligada "em suas raízes mais profundas à pureza e à força natural do primitivismo"[30], o escritor conseguiu engendrar um comportamento ficcional não tímido, isto é, assumidamente ficcional, sem qualquer complexo de inferioridade.

O filho de dez anos ensina poesia ao pai. Esse faz versos "como se estivesse a brincar..." De fato, Oswald compartilha com as crianças o gosto especial pelos restos, destroços do trabalho alheio e que tendem a se perder no tempo, esquecidos ou desprezados. No seu caso, são os restos textuais que interessam. Em "História do Brasil", por exemplo, resgata peças dos cronistas coloniais, fragmentos delas, inserindo-as num novo contexto. Por esse procedimento construtivo, produz algo como uma fissão semântica, isto é, o detonamento de uma relação habitual entre um significante e o seu significado. Como a garrafa que saiu de sobre a mesa de jantar e foi parar na tela do pintor modernista, o texto de Caminha saiu da *Carta* e foi parar na poesia para exportação paubrasil. O poema "Pero Vaz Caminha" pressupõe o texto da *Carta*, na medida em que o contém descontextualizado/contextualizado

---

Michel Foucault, *A Ordem do Discurso*, trad. Laura Fraga de Almeida Sampaio, São Paulo, Edições Loyola, 1996.

30. Oswald de Andrade, "Caem os Dentes do Dragão", *Os Dentes do Dragão*, p. 212.

numa nova ordem sêmica, a qual promove o desentranhamento de significações originais a partir de um conjunto de signos já aparentemente esgotado. E esgotado porque o que tinha a dizer fora ao longo do tempo e da tradição sedimentado por determinadas leituras, estereotipadas ou não, as quais o impediam de projetar novas possibilidades (nele "latentes") de comunicação. Em outro nível de experiência, a criança é capaz de realizar o mesmo, digamos, com um toquinho de madeira abandonado, que irá re-significar no contexto de sua brincadeira[31].

É comum, na obra oswaldiana, a aproximação da figura do artista com os universos próprios da criança, do primitivo e do louco. Em geral, nesse pormenor, costuma se referir explicitamente a Nietzsche. Poderíamos dizer que nosso autor incorporou a tradição "perigosa" do irracionalismo alemão ao irracionalismo bem-humorado do primitivismo à brasileira (como aliás, mais tarde, fará a Antropofagia filosófica com o existencialismo sartriano colhido em *O Ser e o Nada*). Do ponto de vista literário, isso significou um (des)regramento do bom comportamento ficcional. De fato, os fragmentos textuais são apropriados em geral em chave paródica. A exemplo dos títulos livres que encimam os fragmentos de textos coloniais em *Pau-Brasil*, e que lhes alteram ironicamente o sentido matriz, as grandes unidades sintagmáticas de *Serafim* correspondem a apropriações paródicas de outros tantos modos literários. Oswald brinca com esses "fragmentos de livros" numa brincadeira literária séria (embora, para muitos, possa parecer simples "piada").

Finalmente, como a criança do conto maravilhoso que denuncia, contra a hipocrisia e o medo generalizados, o estado verdadeiro do monarca ("o rei está nu!"), Oswald de Andrade assume o fictício de seu discurso. Em outros termos, realiza o que em teoria literária convenciona-se denominar "desnudamento do processo".

---

31. Para uma caracterização do poeta como "criança grande", cf., do próprio Oswald de Andrade, "Do Órfico e Mais Cogitações", *Estética e Política*, p. 288: "É um estado de criança esse que acompanha o artista em toda a sua vida".

SERAFIM PONTE GRANDE E AS DIFICULDADES DA CRÍTICA LITERÁRIA

Lembre-se o diálogo de Serafim e Pinto Calçudo, ambos preocupados com a importância dos papéis por eles desempenhados no romance:

Mas Serafim insiste, dirige-se atrás dele até o reservado dos homens e grita-lhe:
— Diga-me uma coisa. Quem é nesse livro o personagem principal? Eu ou você?
Pinto Calçudo como única resposta solta com toda a força um traque, pelo que é imediatamente posto para fora do romance[32].

Da mesma forma, podemos ler mais adiante:

Se Dona Lalá viesse agora de saias pelo joelho, fazer as cenas indignas do começo do volume, nosso herói a fulminaria repetindo a frase do seu novo amigo, o governador da Cochinchina.
— Não! Mas que educação é esta? Estaremos por acaso na Rússia![33]

Esse desnudamento (ou autodesnudamento) do processo, nada sutil, antes vindo acompanhado dos gestos francamente provocativos das personagens, é tanto mais notável porque realizado no romance, o gênero próprio ao que Luiz Costa Lima denomina um "controle do imaginário". Aceito enquanto próximo da História (forma narrativa privilegiada desde fins do século XVIII) ou da ciência, o romance procura esconder o "estigma da ficção", sua mancha originária na fábula. Ao invés de se desnudar, sua atitude mais freqüente tem sido secularmente a de se camuflar sob as aparências do discurso histórico. Esse último, reconhecido como criação ocidental, não raro é contraposto às fabulas, cuja origem, por sua vez, geralmente é atribuída à imaginação viva dos orientais — comparação que tem por pressuposto a afirmação implícita da superioridade dos europeus. Segundo Costa Lima, caracteriza a razão moderna sua incapacidade de legitimar objetos culturais em que imediatamente não se reconheça. Daí privilegiar o rigor matemático e suspeitar da

32. *SPG*, p. 99.
33. *SPG*, p. 118.

imaginação, sujeita que é aos movimentos *imprevisíveis* das paixões do seu agente. Enfim, reprimido pela razão moderna, o romance omite seu caráter ficcional e, assim, endossa o seu veto[34].

É tanto mais notável, ainda, a assunção da ficcionalidade em Oswald porque tem lugar no Brasil, país em que tradicionalmente se procurou emprestar uma "utilidade" à literatura colocando-a *a serviço* da nacionalidade. Para falar mais uma vez com Costa Lima, justifica-se aí o "veto à ficção": controla-se o vôo da imaginação limitando-lhe o curso, que não deve ultrapassar o território da nação, a fim de sempre emprestar-lhe a máxima visibilidade. Como decorrência do "veto à ficção" em nossa cultura, poder-se-ia apontar o êxito, sem paralelo, do romance realista e de costumes, do romance documental ou, mais recentemente, do romance-reportagem, formas decerto mais assimiláveis pelo público leitor brasileiro (de resto, como se sabe, pouco amparado ou estimulado pelos órgãos oficiais de educação). Dito isso, parece-nos oportuno lembrar que Oswald de Andrade sempre considerou um retrocesso o abandono da linha experimental do romance modernista, já vista como "burguesa" nos anos 1930 pelos novos escritores, sobretudo nordestinos, e só retomada muito mais tarde, ao ver de nosso autor, por uma Clarice Lispector e um Guimarães Rosa[35].

Em *Serafim Ponte Grande*, o desnudamento não se restringe às duas passagens acima citadas. A própria utilização ostensiva dos fragmentos de livros, colocando à vista a atividade combinatória do escritor, contribui para esse efeito, o "todo" da composição

---

34. Cf. Luiz Costa Lima, *O Controle do Imaginário: Razão e Imaginação nos Tempos Modernos*, Rio de Janeiro, Forense Universitária, 1989, pp. 110-152. Do mesmo autor, cf., também, "A Narrativa na Escrita da História e da Ficção", *A Aguarrás do Tempo: Ensaios Sobre a Narrativa*, Rio de Janeiro, Rocco, 1989.

35. "Seria preciso um volume inteiro para demonstrar que os 'Búfalos do Nordeste' perturbaram a alta especulação literária que eu e Mário de Andrade estávamos realizando em *Memórias Sentimentais de João Miramar*, *Serafim Ponte Grande* e *Macunaíma*, que só agora é retomada por Clarice Lispector e Guimarães Rosa" (Oswald de Andrade, "Falam os Escritores", *Os Dentes do Dragão*, p. 175).

desvelando-se como manipulação da irreverência pessoal. Além disso, o texto incorpora em si materiais literários heterogêneos: parodia convenções e normas, funde poesia e prosa, mescla estilos, alude ao baixo corporal, ao grotesco, aproxima a contribuição popular do erro gramatical ao pedantismo letrado etc. Essa capacidade de manter unidas dentro de um único espaço textual tal variedade de níveis de linguagem, de foco narrativo e de pontos de vista é, em si, uma marca típica do discurso ficcional, pois combinação semelhante seria contraditória noutras espécies de discurso, de tipo pragmático[36].

A supervalorização oswaldiana do primitivismo, raiz profunda da "verdadeira arte" e privilégio histórico-cultural brasileiro, certamente contribuiu para que o romancista conseguisse lançar, se não um olhar totalmente isento de preconceitos, sem dúvida um olhar simpático à cultura popular, que afinal trouxe à esfera da cultura letrada, obtendo um amálgama do maior interesse. Maria Augusta Fonseca, muito atenta à deglutição dos modos de representação populares, mostrou como o mundo serafiniano guarda proximidade com certa modalidade do cômico circense. A maquiagem grotesca de Serafim, personagem de múltiplas máscaras, substituídas uma a uma ao longo da narrativa, põe em evidência o próprio ato de representação:

> O texto joga com o fingimento da personagem e seu desmascaramento, *mostrando como é que se finge*. Para que isso realmente apareça é preciso que a máscara seja grotesca, que os traços estejam avolumados, que revele a intenção crítica e cômica[37].

Serafim Ponte Grande representa a representação literária e, nessa qualidade, adentra a literatura brasileira, certamente não como exemplo, mas como lição de fingir, preciosíssima.

36. Cf. Wolfgang Iser, *O Fictício e o Imaginário: Perspectivas de uma Antropologia Literária*, p. 20.
37. Maria Augusta Fonseca, *Palhaço da Burguesia: Serafim Ponte Grande, de Oswald de Andrade, e suas Relações com o Universo do Circo*, São Paulo, Polis, 1979, p. 63 (grifo nosso).

É bom que se coloque: desnudar-se, dobrar-se sobre si mesma e autocriticar-se não é característica original da obra oswaldiana. Antes, é uma conquista da modernidade no campo da ficção. A vanguarda histórica, em especial, esteve sempre empenhada na crítica ao discurso ficcional, seja no que diz respeito ao seu estatuto próprio ou ao seu "controle" pela razão moderna, seja quanto às funções exercidas nas sociedades de consumo. Portanto, o que se procura afirmar, aqui, é tão-somente a íntima conexão que une o comportamento ficcional de Oswald com a teorização que elaborou sobre a cultura brasileira, principalmente na década de 1920, mas com sucessivas retomadas posteriores. Essa teorização, sim, é singular, e essencial para a inteligência da produção modernista do autor.

Como se viu, de uma reflexão sobre o primitivismo Oswald chega à crítica da razão ocidental. Essa crítica, a despeito de suas limitações, deve assegurar a possibilidade da "verdadeira arte", "arte livre", brinco da "alma lúdica". Contra a loucura da razão ou seu impulso para a "verdade", tantas vezes unilateral e por isso violento. Com o humor de praxe, Oswald nos fala dessa obsessão cientificista nalgumas páginas de *Serafim*, com as quais enfim vamos encerrando este capítulo. Trata-se da unidade intitulada "Errata" (note-se: já no título a referência ao desejo de correção)[38]. Morto Serafim, fulminado por um raio, sua família decide prestar-lhe uma homenagem póstuma: "perpetuar no bronze filantrópico das comemorações o ex-marido, ex-pai e ex-amigo" (respectivamente, de dona Lalá, de Pombinho, de Celestino Manso, novo marido de Lalá). Ricos latifundiários, os familiares constroem num arrebalde do Juqueri um Asilo "para tratamento da loucura sob suas formas lógicas" (note-se a aproximação decisiva, pouco comum: loucura / lógica). Encomendam também a um pintor, vindo da Europa, um retrato a óleo do falecido (nesse contexto, é de supor que a determinação da origem não seja aleatória; antes responde à necessidade de alfinetar a "esclerosada" cultura européia).

38. Cf. *SPG*, pp. 153-155.

Para a realização da obra, os familiares cedem ao pintor uma foto dominical de Serafim Ponte Grande, o endiabrado herói. Acontece, porém, o artista não conseguir *copiar* o referente: "O pintor trabalhou pacientemente, honestamente, furiosamente. Mas o retrato não saiu parecido". Qual a causa do malogro? Em primeiro lugar, parece-nos importante indicar a complexidade do referente visado: Serafim, o de muitas máscaras, o viajante insaciável. É da natureza desse herói modificar-se *ad infinitum*, partidário que é do movimento permanente. Ora, retratá-lo supõe paralisá-lo. Daí *sua* resistência ao enquadramento. De fato, o elogio oswaldiano à "felicidade guerreira" do homem supera a morte: Serafim "governa os vivos", como é sugerido na epígrafe da unidade.

O esforço do pintor consiste numa tentativa de captação objetiva do referente, vale dizer, busca uma plena coincidência da linguagem pictórica à coisa a ela prévia. Nisto reside sua ilusão: julga poder se apossar da verdade de seu objeto, simplesmente expressá-lo, tal qual é, noutro meio. Não cogita que nesse processo mimético ocorra uma transformação (no sentido de constituição fundadora) do objeto. Como o pintor se dá conta, afinal, de que seu esforço é inútil? Eis o ponto nevrálgico: é a recepção que lhe denuncia a loucura cientificista de que sofre, sua fixação à idéia científica da verdade. Muito diversificada, a recepção *pluraliza* o que o autor do retrato julgava unívoco: "Dona Lalá achava-o magro, a Beatriz gordo e o Pombinho era da filial opinião de que ele tinha as sobrancelhas carregadas de chumbo explosivo". Conquanto o pintor pudesse talvez se auto-iludir quanto à possibilidade de reproduzir fielmente o multiforme Serafim, por outro lado não dispõe, em hipótese alguma, de meios para controlar a recepção.

O pintor refaz o retrato. Mais uma vez, porém, frustra-se sua tentativa de fidelidade. Celestino Manso acusa a falta de um detalhe que lhe parece importante: Serafim Ponte Grande "mexia a pontinha do nariz quando falava". A vigília da razão também produz seus monstros. "Louco como um silogismo" (note-se uma última vez a aproximação da orgulhosa racionalidade aristotélico-ocidental à loucura), o pintor acaba inaugurando as celas de luxo do Asilo Se-

rafim. Ensandeceu porque procurou obsessivamente, sem sucesso, apagar as marcas da invenção de sua obra. Contrariamente,
Oswald prefere afirmar a invenção no romance que contém o pintor e o transcende.

IV

Considerações Finais

Da Invenção no Romance à Invenção do Brasil

> *Inventar uma linguagem poderia significar: inventar, com base em leis naturais (ou em concordância com elas), uma aparelhagem para uma determinada finalidade; tem, porém, um outro sentido também, análogo àquele em que falamos da invenção de um jogo.*
>
> LUDWIG WITTGENSTEIN,
> *Investigações Filosóficas*, # 492.

Esta conclusão se pretende uma abertura, isto é, deve sugerir uma perspectiva crítica que neste espaço só cabe debuxar. Para além do trabalho realizado, é-nos grato sonhar que ele enseje algum tipo de continuação... Porque, afinal, *Serafim* propõe um jogo complexo e dificilmente esgotável.

Para Nietzsche, quando temos as palavras para nosso objeto, também já o ultrapassamos. Daí, segundo o filósofo, haver um "grão de desprezo" em todo falar. E todos seus escritos são definidos como superações de si mesmo: "Nietzsche" está neles, com tudo o que um dia lhe foi hostil. São escritos, como ele diz, sobre um "atrás de mim". Não é esse, aqui, o caso; nós, que não nascemos póstumos, devemos reconhecer que não há grão ou semente de desprezo nas linhas aqui apresentadas.

O livro "não-livro" de Oswald de Andrade resiste à crítica literária, impõe-lhe dificuldades que tornam improváveis os juízos definitivos. Dito isso, lembremos com Walter Benjamin que o valor de uma obra de arte é proporcional às possibilidades de reflexão que ela provoca. Ao analista de *Serafim* a reflexão alcançada sugerirá sempre certa incompletitude, cujo "preenchimento" só poderá ser cogitado em termos de um vir-a-ser que então reúna diversos esforços conjugados. Como nunca, o romance-invenção aponta para o futuro, face à crise dos paradigmas de avaliação de que os estudos literários hoje tanto se ressentem.

Pensar a ficcionalidade de *Serafim Ponte Grande* configurou o *leitmotiv* de nosso esforço pessoal. Assim sendo, a consciência da posição *sui generis* ocupada pela obra na série literária brasileira conduziu-nos ao problema de sua recepção, muito diversificada. Vimos como o critério nacionalista, atrelado a uma concepção da *mímesis* como reflexo especular do real, bloqueou por longo tempo uma melhor inteligência da ficção oswaldiana. Por outro lado, a aproximação crítico-comparativa das interpretações feitas por Antonio Candido e Haroldo de Campos possibilitou abordar a questão da estrutura literária levando-se em conta um fator geralmente pouco considerado, qual seja, o papel desempenhado pelo leitor (via atividades imaginativas e perceptivas) na *constituição* da estrutura, a partir do efeito estético motivado pelo texto.

Não se deixe de observar que o valor da empresa oswaldiana também entrou em discussão, nesse ínterim, haja vista que a escrita fragmentária de *Serafim Ponte Grande*, fora de esquadro em relação à composição romanesca tradicional, praticamente obrigou os seus analistas a deixarem explícitos, com maior ou menor visibilidade, os pressupostos das avaliações sugeridas. O romance-invenção, notoriamente, coloca em crise o próprio conceito de obra literária, perturba a rede conceitual da teoria literária contemporânea e os seus valores correlatos, o que deve favorecer – é de esperar – uma metacrítica oportuna, num momento que reconhecemos pouco favorável à atividade interpretativa, no campo de cultura já chamado "pós"-moderno.

CONSIDERAÇÕES FINAIS

Ao lado do problema conceitual da estrutura, interessou-nos rastrear os comprometimentos ideológicos do texto oswaldiano, *grosso modo*, o que denominamos aqui o seu "sentido revolucionário". A revolução de *Serafim Ponte Grande* é uma revolução da forma literária e constitui uma forma ela mesma única e não repetível, a qual possibilita uma perspectiva (uma ótica) a partir da qual se *tematiza* a questão da revolução social brasileira, desdobrando-a nos diversos fragmentos narrativos. A trajetória revolucionário-malandra e revolucionário-antropofágica (e, nos dois casos, elitista!) do (anti)herói, em seu ziguezague, costura o texto do projeto de modernização do país, conforme pensado, em todos seus impasses, por parcela da vanguarda histórica.

Essa reflexão em torno dos problemas da revolução no Brasil, tornada matéria ficcional em *Serafim Ponte Grande*, tão intensa e penetrante, a despeito do "ar de piada" (vejam-se, especialmente, as unidades "Testamento de um Legalista de Fraque" e "Os Antropófagos"), tem sido sistematicamente desconsiderada pelos analistas do romance-invenção de Oswald de Andrade. E, no entanto, trata-se de matéria com força de atualidade surpreendente. Ou já teríamos deixado de ser o eterno "país do futuro", o "gigante adormecido" etc., com tudo o que isso comporta de autocomplacência e frustração diante de um pretenso destino não realizado? A frase antológica de Serafim, *"Tenho um canhão e não sei atirar"*, poderia servir de epígrafe apropriada a qualquer livro de história nacional, escrito entre nós, desde então até os dias que correm... Analisada no seu contexto original, observa-se que a frase serafiniana deita raízes profundas seja na esfera das classes sociais, seja na da(s) cultura(s) brasileira(s) amplamente considerada(s), e, por conta disso, explica muito de nossa famigerada incapacidade revolucionária, mesmo tendo-se aí por padrão os movimentos políticos de nossos vizinhos latino-americanos[1].

---

1.   A propósito da revolução social como uma componente-chave da cultura política na América Latina, cf. José Luis Bendicho Beired, "Revolução e Cultura Política na América Latina", em Eliane Garcindo Dayrel,

SERAFIM PONTE GRANDE E AS DIFICULDADES DA CRÍTICA LITERÁRIA

É bem provável que a escrita fragmentária do romance tenha se interposto como obstáculo à apreensão precisa da componente revolução social, importante, diga-se de passagem, para a *organização* das grandes unidades narrativas entre si. À primeira vista, destacar um ponto de recorrência semântica no *Serafim* deverá parecer arbitrário, dada a polissemia vigorosa proporcionada pelas inúmeras referências literárias e normas sociais colocadas em inter-relação na estrutura da obra. A hipótese de engendramento de um reducionismo, nesse sentido, pairou como um fantasma sobre nossa convicção analítica, o que nos obrigou, afinal, a uma "dobra crítica" (entenda-se: um esforço de criticar, dentro de estreitos limites, nossa participação na realização do sentido da obra).

A noção de "jogo do texto", proposta por Wolfgang Iser em *O Fictício e o Imaginário*, foi de importância para que compreendêssemos nossa intervenção no texto oswaldiano como *suplementação* de significado: suplementamos o lugar da ausência para paralisar o movimento do jogo e deter um centro semântico que, pela natureza do discurso ficcional, tenderia à fuga permanente. Isso posto, importa destacar: o sentido do texto, surgido no jogo que travamos, não denega a polissemia de *Serafim*. Afinal, basta que se decomponha tal suplementação de significado para que o jogo recomece, ou seja, o texto volte a ser "reconstruído". O sentido do texto, aqui proposto, representa tão-somente a nossa "vitória" no jogo do texto, a qual acreditamos tão coerente quanto frágil. De sua validade ou não, somente futuros leitores, assim esperamos, poderão nos afiançar.

Queremos enfim nos deter mais uma vez sobre a linguagem "desnudada" e "não tímida" de *Serafim Ponte Grande* para destacarmos um último ponto que muito nos interessa. É sabido que o esforço de atualização estética levado a cabo pelos escritores modernistas estava associado à idéia de fundar um novo modo de ver o

Zilda M. Gricoli Yokoi (orgs.), *América Latina Contemporânea: Desafios e Perspectivas*, Rio de Janeiro, Expressão e Cultura; São Paulo, Edusp, 1996, pp. 437-444.

CONSIDERAÇÕES FINAIS

país, na esteira, aliás, do que já queriam os românticos, sem maior sucesso efetivo, contudo. A tentativa de reinterpretação da história brasileira por Mário e Oswald de Andrade, especialmente, explica a relativa proximidade de suas produções com o ensaísmo sociológico da década de 1930. Digamos, em princípio, que os escritores modernistas antecipavam-se à "invenção"[2] do Brasil que viria a ser realizada cerca de cinco anos depois (as datas: *Casa-Grande e Senzala* é de 1933; *Raízes do Brasil* é de 1936).

Essa afinidade entre a literatura dos anos 1920 e o ensaísmo de 1930 já foi destacada por alguns críticos. Antonio Candido, por exemplo, escreveu a propósito: "A alegria turbulenta e iconoclástica dos modernistas preparou, no Brasil, os caminhos para a arte interessada e a investigação histórico-sociológica do decênio de 30"[3]. Em passagem pouco posterior de seu admirável "panorama para estrangeiros", Candido reafirma o débito da produção ensaística de 1930 para com a literatura modernista:

[...] alguns dos produtos mais excelentes dessa época, no campo dos estudos sociais, como *Casa-Grande e Senzala*, *Sobrados e Mucambos* e *Raízes do Brasil*, lhe são tributários, não apenas pelo estilo mas principalmente pelo ritmo da composição e a própria qualidade da interpretação [...] os decênios de 20 e 30 ficarão em nossa história intelectual como o de harmoniosa convivência e troca de serviços entre literatura e estudos sociais[4].

O encontro de literatura e sociologia daria origem, portanto, "àquele gênero misto de ensaio, construído na confluência da his-

---

2. É comum a designação "inventores do Brasil" para referir os autores de 1930: Gilberto Freyre, Sérgio Buarque de Holanda e também Caio Prado Jr. Assim, por exemplo, ensaio sobre a obra desses três autores, assinado por Fernando Henrique Cardoso, intitula-se "Livros que Inventaram o Brasil", *Novos Estudos Cebrap*, São Paulo, Cebrap, n. 37, nov. 1993. Veja-se, também, o dossiê "Inventores do Brasil", sobre os mesmos autores, publicado em *Novos Estudos Cebrap*, São Paulo, Cebrap, n. 18, set. 1987, pp. 17-48.
3. Antonio Candido, "Literatura e Cultura de 1900 a 1945", *Literatura e Sociedade*, São Paulo, Editora Nacional, 1980, pp. 124-125.
4. *Idem*, p. 134.

2 0 7

SERAFIM PONTE GRANDE E AS DIFICULDADES DA CRÍTICA LITERÁRIA

tória com a economia, a filosofia ou a arte", gênero em que se "combinam com felicidade maior ou menor a imaginação e a observação, a ciência e a arte", constituindo, enfim, "uma forma bem brasileira de investigação e descoberta do Brasil", e mais, na sempre abalizada opinião de Candido, "o traço mais característico e original de nosso pensamento"[5].

Benedito Nunes também assinalou a contribuição da literatura modernista à geração de ensaístas de 1930. Em estudo fundamental sobre Oswald de Andrade, ele já se referia ao antropofagismo como uma "antecipação intuitiva", em muitos aspectos, da "matéria conceptual" de *Casa-Grande e Senzala*, de Gilberto Freyre[6]. Em "Estética e Correntes do Modernismo" encontramos a argumentação preciosa, que associa intimamente estética moderna e visão crítica do espaço social:

[...] as sínteses interpretativas do país, surgidas no curso do movimento de 22, puderam fornecer uma visão acentuadamente crítica da sociedade brasileira. Dir-se-ia que o ponto de vista crítico e a perspectiva estética especificamente moderna se correlacionam e se completam[7].

Benedito Nunes dá o primeiro passo na direção que agora devemos tomar: pensar as relações de 1920 e 1930 tendo como elo de ligação o problema específico da linguagem.

Não se tratará, neste breve espaço, das intrincadas relações entre discurso ficcional e discurso histórico-sociológico. Eminentemente distintos entre si (ao contrário do que pregam certas teorias, que pretendem equipará-los, via dissolução de suas diferenças na categoria genérica de "escritura"), os discursos ficcional e histórico são *funcionais* segundo demandas socioculturais particulares, historicamente determinadas. Em nossas sociedades, ocupam *or-*

5. *Idem*, p. 130.
6. Cf. Benedito Nunes, *Oswald Canibal*, São Paulo, Perspectiva, 1979, pp. 36-37 (Coleção Elos nº 26).
7. Benedito Nunes, "Estética e Correntes do Modernismo", em Affonso Ávila (org.), *O Modernismo*, São Paulo, Perspectiva, 1975, p. 42.

dens ou *territórios* discursivos de antemão demarcados, conquanto não se possa dizê-los imodificáveis ou, ao sabor dos interesses, imiscíveis[8].

Nosso propósito é mais modesto; consiste simplesmente em chamar a atenção para a linguagem experimental de *Serafim Ponte Grande* (considerada *exemplar*) como produtora e propiciadora de conhecimento novo. Ao mesmo tempo, tenta-se situar a obra numa esfera mais ampla da produção cultural brasileira, deslocando-a de sua condição tradicional de "quase ilha".

Em *Serafim Ponte Grande* há uma crítica da linguagem com alvo muito preciso, facilmente identificável: o beletrismo literário, de extração parnasiana. A incorporação do erro gramatical popular e do baixo calão, do erro letrado pernóstico, e a deliberada mescla de estilos são evidentes ataques ao preciosismo dos literatos acadêmicos. Em suas memórias, Oswald resumiria da seguinte forma a situação da literatura nacional de antes da Semana:

> Os valores estáveis da mais atrasada literatura do mundo impediam qualquer renovação. Bilac e Coelho Neto, Coelho Neto e Bilac. Houvera um surto de Simbolismo com Cruz e Souza e Alphonsus de Guimaraens mas a literatura oficial abafava tudo. Bilac e Coelho Neto, Coelho Neto e Bilac[9].

A dança de nomes desenha um círculo na frase oswaldiana, conotando o sufocamento do labirinto das letras, sem saída aparente.

O "futurismo paulista" identifica com a máxima precisão o inimigo, para melhor atacá-lo. Distancia-se, nesse ponto, do futurismo italiano, de Marinetti, que propunha uma *razzia* sem limites,

---

8. O apagamento das fronteiras discursivas pode ter conseqüências catastróficas, quando se toma, por exemplo, a ficção como verdade histórica, com fins ideológicos escusos. Leia-se sobre isso, Umberto Eco, "Protocolos Ficcionais", *Seis Passeios Pelos Bosques da Ficção*, trad. Hildegard Feist, São Paulo, Companhia das Letras, 1994, pp. 123-147.

9. Oswald de Andrade, *Um Homem Sem Profissão: Sob as Ordens de Mamãe*, São Paulo, Globo, 1990, p. 84.

com a queima geral das bibliotecas, museus e outros santuários da tradição. Evidentemente, num país de história recente como o Brasil, uma tal liquidação de estoque não teria sentido algum. Ao invés, interessava aos modernistas, como já se disse, formular uma perspectiva nova para revisitar a história nacional. Era preciso, desde logo, abrir um espaço na linguagem para *inscrever* a intenção da escrita de 1922.

E o país que então se descobria não haveria de caber na estreita fôrma parnasiana. Nela não existe lugar para a pluralidade, o contraste de elementos próprio à vida social. Tenhamos em mente a "profissão de fé" parnasiana: a forma deve "enfeitar a imagem" e... "vestir a idéia". Em "A um Poeta", Bilac defende uma concepção dir-se-ia asséptica da poesia: o poeta deve escrever "longe do estéril turbilhão da rua". Deve precaver-se contra a imundície externa, que ameaça todo o tempo contaminar a pureza da jóia que esculpe. E mais, a boa forma poética há de produzir um "efeito agradável", posto que a "Beleza" é "gêmea da Verdade". Didático, "A um Poeta" também ensina como alcançar o efeito referido: é preciso que na forma "se disfarce o emprego do esforço" [...] "não se mostre na fábrica o suplício do mestre". O poema deve, noutras palavras, *esconder o trabalho de que resulta*; para agradar o leitor, deve se apresentar, como é explicitado, "natural" [...] "sem lembrar os andaimes do edifício".

A naturalização dos signos é, como se sabe, uma operação ideológica, que procura escamotear, numa sociedade de classes, o lugar institucional de onde se fala. Concebe-se o poema como flor que nasce, espontaneamente, no jardim das musas (o recanto dos iniciados). É o poema, ainda, avesso à vida, cultivado no "aconchego do claustro", distante do "turbilhão" das ruas e das contingências da História. O seu ideal é mesmo certa a-temporalidade, consubstanciada na recorrência temática à "eternidade" das artes greco-latinas.

Essencialmente refratária à realidade, a linguagem parnasiana não poderia servir à intencionalidade modernista. Por suas características, ela só se prestaria a "vestir" o real, *adornando-o* com o

CONSIDERAÇÕES FINAIS

brilho da forma-em-si. Ora, é certo que as palavras não são as coisas; sabemo-las irredutíveis umas às outras. Entretanto, palavras e coisas mantêm entre si uma relação. As palavras, como nos diz Foucault, não são defeituosas em face do visível, não existe aí um déficit que ilusoriamente se tentaria resgatar: o visível não se aloja jamais no que é dito, por sua vez, o que é dito não se confunde com o visível, pois o que se vê a partir do que é dito nunca corresponde ao real ele mesmo, mas já é uma sua representação determinada pelas sucessões da sintaxe[10]. Observadas "em situação", notamos que as palavras "fabricam" a realidade, isto é, produzem *estereótipos de percepção*, por sua vez, vinculados a traços ideológicos específicos do contexto sociocultural emissário. Através desses estereótipos da percepção (ou "óculos sociais") "vemos" o que, apenas por ledo engano, supomos o "real" não tocado pela ação humana. Em verdade, *já* tocado: as palavras nunca são meros espelhos das coisas, mas sim formas *de ação*, às vezes violenta, sobre as coisas[11].

Caberia aos escritores modernistas dissolver o código parnasiano, reconduzindo a linguagem literária ao "turbilhão da rua" e ao problema da representação da realidade. Experimentando a linguagem, com a exploração de novas possibilidades estéticas, a vanguarda histórica não fazia senão desmontar os estereótipos de percepção construídos pelos parnasianos para, simultaneamente, propor um modo novo de enxergar o mundo contemporâneo: buscava-se, decerto, uma utopia artística – "ver com olhos livres".

10. Cf. Michel Foucault, *As Palavras e as Coisas: Uma Arqueologia das Ciências Humanas*, trad. Salma Tannus Muchail, São Paulo, Martins Fontes, 1999, p. 12.
11. Cf. Isidoro Blikstein, *Kaspar Hauser ou a Fabricação da Realidade*, São Paulo, Cultrix, 1990. Cf., também, Mikhail Bakhtin, *Marxismo e Filosofia da Linguagem*, trad. Michel Lahud, Yara Frateschi Vieira, São Paulo, Editora Hucitec, 1992, p. 95: "De fato, a forma lingüística, como acabamos de mostrar, sempre se apresenta aos locutores no contexto de enunciações precisas, o que implica sempre um contexto ideológico preciso. Na realidade, não são palavras o que pronunciamos ou escutamos, mas verdades ou mentiras, coisas boas ou más, importantes ou triviais etc. *A palavra está sempre carregada de um conteúdo ou de um sentido ideológico ou vivencial*" (grifo do autor).

O papel da invenção artística passa a ser valorizado, porque desestabilizador da rede conceitual que os homens tecem a fim de apreender o mundo. Note-se, pois, que a ação modernista não se restringia simplesmente a uma substituição dos "óculos sociais" parnasianos, consistindo antes num problematizar, em definitivo, as relações da linguagem com a *práxis* e o estabelecimento da verdade[12]. O recolhimento dos parnasianos à torre de marfim implicava numa tentativa, artificialíssima, de isolar a literatura de outras áreas de conhecimento e expressão cultural contemporâneos, sobretudo populares, como se fosse possível "esquecer" os *usos* tidos como menos nobres da linguagem. A-dialogismo da literatura que, por assim dizer, dá as costas ao mundo, e que foi percebido pelo jovem Mário de Andrade, em 1921 (no primeiro artigo da série "Mestres do Passado"), como "falta de cultura" generalizada dos mestres parnasianos[13].

O isolamento parnasiano é ridicularizado em *Serafim Ponte Grande* na figura daquele Comendador Sales, que almeja mudar-se para a pacata Taubaté, a fim de escrever "em sossego" o seu "livro sobre *Datas Célebres*"[14]. Muitos outros exemplos de sátira, nessa linha, poderiam ser lembrados. O literato Pires de Melo é um caso bastante interessante. Escritor admirado pelo "sensível" Serafim, Pires de Melo é autor de frases de impacto (a exemplo da personagem Machado Penumbra, do *João Miramar*): "Tão loira que parece volatizar-se na manhã loira" – eis sua pérola sobre Dorotéia, a declamadora *diseuse*. Para consolar Serafim, que sofre por amor a

12. A respeito da linguagem como trabalho humano que funda a verdade, transformando metáforas gastas e outras figuras em conceitos, cf. o texto fundamental de Friedrich Nietzsche, "Sobre Verdade e Mentira no Sentido Extra-Moral", *Obras Incompletas*, sel. Gérard Lebrun, trad. Rubens Rodrigues Torres Filho, São Paulo, Abril Cultural, 1983 (Coleção Os Pensadores).

13. Cf. Mário da Silva Brito, *História do Modernismo Brasileiro: Antecedentes da Semana de Arte Moderna*, Rio de Janeiro, Civilização Brasileira, 1964, p. 257.

14. Cf. *SPG*, p. 67. Cf., também, o poema "Biblioteca Nacional", de *Pau-Brasil*, a que o empenho literário do Comendador Sales parece remeter.

CONSIDERAÇÕES FINAIS

Dorotéia, Pires de Melo lê ao amigo a sua novela *Recordação de um Ósculo*. Mas ele a lê três vezes seguidas![15]

O que explicaria essa repetição obsessiva? Ela nos parece resultar da própria concepção parnasiana da linguagem, impermeável às transformações socioculturais de seu tempo, por conseguinte, investindo um discurso literário que tende a rodopiar em torno de si mesmo, já que não lhe é dado romper com a prescrição da Forma. E não há metacrítica possível, nessa ordem discursiva, porquanto já se sabe *a priori* a composição ideal que se deve alcançar. Daí, aliás, não só a repetição em Pires de Melo, mas a extrema *semelhança* que congrega todos os literatos presentes na ficção "heróica" de Oswald de Andrade. É o reinado do Mesmo o que aí se representa.

Em torno de um centro único, o Parnaso, as letras descrevem círculos concêntricos, numa eterna espiral que não faz senão repetir semelhanças; ao invés, *Serafim Ponte Grande* rompe com a circularidade e abre espaço para a diferença, na sua estrutura que *sincroniza* modos literários diversos. Nessa perspectiva, pode-se falar de um caráter *enciclopédico* do romance-invenção, que contém em si inúmeros fragmentos de livro. Espacialização estrutural da linguagem em *Serafim*, que é um fraturar a linguagem para que nela o conteúdo cultural reprimido possa vir à superfície do discurso.

Trata-se, ademais, de uma operação que se autodesvela. *Assumem-se as fraturas como experiência vital das condições da existência na modernidade*. Em termos literários, não se deverá mais, em hipótese alguma, "vestir a idéia"; antes despi-la, isto é, problematizá-la enquanto linguagem, para que se evidencie sua *função social* na fabricação da realidade contemporânea.

A nova consciência literária precisa ser assegurada, doravante, pelo "direito permanente de pesquisa estética", a que Mário de Andrade se referia em sua conferência de 1942 sobre o Modernismo, e que ele julgava, sem possibilidade de erro, "a vitória grande

15. Cf. *SPG*, p. 68.

do movimento no campo da arte"[16]. A seu ver, passado o primeiro momento, de "abusivo instinto de revolta, destruidor em princípio" do movimento modernista, teria ocorrido uma salutar "normalização do espírito de pesquisa estética", na forma geral de antiacademismo. A "maior manifestação de independência e de estabilidade nacional que já conquistou a Inteligência Brasileira", nas palavras do autor de *Macunaíma*.

No decênio de 1930, como notaria posteriormente Antonio Candido, "o inconformismo e o anticonvencionalismo se tornaram um direito, não uma transgressão", o que explica por que os escritores recém-surgidos, a seu modo inovadores, puderam ser aceitos pelo público leitor da época sem maiores constrangimentos:

[...] a escrita de um Graciliano Ramos ou de um Dionélio Machado ("clássicas" de algum modo), embora não sofrendo a influência modernista, pôde ser aceita como "normal" porque a sua despojada secura tinha sido também assegurada pela libertação que o Modernismo efetuou[17].

Enfim, os estudos histórico-sociológicos também se beneficiaram do antiacademismo promovido pelos modernistas. A nova escrita abria espaço para a convivência múltipla de diversas ordens discursivas, o que significava, por assim dizer, um desrecalque cultural sem precedentes entre letrados. Abria-se o caminho para as primeiras análises efetivamente culturalistas da sociedade brasileira por autores como Gilberto Freyre e Sérgio Buarque de Holanda.

Casa-Grande e Senzala trouxe à cena uma inovação metodológica original, que poderíamos definir aqui como um cuidado empático com os diversos usos da linguagem. Ao lado da documentação mais tradicional sobre a história do Brasil-Colônia (tais como os relatos de viagem de estrangeiros e as cartas dos jesuítas), o autor se valeu de outras e surpreendentes fontes de informação, as quais cita no prefácio à primeira edição da obra:

16. Mário de Andrade, "O Movimento Modernista", *Aspectos da Literatura Brasileira*, São Paulo, Martins Editora, 1974, p. 249.
17. Antonio Candido, "A Revolução de 1930 e a Cultura", *A Educação Pela Noite e Outros Ensaios*, São Paulo, Ática, 1989, p. 186.

CONSIDERAÇÕES FINAIS

[...] do folclore rural nas zonas mais coloridas pelo trabalho escravo; dos livros e cadernos mss. de modinhas e receitas de bolo; das coleções de jornais; dos livros de etiqueta; e finalmente do romance brasileiro que nas páginas de alguns de seus mestres recolheu muito detalhe interessante da vida e dos costumes da antiga família patriarcal[18].

Ao que sabemos, trata-se da primeira vez, entre nós, que documentos pertinentes à vida cotidiana são trazidos, enquanto *matéria séria*, ao debate histórico-sociológico.

Abertura para a pluralidade de registros culturais no Brasil que não deixaria de informar a própria escrita de *Casa-Grande e Senzala*. Nesse sentido, caberia lembrar as críticas do autor (no que, aliás, segue os modernistas) às barreiras *artificialmente* criadas entre língua escrita e falada no país, com o objetivo único de assegurar o *status* do discurso letrado[19]. Em terra de bacharéis, Freyre ousou contra o preciosismo e produziu um clássico histórico, cuja *qualidade literária* salta à vista e garante a permanência da obra no tempo[20]. É bem verdade que a beleza estilística de *Casa-Grande* propi-

18. Gilberto Freyre, *Casa-Grande e Senzala: Formação da Família Brasileira sob o Regime da Economia Patriarcal*, Rio de Janeiro, Record, 1995, p. XXI.
19. Cf. Gilberto Freyre, *Casa-Grande e Senzala*, p. 149 e pp. 331-337. Cf., também, Gilberto Freyre, *Sobrados e Mucambos: Decadência do Patriarcado Rural e Desenvolvimento do Urbano*, Rio de Janeiro, Record, 1996, pp. 78-79.
20. Sobre a "natureza literária" dos clássicos históricos, cf. Hayden White, "O Texto Histórico como Artefato Literário", *Trópicos do Discurso: Ensaios sobre a Crítica da Cultura*, trad. Alípio Correia de Franca Neto, São Paulo, Edusp, 1994, p. 106: "E é o caráter de não-invalidação que atesta a natureza essencialmente *literária* dos clássicos históricos. Há algo numa obra-prima da história que não se pode negar, e esse elemento não negável é a sua forma, a forma que é a sua ficção". Segundo White, uma narrativa histórica, formalmente considerada, sempre remete à tradição literária, por conta do tipo de estória (*mithos*) escolhido pelo historiador para estruturar os acontecimentos descritos. Assim, por exemplo, a narrativa histórica pode remeter aos tipos distintamente ficcionais que reconhecemos, na tradição, como "comédia", "tragédia", "sátira", etc. (vale frisar: remete, mas não se confunde com nenhum deles). A narrativa histórica deita raízes na sensibilidade literária, mas tem uma especificidade que lhe é própria. No caso de *Casa-Grande e Senzala*, observa-

ciou efeitos menos profícuos, como, por exemplo, a cegueira de seus leitores, por longo tempo, para a ideologia senhorial que dá sustentação ao edifício freyriano e "adoça" (para usar uma expressão cara ao sociólogo pernambucano) as relações atrozes derivadas do regime escravocrata[21]. Feitas as devidas ressalvas, contudo, cabe reconhecer o avanço que a obra significou para as interpretações culturalistas do país e da vida íntima do brasileiro (para se ter uma idéia do salto qualitativo, basta compará-la a *Retrato do Brasil*, de 1928, em que Paulo Prado *substancializa* categorias analíticas esdrúxulas como "luxúria", "cobiça", "romantismo" para explicar a "tristeza" e o "vício" da gente brasileira)[22]; seria, ademais, injusto

mos que sua indubitável qualidade literária tem favorecido equívocos de recepção. Oswald de Andrade, por exemplo, em um de seus "telefonemas" refere-se à *Casa-Grande* como texto sociológico e, igualmente, ficcional. Por oposição àqueles que se opõem a uma possível indicação de Freyre para o prêmio Nobel de Literatura, Oswald ressalta o caráter ficcional de sua obra sociológica: "Dizem esses homens de má vontade que Gilberto não é ficcionista e que o prêmio visado se destina somente aos criadores da literatura. Será, no entanto, outra coisa do que uma criação, *Casa-Grande e Senzala*? [...] E a obra-prima de Gilberto transcende da sociologia e da crítica para esplender nisso que se pode moderna e realmente chamar de literatura" (cf. Oswald de Andrade, "Por Gilberto", *Telefonema*, São Paulo, Globo, 1996, pp. 200-201).

21. Para uma crítica ao elemento ideológico de *Casa-Grande e Senzala*, cf., entre outros, o ensaio de Alfredo Bosi, "Colônia, Culto e Cultura", *Dialética da Colonização*, São Paulo, Companhia das Letras, 1992; Dante Moreira Leite, *O Caráter Nacional Brasileiro: História de uma Ideologia*, São Paulo, Pioneira, 1969, pp. 268-285; Luiz Felipe de Alencastro, "A Pré-Revolução de 1930", *Novos Estudos Cebrap*, São Paulo, Cebrap, n. 18, set. 1987; Roberto Ventura, *Estilo Tropical: História Cultural e Polêmicas Literárias no Brasil*, São Paulo, Companhia das Letras, 1991, pp. 65-68, 126; Carlos Guilherme Mota, *Ideologia da Cultura Brasileira (1933-1974)*, São Paulo, Ática, 1977, pp. 53-74.

22. *Retrato do Brasil* foi recentemente reeditado, com organização do texto por Carlos Augusto Calil. Cf. Paulo Prado, *Retrato do Brasil: Ensaio sobre a Tristeza Brasileira*, São Paulo, Companhia das Letras, 1997. A propósito, cf. a resenha crítica de Margareth Rago, "Ensaio de Paulo Prado Remete a uma Análise do Brasileiro Lascivo", *O Estado de S. Paulo*, 24 de agosto de 1997. A nós parece espantoso que o *Retrato do Brasil* (cujo valor da análise é muito baixo, malgrado a visada sociopolítica que se arma em seu *Post-Scriptum*) tenha vindo à luz no mesmo ano

CONSIDERAÇÕES FINAIS

desconsiderar o impacto que a obra causou por ocasião de seu lançamento, em 1933, beneficiando toda uma geração de intelectuais então engajados numa interpretação de esquerda da formação histórico-cultural do Brasil[23].

Ao passo que Gilberto Freyre escreve uma história de tipo "ficcional", digamos, "romântico" (com o que embaça a visibilidade da violência escravocrata), Sérgio Buarque de Holanda se reporta ao passado colonial numa descrição que nos lembra mais a forma "trágica". Em *Raízes do Brasil*, a noção de "raça", presente ainda em Freyre como categoria analítica operacional, é descartada em definitivo, voltando-se a análise para problemas estritamente culturais. E o que aí se detecta não é nada promissor, embora as transformações históricas mais recentes do país, à época, pareçam favorecer o que o autor denomina, no último capítulo do livro, a "nossa revolução". Dentre tais transformações avulta a urbanização acelerada, promotora de novas formas de socialização, as quais Sérgio supunha capazes de liquidar as "raízes" coloniais e neutralizar o conservadorismo dos "donos do poder" vinculados à zona rural.

Como nota com razão George Avelino, "Sérgio Buarque pode ser considerado um modernista de primeira hora"[24]. Em *Raízes do Brasil* estabelece-se um diálogo com o Modernismo em pelo menos

que um romance, sob todos os títulos notável, chamado *Macunaíma* (o nosso herói sem *nenhum* caráter!). Esse desnível no tratamento das coisas brasileiras, verificado, no caso, entre uma obra literária e outra não-literária, sugere-nos a validade do ponto de vista de Ezra Pound, segundo o qual os (grandes) artistas ocupam na sociedade a posição de "antenas da raça".

23. Antonio Candido, no prefácio que escreveu em 1967 para *Raízes do Brasil*, de Sérgio Buarque de Holanda (prefácio que se tornou ele mesmo um clássico), referia-se a *Casa-Grande e Senzala* nos seguintes termos: "O leitor de hoje não poderá talvez compreender, sobretudo em face dos rumos tomados pelo seu autor, a força revolucionária, o impacto libertador que teve este grande livro" (Antonio Candido, "O Significado de *Raízes do Brasil*", em Sérgio Buarque de Holanda, *Raízes do Brasil*, São Paulo, Companhia das Letras, 1995, pp. 9-10).

24. George Avelino Filho, "As Raízes de *Raízes do Brasil*", *Novos Estudos Cebrap*, São Paulo, Cebrap, n. 18, set. 1987, p. 33.

SERAFIM PONTE GRANDE E AS DIFICULDADES DA CRÍTICA LITERÁRIA

duas frentes: de um lado, recupera-se o tema do "caráter" do brasileiro (debatido em termos psicossociais no capítulo sobre o "homem cordial"); por outro, empreende-se uma crítica à intelectualidade beletrista. Como já se gastou, como diz o próprio Sérgio Buarque, muita vela com o defunto "homem cordial", passemos ao segundo ponto, que é o que na verdade nos é pertinente.

Ainda em 1925, Sérgio Buarque publicava um artigo na revista *Estética* (RJ), em que defendia os "direitos do Sonho" para a arte poética. Defesa do livre vôo da imaginação e do uso criativo da linguagem que tinha por pressuposto o reconhecimento de que as palavras não substituem as coisas impunemente: "Já se ousa pretender mesmo e sem escândalo, que a mediocridade ou a grandeza de nosso mundo visível só dependem da representação que nós fazemos dele, da qualidade dessa representação"[25]. O futuro autor de *Raízes do Brasil* nos alerta em seu artigo de que toda tentativa de traduzir a ordem das coisas na ordem das palavras implica sempre o obscurecimento de certo aspecto do visível, pois toda representação tem seus limites. De fato, sabemos que toda representação reprime alguma área da experiência, já que condena ao silêncio o que não quer ou não pode dizer. Em face disso, Sérgio Buarque chama a atenção para a "falsa paz" que os "homens mais honestos" têm imposto secularmente às coisas, através de suas belas palavras ("...se compraziam em escamotear o melhor da realidade, em nome da realidade...") e, ato contínuo, defende para a poesia o direito a "procurar o paraíso nas regiões inexploradas".

Essa crítica radical da linguagem, inovadora em seu tempo e sobretudo para o meio intelectual em que se insere, irá animar algumas das melhores páginas de *Raízes do Brasil*, certamente aquelas de maior proveito ainda para os leitores de hoje. São páginas de ataque à tradição, bem brasileira, de tomar-se a palavra nomeadora, em si, como substituto eficaz da ação nomeada... Nesse sentido, o

---

25. Sérgio Buarque de Holanda, "Perspectivas", em Antonio Arnoni Prado (org.), *O Espírito e a Letra: Estudos de Crítica Literária*, São Paulo, Companhia das Letras, 1996, vol. 1, p. 215.

CONSIDERAÇÕES FINAIS

autor se referirá ao nosso "amor à frase sonora, ao verbo espontâneo e abundante, à erudição ostentosa, à expressão rara. É que para bem corresponder ao papel que, mesmo sem o saber, lhe conferimos, inteligência há de ser ornamento e prenda, não instrumento de conhecimento e ação"[26]. Em passagens contundentes como essa, Sérgio Buarque nos recorda, e bastante, o "segundo" Wittgenstein (não o do *Tractatus*, mas o das *Investigações Filosóficas*) e sua reflexão sobre os "jogos da linguagem", isto é, os usos, as funções práticas da linguagem. Como se sabe, o "segundo" Wittgenstein não demanda mais a "essência" da linguagem, porquanto preocupado com o seu *funcionamento*: "a filosofia é uma luta contra o enfeitiçamento do nosso entendimento pelos meios da nossa linguagem" (# 109). Ora, Sérgio Buarque está todo o tempo preocupado com o emprego das palavras e, por conseguinte, precavido contra a "crença mágica no poder das idéias"[27], que separa em compartimentos estanques pensamento e vida, tornando-os quase excludentes. Daí sua crítica ao racionalismo de nossos positivistas, o qual, "ao erigir em regra suprema os conceitos assim arquitetados, separou-os irremediavelmente da vida e criou com eles um sistema lógico, homogêneo, a-histórico"[28].

É de todo improvável que Sérgio Buarque de Holanda tivesse chegado ao raciocínio referido, não fosse seu engajamento radical nas hostes modernistas. O que não significa que ele tenha endossado, simplesmente, a crítica modernista ao racionalismo positivista e ao beletrismo acadêmico; supomos, antes, que ele criticou a crítica modernista, soube medir-lhe tanto o alcance quanto as insuficiências e, a partir daí, enlaçar de modo muito original a perspectiva estética moderna e o ponto de vista crítico, como sugere Benedito Nunes, no esforço pioneiro de interpretar culturalmente o país.

Mas de modo geral houve uma relutância em considerar as narrativas históricas como aquilo que elas manifestamente são: ficções verbais cujos

26. Sérgio Buarque de Holanda, *Raízes do Brasil*, p. 83.
27. *Idem*, p. 160.
28. *Idem*, p. 179.

conteúdos são tanto *inventados* quanto *descobertos* e cujas formas têm mais em comum com os seus equivalentes na literatura do que com os seus correspondentes nas ciências[29].

Da relutância referida por White não participa Sérgio Buarque, cujo *Raízes do Brasil* deve muito à literatura modernista, haja vista o olho crítico que bem sabe escapar ao "enfeitiçamento" da linguagem. Digamos que o historiador, atento à invenção na literatura de um Oswald e um Mário de Andrade, soube mobilizá-la tanto para a "descoberta" quanto para a necessária "invenção" do Brasil.

O romance-invenção *Serafim Ponte Grande*, como já se viu, *representa a representação literária*; *Serafim* nos mostra que a linguagem *é* e que a linguagem *funciona*, para finalidades as mais diversas. Ao colocar a nu o que é fictício no discurso ficicional, o romance-invenção, de resto, nos alerta para o que é ficção em nossas representações cotidianas de nossos papéis sociais. *Serafim Ponte Grande* é a invenção de um jogo da linguagem, cuja finalidade mais notória é talvez evidenciar que todo jogo possui regras. Ao mesmo tempo, exige atenção para as regras, como um antídoto contra a naturalização dos signos. Assim, por exemplo, caberia ao leitor do romance-invenção perguntar: Serafim é "nosso herói" ou simplesmente *representa o papel* de "nosso herói"? É claro que Serafim está sempre representando, pois ele representa muito mal, com o que deixa sucessivamente cair suas máscaras. Ele procede por autonegação contínua. Nesse sentido, Serafim se apresenta ao leitor como "Literato", todavia, desempenha mal o papel (pretende que seu romance de estréia saia com "pecedônimo")[30], ou, Serafim se apresenta como "Revolucionário" (outra vez, evidencia-se o caráter da representação: convoca negros e índios para a luta, mas apropria-se indebitamente do dinheiro da revolução e parte para o turismo transatlântico)[31], ou, Serafim apresenta-se como um "Conquistador Galante", papel, aliás, que muito estima (de meio a cantadas em lín-

29. Hayden White, "O Texto Histórico como Artefato Literário", *op. cit.*, p. 98.
30. Cf. *SPG*, p. 58.
31. Cf. *SPG*, pp. 75-78.

gua francesa, o herói escarra ao chão e passa o pé por cima...)[32], e assim por diante. Em *Serafim Ponte Grande*, a tarefa da representação que impomos à linguagem, torna-se visível ela mesma, dessacralizando o que Sérgio Buarque chamou, noutro contexto, de "crença mágica no poder das idéias".

A invenção modernista estava sintonizada com a produção contemporânea das vanguardas européias. Esse é um ponto pacífico para os estudiosos do movimento. Ao contrário, as relações dos "novos" com a tradição literária brasileira permanecem pouco esclarecidas. Em suas memórias, ao tempo em que repudia o momento parnasiano das letras, Oswald de Andrade "salva" o que lhe parecia vivo na literatura que o antecedera: "Nunca fui com a nossa literatura vigente. A não ser Machado de Assis e Euclides da Cunha, nada nela me interessava"[33]. Em artigo de 1950, para o *Jornal de Notícias* de São Paulo, Oswald se referiria, outra vez, a Machado e Euclides da Cunha, valorizando a contribuição desses autores para o "estouro" de 1922: "Duas figuras que fazem o pórtico de nossa era moderna. Deles partiram duas linhas mestras de nossas letras — o campo e a cidade, temas essenciais do Brasil"[34].

Escrevendo sobre o entrechoque, no momento modernista, de modernidade erudita e tradição popular, Silviano Santiago iria localizar justamente em Euclides da Cunha o ponto mais recuado, e agudo, na nossa literatura, desse embate de forças conflitantes:

> O conflito entre os valores conservadores da tradição, tradição esta legítima manifestação de uma cultura popular e iletrada, e os valores revolucionários da transformação, transformação esta legítima manifestação de uma cultura tomada de empréstimo à Europa imperialista, cria o impasse em que se escrevem *Os Sertões*.

---

32. Cf. *SPG*, pp. 127-130.
33. Oswald de Andrade, *Um Homem Sem Profissão: Sob as Ordens de Mamãe*, p. 76.
34. Citado por Maria Eugenia Boaventura, *O Salão e a Selva: Uma Biografia Ilustrada de Oswald de Andrade*, Campinas, Editora da Unicamp; São Paulo, Editora Ex Libris, 1995, p. 248.

O impasse, todavia, abre espaço para um pensamento diferencial sobre o país:

> No impasse se cria um espaço progressista de reflexão sobre o Brasil que já não é mais a Europa transplantada de Bilac nem o Brasil ufanista do Conde Affonso Celso. Espaço de margem, marginal, periférico, que passa a ser o entre-lugar por onde se alicerça a reflexão concreta e empenhada sobre o país[35].

As tensões socioculturais da sociedade brasileira vinham à tona na prosa euclidiana, *à revelia* do cientificismo com que o autor procurava dar conta dos conflitos que desorganizavam a experiência que procurava documentar. Na década de 1920, o impasse euclidiano seria retomado pelos modernistas, numa perspectiva diversa: "A idoneidade cultural do primitivo, e não mais a vergonha diante do bárbaro como encontramos em Euclides, marca a diferença básica entre a geração de 70 e a geração de 22"[36]. O compromisso entre a "floresta" e a "escola", anunciado desde o "Manifesto da Poesia Pau-Brasil", de que resultaria o "bárbaro tecnizado" celebrado pela Antropofagia, constitui a resposta pessoal de Oswald de Andrade ao dilema em que se debateu Euclides da Cunha. Evidentemente, ao ensaísmo de 1930 caberia ainda retomar o problema sob uma nova chave culturalista, contextualizando-o no plano da colonização portuguesa nos trópicos.

Em Euclides da Cunha, mais especificamente, em *Os Sertões*, a positividade da ciência era abalada pelo "tumultuário" (adjetivo caro a Euclides) de um evento histórico que, dada a violência nele embutida, não se deixava enquadrar nos esquemas conceituais empregados. Essa fraqueza da teoria, diga-se assim, vai incidir diretamente na prosa euclidiana, a ponto de rachá-la, ao menos em seus volteios mais delicados, nos quais a "vida", enfim, transcende a então "verdade" da ciência. Em suma, malgrado o preciosismo da lin-

---

35. Silviano Santiago, "Modernidade e Tradição Popular", *Revista Brasileira de Literatura Comparada*, vol. 1, Niterói, mar. 1991, p. 49.
36. *Idem,* p. 50.

guagem de *Os Sertões*, não se poderia dizê-la avessa à vida, à maneira parnasiana. Não se explicaria, por esse motivo, o entusiasmo oswaldiano com a obra? Às voltas com as brutalidades finais da Campanha de Canudos, um aterrorizado Euclides percebe sua impotência para comentar, com o realismo desejado, as atrocidades cometidas, referindo-se então "a só fragilidade da palavra humana"[37] (ao leitor de hoje decerto não escapará a proximidade dessa ponderação euclidiana – nada positivista! – com a perspectiva de Adorno, que, diante do acontecido em Auschwitz, descrê de uma intervenção mimética e crítica da linguagem, e propõe como única resposta possível, paradoxal, a representação do irrepresentável).

O outro autor citado por Oswald em seu restrito "paideuma" é Machado de Assis. Escolha que, a bem da verdade, pouco surpreende, considerando-se a estatura e a importância do legado machadiano. Dentre os modernistas teria sido Oswald de Andrade, a nosso ver, o autor que melhor soube explorar a *modernidade* literária daquele "bruxo" do Cosme Velho. Nessa perspectiva, basta nos lembrarmos, aqui, do sutil diálogo intertextual das *Memórias Sentimentais* com as *Memórias Póstumas de Brás Cubas*, em certa medida coincidentes no emprego da técnica do narrador volúvel e autodenunciador; ou, ainda, a afinidade entre a unidade "Errata", de *Serafim*, em que se fala da "loucura sob suas formas lógicas" e o conto genial de Machado, *O Alienista*. Em seu "Serafim: Um Grande Não-Livro", por outro lado, Haroldo de Campos já se referia a Machado como "grande precursor das inovações oswaldianas", chamando a atenção, nessa passagem, para a técnica machadiana de partição de capítulos, explorada por Oswald, em novo modo, para o estabelecimento das unidades narrativas do romance-invenção[38].

37. Euclides da Cunha, *Os Sertões: Campanha de Canudos*, Rio de Janeiro, Francisco Alves, 1995, p. 643.
38. Haroldo de Campos, "*Serafim*: Um Grande Não-Livro", em Oswald de Andrade, *SPG*, p. 11 (Devemos ao professor Ivan Teixeira, da USP, a lembrança do legado machadiano como fator importante para a definição da prosa modernista de Oswald de Andrade.)

Em Machado de Assis, enfim, reconhecemos o escritor extremamente consciente dos problemas especificamente literários e, no que toca ao contexto brasileiro, imune à complacência patriótica e à retórica beletrista ordinárias. A propósito, tenha-se em mente o ensaio capital sobre o "Instinto de Nacionalidade" (1873), no qual contrapõe ao nacionalismo pitoresco (Oswald diria "macumba para turistas") "certo sentimento íntimo", que permitiria ao escritor situar-se no tempo e no espaço independentemente do assunto tratado. Observe-se que a questão da *forma* literária assume uma importância fundamental: não se deve avaliar, propõe-se aí, o escritor tão-somente por aquilo que diz (o conteúdo); antes, cabe não perder de vista como (de que forma) diz o que diz. Machado de Assis, em seus romances da maturidade, formalmente sofisticadíssimos, não faria senão propor aos seus leitores enigmas de difícil solução[39].

39. O descaso para com o modo-de-formar machadiano tem se prestado a leituras reducionistas, quando não francamente equivocadas, de seus romances da segunda fase. Interpretações, por assim dizer, muito rentes à superfície do texto, ou de caráter biográfico, não dão conta do que vai *por trás* do que poderíamos chamar o "conteúdo manifesto" do texto de Machado. Veja-se um exemplo, entre tantos outros: "Todos sabiam que Machado era um mulato, mas reconhecer isto publicamente seria uma *gaffe*, uma ofensa a Machado. Isto também era assim considerado pelo próprio Machado [...] Visitava sua família em horas que não poderia ser visto. Desposou uma mulher branca [...] Em seus romances, trabalhava com tragédias de indivíduos brancos e raras vezes, e apenas marginalmente, referiu-se a escravos e a negros" (Emilia Viotti da Costa, "O Mito da Democracia Racial no Brasil", *Da Monarquia à República: Momentos Decisivos*, São Paulo, Livraria Editora Ciências Humanas Ltda., 1979, p. 236). Argumentação que hoje não mais se sustenta, quando dispomos de um livro como *Um Mestre na Periferia do Capitalismo: Machado de Assis*, de Roberto Schwarz. Como mostra o crítico citado, o problema da escravidão não estava ausente das *Memórias Póstumas de Brás Cubas*, malgrado tratar-se aí, como poderia dizer Viotti da Costa, da tragédia de um indivíduo branco. As *Memórias Póstumas* é um romance "escrito *contra* o seu pseudo-autor", isto é, apenas disfarça em sua forma o que na verdade é sua matéria de maior interesse. As condições sociais, historicamente determinadas, vinham na verdade ao centro do romance, invertendo, aliás, José de Alencar: o que em Alencar era apenas pitoresco e cor local (leia-se: nosso universo escravista e patriarcalista!), aí sim à margem ou pano de fundo do centro do romance (constituído, em geral, por um

CONSIDERAÇÕES FINAIS

Mas ele não contava, *a priori*, com a compreensão por parte de seus leitores; bem sabia do horizonte de expectativas de sua época; Machado sabia-se "nascido póstumo", por isso, preferia pagar ao seus leitores com "um piparote, e adeus..."

Estabelecemos em nossas considerações finais, como se vê agora, uma linha temporal que parte de Machado e Euclides, passa pelos modernistas e desemboca, afinal, no ensaísmo de 1930. Para traçar a linha, apoiamo-nos sobretudo em certas indicações do próprio Oswald de Andrade. E para unir os pontos que a constituem, isto é, os autores aqui lembrados, usamos como "cimento" a questão da linguagem. Na linha, Oswald de Andrade é um ponto situado ao meio do curso total, ou seja, não está isolado, ele aparece plenamente contextualizado.

Parecerá a alguns, talvez, sem cabimento a aproximação brusca de escritores tão diversos entre si num traçado linear e aparentemente progressivo. De fato, a metáfora da linha bem sugere as idéias de evolução e desenvolvimento. Em hipótese alguma, contudo, estamos aqui a validar tais pressupostos. Ao invés, cabe-nos declarar nossa convicção de que a categoria de progresso não se aplica à literatura e, muito provavelmente, tampouco às ciências humanas. A nosso ver, também a noção de desenvolvimento ou aperfeiçoamento da representação da realidade no transcurso da história ocidental é inadequada seja à literatura comparada, seja à análise filológica. Em suma, não estabelecemos uma "competição" entre os escritores brasileiros citados.

Em contrapartida, supomos algo de comum aos nossos autores, algo que nos encorajou a reuni-los e destacá-los. Em poucas palavras: todos são, sem exceção, escritores-pensadores, ou seja, com a obra realizada produziram perspectivas de reflexão sobre o Brasil e a cultura ocidental, perspectivas que ainda hoje preservam sua força e acabam sempre retomadas em termos críticos.

conflito romântico de tipo burguês e individualista, a exemplo de *Senhora*), acaba sendo redimensionado, e tensionado ao extremo, nas *Memórias Póstumas*, configurando o seu "sentimento íntimo", nem sempre percebido pelos leitores.

"Que será do futuro se a vida crescer de intensidade e diapasão como sinto que cresce?" – pergunta-se o "nosso herói" Serafim Ponte Grande[40].

Ao lermos os escritores-pensadores sentimos que o futuro estremece e nossas convicções são abaladas. A seu modo, cada um fraturou a linguagem, dividiu o *in-dividuus* da representação e abriu espaço para um cintilar, às vezes demasiado breve ou bruxuleante ou muito rápido e ainda assim imprescindível cintilar da face torturada do Outro.

40. *SPG*, p.69.

Bibliografia

BIBLIOGRAFIA DO AUTOR

ANDRADE, Oswald de. *Obras Completas de Oswald de Andrade*. São Paulo, Globo, 1990-1996, 22 volumes.

BIBLIOGRAFIA SOBRE O AUTOR

ANDRADE, Fábio de Souza. "De Jangadas e Transatlânticos: Com Quantos Paus se Reforma o Romance", *Revista de Letras* 30. São Paulo, Editora Unesp, 1990.

ANTUNES, Benedito. "Serafim Antropófago", *Revista de Letras* 30. São Paulo, Editora Unesp, 1990.

BOAVENTURA, Maria Eugenia. *A Vanguarda Antropofágica*. São Paulo, Ática, 1985.

_____ . *O Salão e a Selva: Uma Biografia Ilustrada de Oswald de Andrade*. Campinas, Editora da Unicamp; São Paulo, Editora Ex Libris, 1995.

_____ . "Oswald de Andrade: A Luta da Posse Contra a Propriedade", In: SCHWARZ, Roberto (org.). *Os Pobres na Literatura Brasileira*. São Paulo, Brasiliense, 1983.

_____ . "Trajetória de Oswald de Andrade", Caderno de Cultura de *O Estado de S. Paulo*. São Paulo, 21 de outubro de 1984.

BRITO, Mário da Silva. "O Aluno de Romance Oswald de Andrade". In: ANDRADE, Oswald de. *Alma*. São Paulo, Globo, 1990.

_____ . "O Perfeito Cozinheiro das Almas Deste Mundo". In: ANDRADE, Oswald de. *O Perfeito Cozinheiro das Almas Deste Mundo*. São Paulo, Globo, 1992.

CAMPOS, Haroldo de. "Estilística Miramarina". *Metalinguagem & Outras Metas*. São Paulo, Perspectiva, 1990.

_____ . "Miramar na Mira". In: ANDRADE, Oswald de. *Memórias Sentimentais de João Miramar*. São Paulo, Globo, 1991.

_____ . "Serafim: Um Grande Não-Livro". In: ANDRADE, Oswald de. *Serafim Ponte Grande*. São Paulo, Globo, 1992.

_____ . "Uma Poética da Radicalidade". In: ANDRADE, Oswald de. *Pau-Brasil*. São Paulo, Globo, 1991.

CANDIDO, Antonio. "Estouro e Libertação"; "Oswald Viajante"; "Digressão Sentimental sobre Oswald de Andrade". *Vários Escritos*. São Paulo, Duas Cidades, 1995.

CHALMERS, Vera Maria. *3 Linhas e 4 Verdades: O Jornalismo de Oswald de Andrade*. São Paulo, Duas Cidades, 1976.

CHAMIE, Mário. "Caleidostópico e Distaxia". *Intertexto: A Escrita Rapsódica – Ensaios de Leitura Produtora*. São Paulo, Edição Práxis, 1970.

ELEUTÉRIO, Maria de Lourdes. *Oswald: Itinerário de um Homem sem Profissão*. Campinas, Editora da Unicamp, 1989.

FIGUEIREDO, Vera Lúcia Follain de. "Oswald de Andrade e a Descoberta do Brasil". *Série Ponta de Lança*, IV. Rio de Janeiro, Ed. da UERJ, 1991.

FONSECA, Maria Augusta. *Palhaço da Burguesia: Serafim Ponte Grande, de Oswald de Andrade, e Suas Relações com o Universo do Circo*. São Paulo, Polis, 1979.

GULLAR, Ferreira. "Nem Tudo É Verdade: Apenas Tarsila e Raul Bopp Foram Antropofágicos". *Bravo!* Ano 1, n. 8. São Paulo, maio 1998.

HELENA, Lúcia. *Totens e Tabus da Modernidade Brasileira: Símbolo e Alegoria na Obra de Oswald de Andrade*. Rio de Janeiro, Tempo Brasileiro; Niterói, UFF, 1985.

JACKSON, Keneth David. *A Prosa Vanguardista na Literatura Brasileira: Oswald de Andrade*. São Paulo, Perspectiva, 1978 (Coleção Elos n. 29).

_____ . "50 Anos de *Serafim*: A Recepção Crítica do Romance". *Remate de Males*, n. 6. Revista do Departamento de Teoria Literária. Campinas, Unicamp, junho 1986.

LIMA, Luiz Costa. "Antropofagia e Controle do Imaginário"; "Oswald, Poeta". *Pensando nos Trópicos (Dispersa Demanda II)*. Rio de Janeiro, Rocco, 1991.

LINDOSO, Dirceu. "O Nu e o Vestido"; "O Espaço do Poder". *A Diferença Selvagem*. Rio de Janeiro, Civilização Brasileira; Brasília, INL, 1983.

MAGALDI, Sábato. "A Mola Propulsora da Utopia". In: ANDRADE, Oswald de. *O Homem e o Cavalo*. São Paulo, Globo, 1990.

MARTINS, Heitor. "Serafim Ponte Grande". *Oswald de Andrade e Outros*. São Paulo, Conselho Estadual de Cultura, 1973.

NUNES, Benedito. "A Antropofagia ao Alcance de Todos". In: ANDRADE, Oswald de. *A Utopia Antropofágica*. São Paulo, Globo, 1990.

————— . *Oswald Canibal*. São Paulo, Perspectiva, 1979 (Coleção Elos n. 26).

SCHWARTZ, Jorge. *Vanguarda e Cosmopolitismo na Década de 20: Oliverio Girondo e Oswald de Andrade*. São Paulo, Perspectiva, 1983.

SCHWARZ, Roberto. "A Carroça, o Bonde e o Poeta Modernista". *Que Horas São?* São Paulo, Companhia das Letras, 1987.

BIBLIOGRAFIA GERAL

ALENCASTRO, Luiz Felipe de. "A Pré-Revolução de 30". *Novos Estudos Cebrap*. São Paulo, Cebrap, n. 18, setembro 1987.

AMARAL, Aracy. *Tarsila: Sua Obra e Seu Tempo*. São Paulo, Perspectiva, 1975.

ANDERSON, Perry. "Modernidade e Revolução". *Novos Estudos Cebrap*. Trad. Maria Lúcia Montes. São Paulo, Cebrap, n. 14, fevereiro 1986.

ANDRADE, Mário de. *Macunaíma: O Herói Sem Nenhum Caráter*. Ed. crítica – Telê Porto Ancona Lopez (coordenadora). Paris, Unesco; Brasília, CNPq, 1988.

————— . "O Movimento Modernista". *Aspectos da Literatura Brasileira*. São Paulo, Martins Editora, 1974.

ARANTES, Otília Beatriz Fiori. *Mário Pedrosa: Itinerário Crítico*. São Paulo, Scritta Editorial, 1991.

ARANTES, Paulo Eduardo. *Sentimento da Dialética na Experiência Intelectual Brasileira: Dialética e Dualidade Segundo Antonio Candido e Roberto Schwarz*. Rio de Janeiro, Paz e Terra, 1992.

ÁVILA, Affonso (org.). *O Modernismo*. São Paulo, Perspectiva, 1975.

BAKHTIN, Mikhail. *Marxismo e Filosofia da Linguagem*. Trad. Michel Lahud, Yara Frateschi Vieira. São Paulo, Hucitec, 1992.

BATISTA, Marta Rosseti *et al*. *Brasil: 1º Tempo Modernista – 1917/29*. São Paulo, Instituto de Estudos Brasileiros, 1972.

BAUDELAIRE, Charles. *Sobre a Modernidade: O Pintor da Vida Moderna*. Trad. Teixeira Coelho. Rio de Janeiro, Paz e Terra, 1996.

BEIRED, José Luis Bendicho. "Revolução e Cultura Política na América Latina". In: DYREL, Eliane Garcindo & YOKOI, Zilda M. Gricoli (orgs.). *América Latina Contemporânea: Desafios e Perspectivas*. Rio de Janeiro: Expressão e Cultura; São Paulo, Edusp, 1996.

BENJAMIN, Walter. *Charles Baudelaire: Um Lírico no Auge do Capitalismo*. Trad. José Martins Barbosa, Hemerson Alves Baptista. São Paulo, Brasiliense, 1989.

————— . *Magia e Técnica, Arte e Política*. Trad. Sérgio Paulo Rouanet. São Paulo, Brasiliense, 1994.

BERLIN, Isaiah. *Limites da Utopia: Capítulos de História das Idéias*. Org. Henry Hard; trad. Valter Lellis Siqueira. São Paulo, Companhia das Letras, 1991.

BLIKSTEIN, Isidoro. *Kaspar Hauser ou a Fabricação da Realidade*. São Paulo, Cultrix, 1990.

BOLLE, Willi. *Fisiognomia da Metrópole Moderna: Representação da História em Walter Benjamin*. São Paulo, Edusp, 1994.

BOSI, Alfredo. "Colônia, Culto e Cultura". *Dialética da Colonização*. São Paulo, Companhia das Letras, 1992.

_____ . *História Concisa da Literatura Brasileira*. São Paulo, Cultrix, 1987.

_____ . "Moderno e Modernista na Literatura Brasileira". *Céu Inferno*. São Paulo, Ática, 1988.

BRITO, Mário da Silva. *História do Modernismo Brasileiro: Antecedentes da Semana de Arte Moderna*. Rio de Janeiro, Civilização Brasileira, 1974.

CANDIDO, Antonio. *A Educação pela Noite e Outros Ensaios*. São Paulo, Ática, 1989.

_____ . "Dialética da Malandragem". *O Discurso e a Cidade*. São Paulo, Duas Cidades, 1993.

_____ . *Formação da Literatura Brasileira: Momentos Decisivos*. Vol. 1. Belo Horizonte, Itatiaia, 1975.

_____ . *Literatura e Sociedade*. São Paulo, Editora Nacional, 1980.

_____ . "Sobre o Trabalho Teórico", entrevista à *Trans/form/ação*, n. 1. Revista de Filosofia da Faculdade de Filosofia, Ciências e Letras de Assis, São Paulo, 1974.

_____ . "Uma Palavra Instável". *Vários Escritos*. São Paulo, Duas Cidades, 1995.

CARDOSO, Fernando Henrique. "Livros que Inventaram o Brasil". *Novos Estudos Cebrap*. São Paulo, Cebrap, n. 37, novembro 1993.

COSTA, Emilia Viotti da. "O Mito da Democracia Racial no Brasil". *Da Monarquia à República: Momentos Decisivos*. São Paulo, Livraria Editora Ciências Humanas Ltda., 1979.

CUNHA, Euclides da. *Os Sertões: Campanha de Canudos*. Rio de Janeiro, Francisco Alves, 1995.

DANTAS, Vinicius. "Entre 'A Negra' e a Mata Virgem". *Novos Estudos Cebrap*. São Paulo, Cebrap, n. 45, julho 1996.

DERRIDA, Jacques. "A Estrutura, o Signo e o Jogo no Discurso das Ciências Humanas". *A Escritura e a Diferença*. Trad. Maria Beatriz Marques Nizza da Silva. São Paulo, Perspectiva. 1971.

ECO, Umberto. *A Estrutura Ausente*. Trad. Pérola de Carvalho. São Paulo, Perspectiva, 1976.

BIBLIOGRAFIA

_____ . *Obra Aberta*. Trad. Giovanni Cutolo. São Paulo, Perspectiva, 1991.

_____ . "Protocolos Ficcionais". *Seis Passeios pelos Bosques da Ficção*. Trad. Hildegard Feist. São Paulo, Companhia das Letras, 1994.

EISENSTEIN, Serguei. *Reflexões de um Cineasta*. Trad. Gustavo Dória. Rio de Janeiro, Zahar, 1969.

ENZENSBERGER, Hans Magnus. "As Aporias da Vanguarda". *Tempo Brasileiro* 26-27. Rio de Janeiro, Tempo Brasileiro, janeiro/março 1971.

FABRIS, Annateresa (org.). *Modernidade e Modernismo no Brasil*. Campinas, Mercado de Letras, 1994.

_____ . "O Espetáculo da Rua: Imagens da Cidade no Primeiro Modernismo". In: BULHÕES, Maria Amélia & KERN, Lúcia Bastos (orgs.). *A Semana de 22 e a Emergência do Modernismo do Brasil*. Porto Alegre, Secretaria Municipal de Cultura, 1992.

_____ . *O Futurismo Paulista: Hipóteses para o Estudo da Chegada da Vanguarda ao Brasil*. São Paulo, Perspectiva, 1994.

FAUSTO, Boris. "A Crise dos Anos Vinte e a Revolução de 1930". *História Geral da Civilização Brasileira*. Tomo III, vol. 2. Direção de Boris Fausto. Rio de Janeiro, Editora Bertrand Brasil S.A., 1990.

_____ . *A Revolução de 1930: História e Historiografia*. São Paulo, Brasiliense, 1970.

FERNANDES, Florestan. "Antecedentes Indígenas: Organização Social das Tribos Tupis". *História Geral da Civilização Brasileira*. Tomo I, vol. 1. Direção de Sérgio Buarque de Holanda. Rio de Janeiro, Editora Bertrand Brasil S.A., 1989.

_____ . "Sobre o Trabalho Teórico", entrevista à *Trans/form/ação*, n. 2. Revista de Filosofia da Faculdade de Filosofia, Ciências e Letras de Assis, São Paulo, 1975.

FILHO, George Avelino. "As Raízes de *Raízes do Brasil*". *Novos Estudos Cebrap*. São Paulo, Cebrap, n. 18, setembro 1987.

FOUCAULT, Michel. *A Ordem do Discurso*. Trad. Laura Fraga de Almeida Sampaio. São Paulo, Edições Loyola, 1996.

_____ . *As Palavras e as Coisas: Uma Arqueologia das Ciências Humanas*. Trad. Salma Tannus Muchail. São Paulo, Martins Fontes, 1999.

FRANCO, Maria Sylvia de Carvalho. *Homens Livres na Ordem Escravocrata*. São Paulo, Ática, 1974.

FREUD, Sigmund. *Totem e Tabu. Edição Standard Brasileira das Obras Psicológicas Completas de Sigmund Freud*. Vol. XIII. Trad. Órizon Carneiro Muniz. Rio de Janeiro, Imago, 1974.

FREYRE, Gilberto. *Casa-Grande e Senzala: Formação da Família Brasileira sob o Regime da Economia Patriarcal*. Rio de Janeiro, Record, 1995.

SERAFIM PONTE GRANDE E AS DIFICULDADES DA CRÍTICA LITERÁRIA

_____ . *Sobrados e Mucambos: Decadência do Patriarcado Rural e Desenvolvimento do Urbano*. Rio de Janeiro, Record, 1996.

GAGNEBIN, Jeanne Marie. *Sete Aulas sobre Linguagem, Memória e História*. Rio de Janeiro, Imago, 1997.

GIUCCI, Guillermo. "A Manipulação do Sagrado: Hans Staden". *Viajantes do Maravilhoso: O Novo Mundo*. Trad. Joselly Vianna Baptista. São Paulo, Companhia das Letras, 1992.

GULLAR, Ferreira. *Vanguarda e Subdesenvolvimento*. Rio de Janeiro, Civilização Brasileira, 1969.

HAUSER, Arnold. "A Era do Filme". *História Social da Literatura e da Arte*. Vol. II. Trad. Walter H. Geenen. São Paulo, Editora Mestre Jou, 1973.

HOBSBAWN, Eric. *Era dos Extremos: O Breve Século XX: 1914-1991*. Trad. Marcos Santarrita. São Paulo, Companhia das Letras, 1995.

HOLANDA, Heloísa Buarque de. *Macunaíma: Da Literatura ao Cinema*. Apresentação de Leandro Tocantins; depoimentos de Mário de Andrade e Joaquim Pedro de Andrade. Rio de Janeiro, José Olympio, Empresa Brasileira de Filmes, 1978.

HOLANDA, Sérgio Buarque de. *O Espírito e a Letra: Estudos de Crítica Literária*. Vol. 1. Org. de Antonio Arnoni Prado. São Paulo, Companhia das Letras, 1996.

_____ . *Raízes do Brasil*. São Paulo, Companhia das Letras, 1995.

ISER, Wolfgang. *O Fictício e o Imaginário: Perspectivas de uma Antropologia Literária*. Trad. Johannes Kretschmer. Rio de Janeiro, Ed. da UERJ, 1996.

_____ . "Problemas da Teoria da Literatura Atual: O Imaginário e os Conceitos-Chaves da Época". *Teoria da Literatura em suas Fontes*. Vol. II. Org. Luiz Costa Lima. Rio de Janeiro, Francisco Alves, 1983.

JAUSS, Hans Robert *et al. A Literatura e o Leitor: Textos de Estética da Recepção*. Trad. Luiz Costa Lima. Rio de Janeiro, Paz e Terra, 1979.

LEITE, Dante Moreira. *O Caráter Nacional Brasileiro: História de uma Ideologia*. São Paulo, Pioneira, 1969.

LÉVI-STRAUSS, Claude. "Abertura" a *O Cru e o Cozido*. Trad. Beatriz Perrone-Moisés. São Paulo, Brasiliense, 1991.

_____ . *O Pensamento Selvagem*. Trad. Tânia Pellegrini. Campinas, Papirus, 1989.

_____ . *Tristes Trópicos*. Trad. Rosa Freire d' Aguiar. São Paulo, Companhia das Letras, 1996.

LIMA, Luiz Costa. "A Crítica Literária na Cultura Brasileira do Século XIX". *Dispersa Demanda*. Rio de Janeiro, Francisco Alves, 1981.

_____ . "A Narrativa na Escrita da História e da Ficção". *A Aguarrás do Tempo: Ensaios sobre a Narrativa*. Rio de Janeiro, Rocco, 1989.

_____ . "Estruturalismo e Crítica Literária". *Teoria da Literatura em Suas*

BIBLIOGRAFIA

Fontes. Vol. II. Org. Luiz Costa Lima. Rio de Janeiro, Francisco Alves, 1983.

————. *Mímesis e Modernidade*. Rio de Janeiro, Graal, 1980.

————. *O Controle do Imaginário: Razão e Imaginação nos Tempos Modernos*. Rio de Janeiro, Forense Universitária, 1989.

LINDOSO, Dirceu. *A Diferença Selvagem*. Rio de Janeiro, Civilização Brasileira; Brasília, INL, 1983.

MANNHEIM, Karl. *Ideologia e Utopia*. Trad. Sérgio Magalhães Santeiro. Rio de Janeiro, Zahar, 1968.

MARSON, Adalberto. "Dimensões Políticas do Modernismo na Década de 20". *Ciência e Cultura* 25 (11), novembro 1973.

MATTA, Roberto da. *Carnavais, Malandros e Heróis: Para uma Sociologia do Dilema Brasileiro*. Rio de Janeiro, Zahar, 1981.

MORSE, Richard. *O Espelho de Próspero: Cultura e Idéias nas Américas*. Trad. Paulo Neves. São Paulo, Companhia das Letras, 1988.

MOSQUERA, Gerardo. *Cozido e Cru*. Trad. Fernando Penner. São Paulo, Fundação Memorial da América Latina, 1996.

MOTA, Carlos Guilherme. *Ideologia da Cultura Brasileira (1933-1974)*. São Paulo, Ática, 1977.

NIETZSCHE, Friedrich. *Obras Incompletas*. Sel. Gérard Lebrun; trad. Rubens Rodrigues Torres Filho. São Paulo, Abril Cultural, 1983 (Col. Os Pensadores).

PONTIERI, Regina. "Roland Barthes e a Escrita Fragmentária". *Língua e Literatura*. Vol. 17. Revista dos Departamentos de Letras da FFLCH da USP. São Paulo, 1989.

PRADO, Paulo. *Retrato do Brasil: Ensaio sobre a Tristeza Brasileira*. Org. Carlos Augusto Calil. São Paulo, Companhia das Letras, 1997.

REVISTA DE ANTROPOFAGIA. Reedição da revista literária publicada em São Paulo, 1928/29. São Paulo, Abril / Metal Leve, 1976.

RIBEIRO, Darcy. *O Povo Brasileiro: A Formação e o Sentido do Brasil*. São Paulo, Companhia das Letras, 1997.

RICOEUR, Paul. "Ciência e Ideologia". *Interpretação e Ideologias*. Trad. Hilton Japiassu. Rio de Janeiro, Francisco Alves, 1983.

SANGUINETI, Edoardo. *Ideologia e Linguagem*. Trad. António Rosa e Carmen Gonzales. Porto, Portucalense Editora, 1972.

SANTIAGO, Silviano. "Modernidade e Tradição Popular". *Revista Brasileira de Literatura Comparada*. Vol. 1. Niterói, março 1991.

————. *Uma Literatura nos Trópicos*. São Paulo, Perspectiva, 1978.

SARTRE, Jean-Paul. "Apresentação" a Jean Genet, *Nossa Senhora das Flores*. Trad. Newton Goldman. Rio de Janeiro, Nova Fronteira, 1983.

SCHWARTZ, Jorge. *Vanguardas Latino-Americanas: Polêmicas, Manifestos e*

SERAFIM PONTE GRANDE E AS DIFICULDADES DA CRÍTICA LITERÁRIA

Textos Críticos. São Paulo, Edusp, Iluminuras, Fapesp, 1995.

SCHWARZ, Roberto. *Que Horas São?* São Paulo, Companhia das Letras, 1987.

SEVCENKO, Nicolau. *Arte Moderna: Os Desencontros de Dois Continentes*. São Paulo, Fundação Memorial da América Latina, 1995.

—————— . *Orfeu Extático na Metrópole: São Paulo, Sociedade e Cultura nos Frementes Anos 20*. São Paulo, Companhia das Letras, 1992.

SOUZA, Gilda de Mello e. "Vanguarda e Nacionalismo na Década de Vinte". *Exercícios de Leitura*. São Paulo, Duas Cidades, 1980.

SOUZA, Solange Jobim e. *Infância e Linguagem: Bakhtin, Vygotski e Benjamin*. Campinas, Papirus, 1995.

STEINER, George. "Orfeu e seus Mitos: Claude Lévi-Strauss". *Linguagem e Silêncio: Ensaios sobre a Crise da Palavra*. Trad. Gilda Stuart e Felipe Rajabally. São Paulo, Companhia das Letras, 1988.

SUBIRATS, Eduardo. *Da Vanguarda ao Pós-Moderno*. Trad. Luiz Carlos Daher e Adélia Bezerra de Menezes. São Paulo, Nobel, 1984.

SÜSSEKIND, Flora. *Cinematógrafo de Letras: Literatura, Técnica e Modernização no Brasil*. São Paulo, Companhia das Letras, 1987.

TÁCITO, Hilário. *Madame Pommery*. Campinas, Editora da Unicamp; Rio de Janeiro, Fundação Casa de Rui Barbosa, 1997.

VASCONCELOS, Gilberto. *A Ideologia Curupira: Análise do Discurso Integralista*. São Paulo, Brasiliense, 1979.

VENTURA, Roberto. *Estilo Tropical: História Cultural e Polêmicas Literárias no Brasil*. São Paulo, Companhia das Letras, 1991.

WHITE, Hayden. "O Texto Histórico como Artefato Literário". *Trópicos do Discurso: Ensaios sobre a Crítica da Cultura*. Trad. Alípio Correia de Franca Neto. São Paulo, Edusp, 1994.

WISNIK, José Miguel. "Algumas Questões de Música e Política no Brasil". *Cultura Brasileira: Temas e Situações*. Org. Alfredo Bosi. São Paulo, Ática, 1992.

WITTGENSTEIN, Ludwig. *Investigações Filosóficas*. Trad. José Carlos Bruni. São Paulo, Nova Cultural, 1989 (Col. Os Pensadores).

XAVIER, Ismail. *Sertão Mar: Glauber Rocha e a Estética da Fome*. São Paulo, Brasiliense, 1983.

Coleção Estudos Literários

1. *Clarice Lispector. Uma Poética do Olhar*
   Regina Lúcia Pontieri

2. *A Caminho do Encontro. Uma Leitura de Contos Novos*
   Ivone Daré Rabello

3. *Romance de Formação em Perspectiva Histórica.*
   O Tambor de Lata *de G.* Grass
   Marcus Vinicius Mazzari

4. *Roteiro para um Narrador. Uma Leitura dos Contos de Rubem Fonseca*
   Ariovaldo José Vidal

5. *Proust, Poeta e Psicanalista*
   Philippe Willemart

6. *Bovarismo e Romance: Madame Bovary e Lady Oracle*
   Andrea Saad Hossne

7. *O Poema: Leitores e Leituras*
   Viviana Bosi *et al.* (orgs.)

8. *Coreografia do Desejo. Cem Anos de Ficção Brasileira*
   Maria Angélica Guimarães Lopes

9. *Serafim Ponte Grande e as Dificuldades da Crítica Literária*
   Pascoal Farinaccio

Título	*Serafim Ponte Grande e as*
	Dificuldades da Crítica Literária
Autores	Pascoal Farinaccio
Projeto Gráfico	Ateliê Editorial
Capa	Plinio Martins Filho e
	Tomás B. Martins
Editoração Eletrônica	Aline E. Sato
	Amanda E. de Almeida
	Ricardo Assis
Revisão	Geraldo Gerson de Souza
Administração Editorial	Valéria Cristina Martins
Formato	12,5 x 20,5 cm
Papel de capa	Cartão Supremo 250 g/m²
Papel de miolo	Pólen Soft 80 g/m²
Número de páginas	235
Impressão	Cromosete Gráfica e Ed. Ltda.